Helen Frances Paris
Das Fundbüro der verlorenen Träume

AF169251

Helen Frances Paris

Das Fundbüro der verlorenen Träume

Roman

Deutsch von Sophie Zeitz

dtv

Von Helen Frances Paris ist bei dtv außerdem erschienen:
Der wunderbare Garten der Mrs P.

Deutsche Erstausgabe 2022
3. Auflage 2024
dtv Verlagsgesellschaft mbH & Co. KG,
Tumblingerstraße 21, 80337 München
verlag@dtv.de
© 2021 Helen Paris
Titel der englischen Originalausgabe:
›Lost Property‹ (Transworld, London)
© 2022 der deutschsprachigen Ausgabe:
dtv Verlagsgesellschaft mbH & Co. KG,
Tumblingerstraße 21, 80337 München
verlag@dtv.de
Umschlaggestaltung: FAVORITBUERO, München
Umschlagmotive: Getty Images / CSA-Printstock und shutterstock.com
Satz: Greiner & Reichel, Köln
Gesetzt aus der Palatino
Druck und Bindung: CPI books GmbH, Leck
Printed in Germany · ISBN 978-3-423-26317-7

*Für Leslie,
aus tiefstem Herzen*

Prolog

Es ist wie in einer Kirche hier unten, dämmrig und mit einer etwas seltsamen Gemeinde: Weinflaschen, Kinderwagen, eine Urne. Wenn die Neonröhren summend zum Leben erwachen, schimmern die Farben auf wie Licht, das durch Buntglasfenster fällt, Gelb, Bernsteinfarben, Türkis, erstaunlich viel Fuchsia. Es ist das Gelb, das zuerst ins Auge fällt. Senfgelb. Der Senf eher Dijon als Coleman's Powder. Im Fundbüro muss man präzise sein, stets die exakte Beschreibung finden und auf den kleinen dijonsenfgelben Anhänger notieren, den jeder hier gelagerte Gegenstand bekommt. »Damenhandtasche, weinrot, gesprenkelt« statt »Damenhandtasche, rot« macht vielleicht den Unterschied, ob die Tasche zu ihrer Besitzerin zurückfindet oder für immer im Fundbüro verstaubt. Ledergriff, sagen Sie? Welche Art von Griff?, frage ich. Henkel? Schlaufe? Mit Schnalle? Angekaut? Ich gebe zu, es ist eine Herausforderung, den einen schwarzen Taschenschirm vom anderen zu unterscheiden, aber ich gebe mir alle Mühe. Ich lege Wert auf die Details.

Zwischen den Regalen voll verlorener, vergessener, verlassener Dinge arbeite ich, Dot. Sie hören mich, bevor Sie mich sehen; ich habe die Füße meines Vaters (platt) an den Fesseln meiner Mutter (schmal). Ich bin oft hier unten am Werk, sortiere und etikettiere, und manchmal, wenn die anderen Feierabend haben, stehe ich nur da, wie angewurzelt auf meinen Stammbaumfüßen, und starre auf Reihen über Reihen des Verlusts.

1

VERLOREN Kleine Reisetasche
BESCHREIBUNG Leder (honigfarben),
Inhalt: Damenportemonnaie (fliederblau),
Blumenzwiebeln (Tulpe), Setzschaufel
ORT 73er Bus

Verlust ist saisonabhängig. Draußen gießt es wie aus Eimern; drinnen steigt die herbstliche Flut der Regenschirme, die registriert und etikettiert werden müssen. Der Kundenbereich ist rappelvoll. Vor dem Schalter bildet sich eine feuchte Schlange von Menschen in dampfenden Wolljacken, die vorübergehend im Fundbüro Zuflucht suchen, um nach Dingen zu fragen, die sie verloren haben, oder um Dinge, die sie gefunden haben, abzugeben.

Ich sitze am Ende der Theke und statte verlorene Schirme mit Anhängern aus, während Anita die Kunden bedient, wobei sie allerdings, als ich zu ihr hinübersehe, wie üblich in ihrer riesigen Handtasche wühlt.

»Mist, wo ist mein Stift?«, ruft sie. *Persönliche Gegenstände der Mitarbeiter sind im Kundenbereich nicht gestattet.* »Er muss hier irgendwo sein.« Sie gräbt tiefer im gähnenden Schlund ihrer Tasche. Es ist ein abgewetzter weißbrauner Wildlederkoloss, den sie immer dabeihat, scheppernd und rasselnd wie Jacob Marleys Geist. Jedes Mal, wenn ich Anita ansehe, stecken ihre

Arme bis zum Ellbogen in der Tasche, als würde sie eine Kuh entbinden, ewig auf der Suche nach einem Diät-Riegel oder einem Spritzer Parfum. Ich habe schon überlegt, ob ich ihr raten soll, es mit einem kleineren Modell zu versuchen – einer Satteltasche mit Schnallen vielleicht? Ständig räume ich hinter ihr her, wenn sie wieder einen Schal in der Toilette, eine Bürste auf dem Tresen zurückgelassen hat. »Ach, danke, Dot! Ich würde noch meinen Kopf vergessen, wenn er nicht festgeschraubt wäre.«

Wie wahr.

Ich ziehe meinen zweitbesten Sheaffer aus der Jackentasche, wo ich ihn immer festgeklipst habe, und reiche ihn ihr.

»Du bist ein Engel«, sagt sie und wendet sich wieder ihrem Kunden zu.

Das bin ich definitiv nicht, und ich hege wenig Hoffnung, dass der Sheaffer zurück ins Körbchen findet, was schade ist, denn er ist neu, ein Geschenk von mir an mich zu meinem Geburtstag.

Als Anita im Fundbüro anfing, fragte ich sie, wie es sie hierher verschlagen hatte – ganz offensichtlich hat sie ja schon Schwierigkeiten, auf ihre eigenen Sachen aufzupassen, geschweige denn auf die anderer Leute. »Ich hab meine Qualifikationen beim Jobcenter angegeben«, erklärte sie mir über einem schaumigen Kaffee beim Italiener nebenan, während sie aus einem Döschen, das sie aus der geräumigen Tasche herausbefördert hatte, zwei weiße Kügelchen in ihre Tasse schoss. »Ich habe mein Kosmetik-Diplom und meinen Businessplan vorgelegt, und die haben mich hierhergeschickt! Möchte wissen, wieso ein Stufe-3-Nagelpflege-Diplom sie auf die Idee bringt, ich wäre gut darin, mich hauptberuflich um den Scheiß anderer Leute zu kümmern?«

Doch inzwischen ist Anita schon fast so lange hier wie ich. Anders als die anderen, die kommen und gehen, ist Anita geblieben. Vielleicht ist ihr Nagelpflege-Businessplan nicht aufgegangen. Sie hat nie wieder davon gesprochen, und ich werde sie nicht fragen – wir hatten alle mal Träume. Als ich klein war, wollte ich Bibliothekarin werden. Wie oft habe ich in der stillen Ordnung der Stadtbibliothek Zuflucht gesucht und mich an der souveränen Gestik der Bibliothekarin erfreut, wenn sie ein Buch für mich aufschlug, am Zellophan-Knistern des Einbands. Am meisten liebte ich den zuversichtlichen Datumsstempel und wie die rosa Karte sanft aus der Papptasche glitt, das wohltuende Wissen, dass die Bibliothekarin sie bis zu meiner Rückkehr sicher in ihrem Karteikasten verwahren würde.

Inzwischen hat man die meisten Bibliotheken geschlossen, und am Ende war das Fundbüro der richtige Ort für mich. Wir sind die Treuhänder all der Gegenstände, die in Londons Bussen, Taxis, U-Bahnen und Zügen verloren gehen; wir bekommen jeden Tag hunderte davon. Verlust wird es immer geben; darauf kann man sich verlassen. Und die Arbeitszeiten sind angenehm. Gelegentlich müssen wir zu Tagungen, die von unserer Dachorganisation Transport for London veranstaltet werden, wo wir auf Flipcharts starren und nach billigem Aftershave riechenden Milchgesichtern in maschinenwaschbaren Anzügen zuhören, die ständig »Kein Problem« sagen. Was wissen sie von den Feinheiten des Fundbüros? Vom Verlust und den unzähligen Problemen, die er nach sich zieht? Sie interessieren sich bloß für Personalentwicklung und -rekrutierung. Dabei sind wir im Rekrutieren ziemlich gut. Rekrutieren ist für uns »kein Problem«. *Ha.* Wir rekrutieren eine endlose Prozession von Aushilfen – meistens Studierende –, die immer nur kurz bei uns sind, wegen der Lohntüte und dem Job in der Stadt. Sie nehmen, was immer das Jobcenter für sie findet.

Ich hatte mich damals beworben.

Denn ich kenne mich mit Verlust aus. Ich kenne seine Gestalt, seine Schwächen, seine Ecken und scharfen Kanten. Ich habe seine Koordinaten gespürt. Man kann sagen, ich kenne ihn in- und auswendig.

Als ich mit der Beschriftung der Regenschirme fertig bin, nehme ich mir die Kiste vor, die gestern vom Depot des Victoria-Busbahnhofs kam. Hinter dem Kundenbereich befindet sich die Verwaltung, wo Gabrielle (französische Gaststudentin) und Sukanya (Schauspielschule) die telefonischen Anfragen beantworten, und ich lasse mich beim Sortieren von dem angenehmen Summen ihrer Stimmen einlullen, die durch die Tür dringen.

»Sechs langstielige Weingläser von John Lewis? Genau wie Sie beschrieben haben, Madam. Der Taxifahrer hat sie gestern abgegeben.«

»Sie sind an der Tottenham Court Road von der Central Line in die Northern Line umgestiegen? ... Ich weiß, die Rolltreppen sind seit Ewigkeiten kaputt – es ist schlimm, eine richtige Tragödie.«

Ehrlich gesagt könnte Sukanya es mal mit weniger Drama und mehr *sotto voce* versuchen – ich verstehe ja, dass sie für die Bühne übt, aber es gibt so etwas wie Überidentifikation.

In meiner Kiste liegt eine Damenstrickjacke in einem hübschen Lavendelblau. Sieht handgestrickt aus – die Perlknopfreihe unterstreicht die Farbe wunderbar. Ich schätze, die Besitzerin ist schon älter, Haar wie ein Sahnehäubchen und Archipele von Pigmentflecken. Natürlich könnte die Trägerin auch ein Teenager sein, der mit einem Retro-Look experimentiert ... Nein, ich erschnuppere den pudrigen Duft von Maiglöckchen. Mein erster Tipp hat gestimmt, wie meistens. Ich fülle den dijonsenfgelben Anhänger aus und befestige ihn sicher an einem der Perlknöpfe, dann nehme ich mir einen schmuddeligen grünbraunen Herrenparka vor, dessen Taschen eine halbe Rolle Polo-Mints und eine mit Bleistift verfasste Einkaufsliste enthalten. Diesmal ist der Geruch weniger eindeutig, ein Bouquet von Minze, Schimmel und einem Hauch Bratensoße. Aber die Jacke ist heißgeliebt; er wird bestimmt traurig sein, dass er sie verloren hat. Ich fülle den Dijon-Anhänger aus, befestige ihn mit einem Doppelknoten am Reißverschluss. Wer ist als Nächstes dran? Eine Handtasche, eine ziemlich schicke. Doch mit der kaputten Schließe hat die Besitzerin das Schicksal herausgefordert. Es ist nur eine Frage der Zeit, bis etwas rausfällt und verloren geht. Trotzdem, Menschen, die ihre Handtasche nicht beim ersten Anzeichen von Verschleiß wegwerfen, verdienen Respekt. Die meisten Menschen kennen solche Loyalität nicht mehr.

Es ist nicht viel drin – Anita, nimm dir ein Beispiel –, Taschentuch, Lippenstift, ein paar Kassenbons. Falls Geld oder Kreditkarten dabei waren, wurden sie schon entnommen und bei der Wertsachenverwahrung eingeschlossen. Allerdings – was ist der wahre Wert eines Gegenstands?, frage ich mich immer. Die Tasche ist aus feinem Leder, vielgetragen, aber gut behandelt. Ich kenne mich mit Qualität aus. Das ist keine Prahlerei. Wenn man sich den ganzen Tag mit den Sachen anderer Leute beschäftigt, entwickelt man ein Gespür dafür.

In der Regel zieht eine endlose Parade von Handys, Monatskarten und eselsohrigen Thrillern an mir vorbei, wenn also mal etwas Besonderes hereinkommt, merke ich auf und sonne mich ein wenig in seinem Glanz. Das Taschentuch ist exquisit – aus Leinen mit Original-Liberty-Muster, dem schönsten, würde ich sagen. Nur der Lippenstift ist eine Überraschung. Ich trage keine Schminke – ich habe den Dreh nie rausgekriegt –, aber *Red Hot Poker*? Die Farbe passt weder zur Tasche noch zum Taschentuch. Ich ziehe den Deckel ab und drehe ein paar grellrote Zentimeter heraus. Hmmm, keine unberührte Diamantspitze, sondern vom Gebrauch abgerundet und ein bisschen verschmiert. Ach, der unpassende Lippenstift wird mich den Rest des Tages verfolgen, wie ein Mohnkörnchen zwischen den Zähnen.

»Wie ich sehe, war dein Verehrer wieder da, Nita.« Ed macht eine Kopfbewegung zu dem Kunden hin, der gerade am Stock zur Tür humpelt. Eigentlich arbeitet Ed in der U-Bahn-Station Baker Street, aber einen großen Teil seiner Schicht verbringt er bei uns an den Schalter gelehnt, um mit Anita Zweideutigkeiten auszutauschen und beängstigend milchigen Tee aus einem angeschlagenen rot-weißen Arsenal-Becher zu trinken.

»Hör auf, das ist doch kein Verehrer«, sagt Anita und exhumiert aus ihrer Tasche ein Döschen Erdbeerlipgloss. *Persönliche Gegenstände der Mitarbeiter sind im Kundenbereich ...* Ich stehe hier auf verlorenem Posten, das weiß ich wohl. Andächtig wie eine Figur in Botticellis *Anbetung der Könige* sieht Ed zu, wie Anita mit langsamen Bewegungen eine dicke Schicht schimmernden Gloss auf ihre Lippen aufträgt.

»Dann ist er ein Wiederholungstäter.« Ed prustet wenig attraktiv durch die Nase.

»Du musst es ja wissen.« Anita schürzt die Lippen zu einem Kussmund. »Zigarette?«

»Sag ich nicht nein ...«

»Hiya.« Auf Highheels, von deren bloßem Anblick ich höhenkrank werde, stöckelt Sheila aus der Verwaltung herein, unser Neuzugang von SmartChoice-Zeitarbeit.

Ed reißt den Kopf herum.

»Na? Worüber redet ihr?« SmartChoice schiebt ihren winzigen Hintern auf die Theke und verzwirbelt die schwarzbestrumpften Beine wie eine Lakritzstange.

Ed staunt mit offenem Mund.

Anita feuert den Lipgloss in die Tasche. »Nichts. Bloß ein alter Knacker, der alle paar Monate vorbeikommt, um den ›Verlust‹ seines Gehstocks zu melden.« Anita markiert das Wort »Verlust« mit ihren Zeigefingern, von denen einer unangenehm klebrig aussieht.

»Der muss ja echt vergesslich sein, was?«, sagt SmartChoice und zwinkert Ed zu, der vor Schreck seinen Tee verschüttet.

Ich wische Eds milchiges Spülwasser mit dem Taschentuch auf, das ich stets mit einer Sicherheitsnadel an der Innentasche meines Jacketts befestigt dabeihabe. Der betreffende Kunde kann präzise alle Cricket-Ergebnisse seit 1997 aufzählen, dem Jahr, in dem das England and Wales Cricket Board die Verbandstätigkeit vom Marylebone Cricket Club übernahm. Er weiß auch, wann die beste Zeit ist, um Spargel und Saubohnen anzupflanzen, und kennt die vollständige Taxonomie der Drossel. Er ist kein bisschen vergesslich. Er ist einfach nur einsam, fürchte ich.

»Und was machst du, wenn der Mann nach seinem Stock fragt?«, will SmartChoice wissen.

»Ich geh runter und hol ihm einen von denen, die nie abgeholt wurden«, antwortet Anita.

»Oooh, ist das erlaubt?«, fragt SmartChoice mit Rehaugen.

»Was spricht dagegen?«, sagt Anita. »Wir ersticken in Stöcken, Krücken, Gehhilfen – was du willst. Wir haben auch einen Haufen Prothesen, von falschen Zähnen und Glasaugen ganz zu schweigen. Ich frag mich ja, wie jemand aus dem Zug steigen und versehentlich seine *Beinprothese* liegen lassen kann. Wunderheilung auf der Metropolitan Line? Kein Wunder, dass die Fahrkarten so teuer sind.« Ein kehliges Kichern, und schon liegt Ed ihr wieder zu Füßen.

Ich werfe einen Blick zur Tür; im Moment herrscht Flaute, aber es könnte jederzeit eine Kundin oder ein Kunde auf der Suche nach einem verlorenen Gegenstand auftauchen und uns dabei ertappen, wie wir hier den Tag verbummeln. Eindeutig bin ich die Einzige, die sich darüber Gedanken macht.

»Wetten, heute waren wieder ein paar Umbrella-Girls da, oder, Nita?«, fragt Ed.

»Na klar«, sagt Anita. Sie lächelt Ed verschwörerisch zu, beugt sich vor und sagt näselnd: »Entschuldigen Sie, meine Liebe, mir scheint, ich habe meinen Schirm verloren.« Ed lacht, und Anita fährt ermutigt fort: »›Können Sie den Schirm beschreiben?‹ ›Selbstverständlich‹, sagt sie. ›Er war schwarz und hatte einen Griff.‹ ›Schwarz mit Griff?‹, sage ich. ›Ich glaube, heute Morgen wurde einer abgegeben, der genau auf Ihre Beschreibung passt. Ich lauf schnell runter und hole ihn.‹«

»Unglaublich, dass du das sofort wusstest«, sagt Smart-Choice. Die Kleine ist offenbar nicht der hellste Stern am Firmament.

»Kommst du mit rauchen, Ed?«, fragt Anita.

»Ich glaube, ich muss zurück an die Arbeit«, sagt Ed, ohne sich zu rühren. Anita bleibt kurz stehen, dann beißt sie sich auf die glänzenden Lippen und hievt das Ledernilpferd über ihre Schulter.

»Dot, springst du kurz für mich ein? Bin fünf Minuten weg.«

Wohlwissend, dass es eher fünfzehn Minuten werden, lasse ich meine Kiste stehen und nehme Anitas Platz am Schalter ein, die erhobenen Kopfes davonstolziert, um sich zu den durchweichten Rauchern auf der Feuerleiter zu gesellen.

Ich sehe SmartChoice an. »Falls du nicht unter ›Sonstiges‹ abgelegt werden willst, schlage ich vor, du gehst auch wieder an die Arbeit.«

»Na, bis dann.« SmartChoice entwirrt ihre Beine und stakst in die Verwaltung zurück. Seufzend blickt Ed ihr hinterher, dann schleicht er sich davon.

Ich ordne den Stapel der Suchformulare und ziehe mir das Jackett zurecht, bereit für den nächsten Kunden. Auch wenn ich Anitas laxen Umgang mit Gehstöcken und Schirmen, die sie nach Gutdünken verteilt, nicht billige, weiß ich, sie hat es in letzter Zeit nicht leicht gehabt. Nachdem sie sich jahrelang die Eskapaden und den semipermanenten Rauschzustand ihres schweinsgesichtigen Ehemanns hatte gefallen lassen, hat sie ihn jetzt endlich vor die Tür gesetzt. Kürzlich war er sternhagelvoll und in einer Wolke von Provocative Woman nach Hause gekommen, worauf sie ihn hochkant rauswarf und eine Platte frittierte Hackfleischbällchen gleich hinterher. »Ich habe das Wochenende mit Gordon und seinem besten Freund Tonic auf dem Sofa verbracht«, schniefte Anita mit Panda-Augen, als sie mir die Neuigkeiten anvertraute. Offenbar waren auch Harveys Bristol Cream und Napoleon Brandy mit von der Partie gewesen. Doch ich verurteile Anita nicht. Ich habe hin und wieder ähnliche Gesellschaft gesucht. Ich machte ihr eine Tasse Lapsang Souchong und schmuggelte ihr *Die griechischen Inseln entdecken* in die Tasche (einen wirklich erstklassigen Reiseführer).

Die Tür des Fundbüros geht auf, und ein älterer Herr in einem weichen zementgrauen Regenmantel und mit Tweedmütze kommt zögernd auf den Schalter zu.

»Wie kann ich Ihnen helfen, Sir?«, frage ich.

»Ich komme mehr in Hoffnung als in Erwartung.« Regenwasser rinnt durch die Falten in seinem Gesicht und schmückt seine buschigen grauen Augenbrauen mit Perlen. »Es ist allein meine Schuld«, fährt er fort. »Es geht um meine Tasche.«

Ich befeuchte Daumen und Zeigefinger, klaube ein Suchformular vom Stapel, zücke den silbernen Sheaffer, der an meiner Jacketttasche klemmt.

»Eine Tasche?«

»Ja. Eine kleine lederne Reisetasche. In einem goldenen Honigton. Sie ist schon alt, aber noch gut in Schuss. Besser als ich.« Er lacht ein trockenes Lachen, das zum Husten wird.

Seine Mütze ist an drei Stellen gestopft; wer immer das gemacht hat, hat genau die richtige Zwirnfarbe gewählt.

»Entschuldigen Sie.« Er faltet ein zerknittertes Taschentuch auseinander. Von seinem Mantel sprühen Regentropfen auf den Tresen. Einer landet auf meinem Jackenärmel.

»Letzten Freitag habe ich den Bus genommen«, erklärt der alte Mann.

»Welchen Bus?«

»Von Stoke Newington zur Oxford Street.«

Ich nicke, schreibe »73« in das Formular.

»Was befand sich in der Ledertasche?«

»Mal sehen ... das Portemonnaie, Tulpenzwiebeln, eine Schaufel ...«

»Können Sie das Portemonnaie beschreiben?«

»Es ist blau.«

»Was für ein Blau? Himmelblau? Marineblau? Tintenblau?«

»Eher fliederblau, mit einem goldenen Schnappverschluss.«

»Ein Damenportemonnaie?«

»Ja, das Portemonnaie von Joan. Meiner Frau.«

»Und wie viel, würden Sie sagen, war darin?«

»Wie viel?« Er runzelt die Stirn.

»Geld.« Meine Hand schwebt über dem Formular.

»Ach so, nicht viel. Es war ihr Lieblingsportemonnaie, verstehen Sie, und ich habe es einfach gern bei mir.«

»Ich verstehe.«

Ich verstehe wirklich.

»Sie sagten Tulpenzwiebeln? Eine Schaufel?«

»Ich gehe häufig auf den Abney-Park-Friedhof. Ich habe die *Times* dabei und löse das Kreuzworträtsel. Ich mache lieber das herkömmliche Kreuzworträtsel, aber Joanie, die war unglaublich gut im Um-die-Ecke-Denken. Sie hatte es immer sofort raus, wenn es um Ana... wie heißen die noch ...«

»Anagramme?«

»Ja!« Ein liebenswürdiges Lächeln. »Die Anagramme hat sie sofort geknackt. War eine richtige Expertin. Vierundfünfzig Jahre lang hat sie keinen einzigen Fehler gemacht ...« Sein Adamsapfel zuckt. »Und wenn ich allein beim Rätseln nicht weiterkomme, springe ich in den Bus nach Abney und mache es mit ihr zusammen.«

Ich senke den Blick; das Wort »Reisetasche« verschwimmt ein bisschen vor meinen Augen.

»Eigentlich will ich nur Joanies Portemonnaie zurückhaben. Es ist klein, etwa so ...« Er legt die Hände aufeinander, als würde er einen kleinen Vogel halten, und öffnet und schließt sie. Seine Hände zittern ein bisschen, aber ich erkenne die Form des Portemonnaies, höre das helle Zwitschern der Schließe.

Tesafilm. Sicherheitsnadel. Sekundenkleber. Meine Spezialwörter. Ich wiederhole sie im Kopf und konzentriere mich dabei auf meine Atmung. Es sind Wörter so wohltuend wie Anisbonbons, verlässlich, sicher.

»Ich werde mein Bestes tun, Sir. Lassen Sie mich Ihre Kontaktdaten aufschreiben. Ihr Name?«

»Appleby, John Appleby.«

Als Mr Appleby gegangen ist, schaffe ich es gerade noch, die nächsten beiden Kunden zu versorgen, aber ich bin heilfroh, als das laute Klirren und Klappern ihrer überfüllten Handtasche Anitas Rückkehr verkündet.

»Du bist ein Schatz, Dots.«

»Ich muss das hier einsortieren«, murmele ich, packe die Kiste mit den Schirmen und suche Zuflucht im Magazin.

Ich durchforste alle Regale nach der Ledertasche, obwohl ich genau weiß, dass sie nicht hier ist. Ich suche trotzdem, weil ich weiß, wie es ist, wenn man etwas so dringend braucht, wie Mr Appleby sein zwitscherndes Portemonnaie braucht. Ich habe immer noch Dads Pfeife. Dunhill. Schildpatt-Korpus, schwarzes Ebenholz-Mundstück, und wenn ich die Nase in den Pfeifenkopf stecke – dieser Hauch von Kirschtabak ... ich erlaube mir nicht mehr als ein kleines Schnuppern pro Tag. Einmal bin ich wegen dieses Geruchs einem fremden Mann von der Baker Street bis zum Marble Arch gefolgt. Hin und wieder schiebe ich mir das Mundstück zwischen die Lippen – wir haben den gleichen leichten Überbiss, Dad und ich. Meine Zähne finden die Rille, die seine Zähne gemacht haben, und so verankert hole ich Luft. Versuche ihn mit meinem Atem zurückzuholen.

2

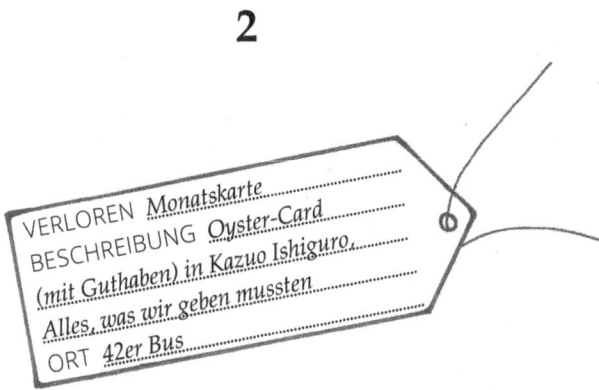

VERLOREN Monatskarte
BESCHREIBUNG Oyster-Card (mit Guthaben) in Kazuo Ishiguro, Alles, was wir geben mussten
ORT 42er Bus

Jeden Morgen fahre ich mit einer Bahn und zwei Bussen und dann marschiere ich in flottem Tempo die Baker Street hinauf. Auf dem Weg zur Arbeit halte ich stets die Augen offen. Ich kann nicht anders, das ist der Beruf. Ich habe es im Gespür, wenn etwas im Begriff ist, verloren zu gehen, zu verschwinden. Da ist so eine bestimmte Stille. Ein Innehalten. Manchmal warte ich richtig darauf. Im Bus vier Sitze vor mir hält die Frau mit dem koriandergrünen Mantel zwar ihre Tasche umklammert, aber sie achtet nicht auf das Seidentuch, das ihr von den Schultern rutscht und über die Stange auf den Sitz dahinter fällt. Zum Glück bemerkt es das Mädchen mit den beeindruckend riesigen Kopfhörern, das neben ihr sitzt, und gibt ihr das Tuch zurück. Oder der junge Mann mit der nagelneuen Aktentasche, unter deren weichem Leder sich das Quadrat seiner Brotdose abzeichnet. In ein paar Wochen ist die Brotdose abgemeldet, wenn er erst mal begriffen hat, dass er, wenn er dazugehören will, mittags im Pub essen und die erste Runde übernehmen muss, statt sich mit einem selbstgeschmierten Brot auf eine

Parkbank zu verkrümeln. Aber noch ist er neu, hoffnungsvoll. Nur dass er die Aktentasche zu fest hält. So gehen häufig Dinge verloren.

Wie üblich bin ich die Erste im Fundbüro. Ich schließe auf und mache mir eine Tasse Lapsang in der sogenannten Teeküche, die nicht viel mehr ist als eine Nische in der Verwaltung mit einem Wasserkessel und einer Schachtel Teebeutel für alle (ich bringe mir meinen eigenen losen Tee mit), aber zumindest ist Brian, unser Chef, großzügig mit den Keksen, wenn auch nicht sehr originell. Ich frage mich, ob die Ledertasche des netten Mr Appleby schon abgegeben wurde. Am Kundenschalter logge ich mich in den Computer ein. Wenn etwas in einem Londoner Bus liegen bleibt und vom Fahrer gefunden wird, bleibt es drei Tage im Busdepot, bevor es zu uns kommt. Ich überfliege die Online-Einträge. Mein Interesse ist eine Spur übertrieben, das gebe ich zu – wenn ich mir bei jedem verlorenen Gegenstand so viel Mühe machen würde, wo kämen wir da hin? Wir würden in einem Meer unregistrierter Regenschirme ertrinken. Es ist bloß ... na ja ... es wäre einfach so schön, ihn anrufen und ihm die gute Nachricht übermitteln zu können. Ich suche unter »Appleby«, dann unter »Reisetasche« und sicherheitshalber unter »Tasche« (»Sport-«, »Wochenend-«, »Schultertasche«), »Gepäck«, »Leder«. Das Ergebnis ist ein Ledergürtel mit einer Schnalle in Form von Texas und ein perlenbesticktes Damenhandtäschchen. Nichts für Mr Appleby. Enttäuscht logge ich mich wieder aus. Vielleicht hat ein Fahrgast die Tasche gefunden; dann kommt sie möglicherweise im Lauf der Woche herein. Wenn etwas abgegeben wird, dann meistens recht schnell. Einstecken und austeilen ist der Modus Operandi der Menschheit, im Guten wie im Bösen. Wohlgemerkt, ich habe kein schlechtes Wort über Leute zu sagen, die Fundsachen zurückbringen. Letztes Jahr wurden über dreizehntausend Schlüssel abgegeben, von denen bloß ein Bruchteil abgeholt wurde – eine Diskrepanz, die für zwei Tendenzen steht: 1) den herzerwärmenden Wunsch zu helfen und 2) völlige Hoffnungslosigkeit.

Es ist kaum halb neun, das Fundbüro öffnet erst in einer halben Stunde, und es sind noch keine Kollegen da. Ich fahre mit dem Lastenaufzug hinunter ins Magazin und verbringe zwanzig sehr entspannende Minuten damit, die neu registrierten Artikel von gestern in die Regale einzusortieren. Einsortieren ist wie Meditation für mich. Die lavendelblaue Damenstrickjacke kommt in Regal fünf – »Damenkleidung: Pullover und Strickwaren« –, wo sie einen fröhlichen Kontrast zu dem verblichenen gelben Rippenstrickpullover abgibt. Die Damenhandtasche mit der kaputten Schnalle kommt in Regal sieben – »Diverse Taschen, Aktenkoffer, Trolleys« –, wo sie neben der extravaganten Kork-Schultertasche mit dem Stempel »Made in Portugal« auf dem Riemen zu einer, wie ich finde, ziemlich gelungenen Shabby-Chic/Cosmopolitan/Bohémien-Fusion beiträgt.

Es dauert einen Moment, bis ich im Regal »Jacken und Outdoor-Kleidung« den richtigen Ort für den Parka mit den Polo-Mints finde. Der Platz neben der kiloschweren kugelsicheren Armeejacke in Tarnfarben wäre völlig falsch. Nein, nein, nein. Der organisatorische Umgang mit Verlust ist eine Kunst, das sollte man wissen, es ist eine Welt, die ihre eigenen Heldinnen und Helden hat. Meine *héroïne veritable* ist Phyllis Pearsall, die, nachdem sie sich mit einem suboptimalen Stadtplan in London verirrt hatte, den berühmten *London A–Z* erfand. Welche Pionierin! Eine wahre Pfadfinderin. Sie hat einen unübertroffenen Beitrag im Kampf gegen den Verlust der Orientierung geleistet und hilft uns bis heute, den Weg durch die Metropole zu finden. Natürlich fingen die Leute sofort an, ihre *A–Z*s zu verlieren. Früher hatten wir zwei ganze Regale voll: Hardcover, Softbacks und – weniger attraktiv, aber unleugbar praktisch – mit Spiralbindung. Heute kommen kaum noch welche rein, weil die Menschen lieber gesenkten Hauptes einem beweglichen Punkt auf ihrem Smartphone durch die Stadt folgen, und inzwischen sind es die Smartphones, die die Regalfächer bei den Wertsachen füllen. Wie gesagt, Verlust gibt es immer. Aber wenn ich daran denke, dass Phyllis Pearsall bei ihrer Mission, uns vor Verirrungen zu bewahren, dreitausend Meilen zu Fuß ging, um persönlich nachzusehen, ob die an den Hauptstraßen eingezeichneten Hausnummern an der richtigen Stelle waren, bin ich ihr für ihre Akribie und Sorgfalt ewig dankbar. Sanft schiebe ich den Parka zwischen eine kirschrote Kapuzenjacke und einen azurblau glänzenden Regenmantel mit Gürtel, trete einen Schritt zurück und bewundere das Triptychon. Ich hoffe, dass ich auf meine eigene Art für die verlorenen Dinge in meiner Obhut etwas bewirke.

»Na, wie geht's uns heute?« Nach dem übergriffigen Gebrauch der ersten Person Plural zu schließen, kann das nur Neil Burrows sein.

Ich drehe mich um, und richtig, da lauert er hinter mir.

»Sie sind ja früh dran«, sage ich und sehe mich instinktiv nach einem Fluchtweg um. Der Gang zwischen den Regalen sechs und sieben sieht gut aus, bis auf einen karierten Einkaufstrolley, der ungeordnet im Weg steht.

»Ich habe ein wichtiges Meeting mit Brian«, erklärt er. »Bei den Verkehrsbetrieben gibt es einige interessante Entwicklungen.«

Wenn ich Neil Burrows bei seinem Rundgang sehe, mit geschwellter Brust, dem rasselnden Bund mit den sechs Schlüsseln am Gürtel und einer Haltung, als unterstünde ihm das ganze Fundbüro statt nur die bescheidene Wertsachenverwahrung, muss ich unwillkürlich an Miss Hydes Derbyshire-Redcap-Hahn mit Namen Chaunticleer denken.

Ein paar misstönende Jahre lang wurde ich zu Miss Hyde

in die Klavierstunde geschickt. Der Hahn Chaunticleer stakste verdrießlich im Garten ihrer Doppelhaushälfte aus den fünfziger Jahren herum und scharrte halbherzig in den Ritzen zwischen den rosa Terrassenplatten. Altersbedingt war sein Nacken kahl und entblößte breite Schneisen gelber, narbiger Haut. Wie oft blickte ich durch Miss Hydes Terrassentür, wenn sie wegen einer falschen Note oder Antwort auf mir herumhackte (»Presto? Ich wünschte, du wärst ein bisschen mehr presto beim Verstehen, junge Dame!«), beobachtete Chaunticleer, der sich kratzte, und tröstete mich mit dem Gedanken, dass sein Los noch schlimmer war als meins.

Eines Tages, gewappnet für eine weitere quälende Stunde *Clair de lune*, fand ich Miss Hyde am Fenster stehen und selbst wie hypnotisiert in den Garten starren.

»Dot! Komm und sieh dir meine Mädels an!« Eine Galgenfrist witternd, bevor es ernst wurde mit Debussy, eilte ich zu ihr. Zu meiner Überraschung drängte sich ein halbes Dutzend neue Hühner im Hof wie fluffige braune, weiße und orangefarbene Bälle.

»Ich habe sie nach den Suffragetten benannt«, erläuterte Miss Hyde mit vornehm hochgezogenen Augenbrauen. »Dann haben sie ein Ziel, das sie anstreben können, verstehst du?« Eifrig folgte ich dem feuchten Blick der Klavierlehrerin auf Lady Constance Lytton, General Flora Drummond und die vier Pankhursts Emmeline, Christabel, Sylvia und Adela. Miss Hydes Mädels waren ein lustiger Haufen und brachten in ihr einen Hauch Ausgelassenheit zum Vorschein, von der ich bis dahin nichts geahnt hatte. Doch Miss Hydes Verwandlung war nichts im Vergleich zu der von Chaunticleer. Der alte Hahn war kaum wiederzuerkennen. Der mürrische Schlurfgang gehörte der Vergangenheit an, stattdessen scharwenzelte er krakeelend im Walzerschritt um *seine* Mädels, mit leuchtenden Augen, erwartungsvoll und hoch aufgerichtet.

Ja, Neil Burrows ist das Ebenbild von Chaunticleer.

»Brian und ich sind *so* eng«, er wickelt den Mittelfinger um den Ringfinger. Dann macht er einen Schritt auf mich zu und sagt mit einem Schwall Mundgeruch: »Wenn Sie wollen, lege ich ein gutes Wort für Sie ein.«

»Nein danke, nicht nötig.« Ja, an dem karierten Trolley vorbei ist die schnellste Route, dann zum Ende der Regale und mit dem Aufzug hoch zum Kundenbereich.

»Denken Sie darüber nach. Ich sehe Sie in einer Position mit mehr Verantwortung. Vielleicht gehen wir mal was trinken, um Strategien zu besprechen?« Er rasselt mit den Wertsachen-Schlüsseln und macht noch einen Schritt auf mich zu.

In exakt demselben Moment schwinge ich mich im Wiegeschritt wie bei einem komplizierten Squaredance zur Seite und an ihm vorbei.

»Ich muss hoch«, japse ich und ergreife die Flucht.

»Alles klar, Dots?« Zwei Sekunden, bevor die Tür für die Öffentlichkeit aufgeht, kommt Anita hereingeklappert und setzt sich an den Schalter. Die Frau lebt wahrlich nah am Abgrund. »Hast du gestern noch was Aufregendes gemacht?«, fragt sie, bereits halb in ihrer Tasche verschwunden.

»Nein, nur ein ruhiger Abend zu Hause.«

»Pläne für heute?«

»Nichts Besonderes.« Ich bewundere Anitas Beharrlichkeit. Jeden Tag stellt sie mir wieder genau die gleiche Frage, obwohl sie immer die gleiche Antwort bekommt.

»Hast du vielleicht Lust, mit mir zu einem Tanzkurs zu gehen? Es gibt da einen in Camden in ein paar Wochen, der richtig gut aussieht. Ich wollte es mal ausprobieren.«

Bevor ich ihr überraschendes Angebot im Keim ersticken kann, hat Anita den Kopf aus dem Nilpferd gezogen und sieht mich mit roten Augen und einer Extra-Schicht Gloss auf den Lippen an. Ein zusätzliches Polster, um den Tag zu überstehen.

Früher habe ich für mein Leben gern getanzt, die altmodischen Sachen, Foxtrott, Wiener Walzer, Cha-Cha-Cha. Meine Füße auf Dads Pantoffeln. Einmal hat er sich das ganze Kleingeld aus den Hosentaschen getanzt; eine silberne Fontäne, als er mich durchs Zimmer wirbelte. Ich habe schon sehr lange nicht mehr getanzt.

»Ach bitte, Dots!«, sagt Anita.

Ich nicke und hoffe, bis es so weit ist, hat sie es längst vergessen.

Nach der Mittagspause weise ich SmartChoice in die Abläufe des Kundenservice ein. Den ersten Tag hat sie in der Verwaltung verbracht und gelernt, wie man Online-Formulare ausfüllt, heute sind die Feinheiten des Etikettierens, Auszeichnens und Registrierens an der Reihe. Ich freue mich, ihr etwas beizubringen, und sie scheint wissbegierig – auf jeden Fall ist sie von meiner Uniform beeindruckt.

»Und das ziehst du *freiwillig* an?«, fragt sie.

Seit 1947 gibt es im Fundbüro keine Dienstkleidung mehr. Gleichwohl trage ich eine selbstgewählte Uniform, bestehend aus Faltenrock und passendem Jackett. Aus Loden. Loden kennt seine Form, er gibt nicht nach oder leiert aus wie diese billigen synthetischen Fasern. Loden steht für sich selbst. Nur ein Gürtel fehlt noch, um die Uniform perfekt zu machen. Etwas Robustes. Ein Kummerbund? Neben Glamour Girl Anita in ihren Lycra-Leggings und durchsichtigen Bauschblusen und SmartChoice, heute in briefmarkengroßem Minirock und Wolkenkratzer-Stilettos, bin ich wohl die Exotin hier. Nichtsdestotrotz.

»So ist es, Sheila, denn eine Uniform ist ein Zeichen des Respekts: dir selbst gegenüber, dem Job gegenüber und dem

Eigentum anderer Leute gegenüber. Hier lang, bitte, machen wir weiter mit der Einführung.«

Ich führe sie hinter den Schalter und halte einen Stapel Dijon-Anhänger hoch.

»Fundsachen werden von Taxifahrern, von Bahn- und U-Bahn-Personal bei uns abgegeben oder von den Londoner Busdepots hergeschickt. Auch Privatleute bringen Fundsachen her. Und wenn ein Gegenstand abgegeben wird, egal von wem, musst du immer zuallererst, *ohne Ausnahme*, einen solchen Anhänger ausfüllen.« Ich gebe ihr einen Dijon-Anhänger. Die Geste fühlt sich bedeutsam an, als würde ich eine Fackel an sie weiterreichen, ihr ein Amt übertragen.

SmartChoice nimmt den Anhänger mit ausgestrecktem Arm, lässt ihn am Faden baumeln und rümpft die Nase. »Warum machen wir nicht einfach alles online? Oder mit einer App?«

Ich nehme ihr den Anhänger weg und hole Luft.

»Fundsachen müssen manuell ausgezeichnet werden, bevor sie ins Magazin kommen. Die Anhänger sind *extrem* wichtig. Hier schreibst du das Datum hin, wann sie gefunden wurden« – ich deute auf die entsprechende Zeile –, »hier den Ort, wo sie gefunden wurden, und auf den restlichen Platz hier kommt eine präzise Beschreibung der Fundsache. Sobald der Anhänger ausgefüllt ist, wird er an der Fundsache befestigt. Ich empfehle dringend einen Doppelknoten – so. Sobald die Fundsache ausgezeichnet ist, gibst du die betreffenden Daten in den Computer ein, damit sie gefunden werden kann, dann bringst du sie nach unten ins Magazin und sortierst sie ins richtige Regal. Komm mit.«

SmartChoice folgt mir mit klackernden Absätzen vom Kundenbereich durch die Verwaltung, vorbei an der Teeküche und den Personaltoiletten.

Ich führe sie zum Lastenaufzug und drücke auf *Magazin*. Unten angekommen, schalte ich das Licht an. SmartChoice schnappt nach Luft und sieht sich staunend um. Ich gebe zu, dass ich von ihrer Reaktion überrascht und erfreut bin.

»Nicht wahr?«, nicke ich. »Beeindruckend.«

»Gucci!«, quiekt sie und zeigt auf ein Regal mit Handtaschen.

»Wer verliert so was? Und das ist eine echte, kein Fake!«

»Die Regale sind nach Kategorien angeordnet.« Hastig durchschreite ich den nächsten Gang und zeige ihr die verschiedenen Bereiche. »Herrenbekleidung«, »Gehstöcke und Krücken«, »Kinderwagen und Buggys«, bis hin zur Abteilung »Verschiedenes« ganz hinten. »Wie du siehst, ist das Magazin so groß wie ein Flugzeug-Hangar – je schneller du dich mit dem Grundriss vertraut machst und lernst, was wo hinkommt, desto besser. Nicht dass uns hier unten eine Mitarbeiterin verloren geht!« Ich drehe mich um, um zu sehen, ob sie meinen kleinen Witz verstanden hat, aber sie ist mehrere Gänge hinter mir und starrt mit großen Augen alles an.

»O mein Gott. Ich kann echt nicht fassen, wie viel Zeug hier unten ist. Ich meine, ich hab nicht mal gewusst, dass es so was gibt, bis die Agentur mir den Job vorgeschlagen hat.«

»Das Fundbüro befindet sich seit 1933 an dieser Stelle«, erkläre ich und richte mich in meiner Uniform kerzengerade auf.

»Ist fast wie bei TK Maxx, oder? Nur mit ein paar echt gruseligen Sachen dazwischen«, sagt SmartChoice und zeigt auf den grünbraunen Parka.

Oh, Phyllis Pearsall, wo bist du?

»Sheila, deine Aufgabe ist es, jede Fundsache gewissenhaft zu registrieren und einzusortieren. Ich empfehle dir dringend, dich mit den Räumlichkeiten vertraut zu machen, damit du die Aufgabe deinen Fähigkeiten entsprechend so gut wie möglich erfüllen kannst.«

»Schon klar. Oooh, was ist das denn?« Sie marschiert auf das Regal mit »Kinderspielzeug« zu, zieht eine Plastiktüte aus einem Fach und liest vor, was auf dem Anhänger steht:

»›Slime-Set, ausgemaltes Malbuch.‹ Glaubt ihr ernsthaft, dass das jemand abholt?«

Ich nehme ihr die Tüte aus der Hand und lege sie energisch an ihren Platz zurück.

»Wenn sich jemand die Mühe macht, eine Fundsache bei uns abzugeben, und sei es ein einzelner Handschuh, ein mittelmäßiger Englischaufsatz oder auch Schleim wie der hier, dann etikettieren wir sie, registrieren sie und sortieren sie in das richtige Regal ein. Für alles, was bei uns landet, tragen wir die Verantwortung, sind wir Rechenschaft schuldig.«

Eigentlich hatte ich mich auf den Exkurs gefreut, aber ich muss zugeben, ich bin erleichtert, als SmartChoice' Orientierungsstunde vorbei ist und ich endlich wieder am Schalter sitze. Ich habe das Gefühl, sie ist nicht mit dem Herzen bei der Sache. Eine Phyllis wird wohl nicht aus ihr werden.

Der Nachmittag vergeht in einem angenehmen Kommen und Gehen verlorener Telefone, Schirme und Schals. Mein letzter Kunde vor Feierabend ist ein Schüler, der eine erschreckend schmierige Brille trägt. Knochig, kantig und nervös zappelt er vor dem Schalter herum.

»Guten Tag, junger Mann«, sage ich.

Er starrt mich durch den Nebel seiner Fingerabdrücke an. Ich widerstehe dem Drang, ihm mein Taschentuch anzubieten.

»Ich ... ich ... hab meine Monatskarte im Bus verloren.«

»Wo hattest du sie? In einem Geldbeutel? Einer Hülle?«

»*Alles, was wir geben mussten.*«

Mein Sheatter zögert.

»Schullektüre«, sagt er. Das bringt mir keine Klarheit. »Das Buch, das wir im Leistungskurs lesen? Kazuo Ishiguro?«, sagt er mit der fragenden Hebung am Satzende, die sich die jungen Leute angewöhnt haben, als wäre alles völlig offensichtlich und gleichzeitig ultimativ verwirrend.

»Ah.« Ich schreibe diese wichtige Information in mein Formular.

»Ich hab die Karte in mein Buch gesteckt«, sagt er. »Wie ein Lesezeichen.« Mit den Händen auf der Theke beschreibt er pantomimisch, wie er ein kleines flaches Ding in ein buchförmiges Objekt legt, und dann schlägt er das buchförmige Objekt zu, indem er die Handflächen aufeinanderlegt – nur für den Fall, dass ich nicht weiß, wie man ein Lesezeichen in ein Buch legt. Ich nehme es nicht persönlich. Ich finde die kleinen Choreographien des Verlusts oft rührend, die Gesten, die einen Gegenstand plastisch werden lassen, seine Gegenwart im Moment vor dem Verlust nachzeichnen. Die Hände des Jungen sind lang und dünn; er muss erst noch hineinwachsen.

»Ich hab die Monatskarte in das Buch gesteckt, damit ich sie nicht verliere«, fügt er niedergeschlagen hinzu und schiebt die Brille auf dem Nasenrücken höher.

»Nur damit wir uns richtig verstehen, du hast deine Monatskarte *und* das Buch verloren?«

»Das Buch ist mir egal – Englisch ist voll öde –, aber Mum bringt mich um, wenn ich meine Oyster-Card verliere. Sie hat gerade das Guthaben aufgeladen.«

Ich halte meinen tapferen Sheaffer fester.

»Bücher sind deine Freunde«, mahne ich. Er zuckt die Schultern, nagt ein Stück Haut von seinem Daumen und schluckt. »Wo wären wir ohne Bücher?«, beharre ich. »Sie bringen uns an alle möglichen Orte.«

»Na ja, aber ohne meine Oyster-Card ... komm ich nirgends hin.«

Bevor er geht, schiebe ich einen Pappstreifen über die Theke.

»Das ist sicherer als die Oyster-Card. Vom Welttag des Buches.« Mit abgenagten Fingernägeln klaubt er das Lesezeichen von der lackierten Oberfläche.

»Zum Behalten?«

»Ja, zum Behalten. Damit du beim nächsten Mal die Stelle wiederfindest.«

»Danke.«

Ich sehe mich selbst in seinem Alter, halb entfaltet, in den abgelegten Kleidern meiner Schwester, nichts passt richtig, am allerwenigsten ich selbst. Bei mir war immer alles etwas daneben, anders als bei den anderen Mädchen mit ihren schneeweißen Kniestrümpfen, den ordentlichen Sandwich-Dreiecken, den Chipstüten und den funkelnden Steckern in den Ohrläppchen. Ich saß immer irgendwo allein für mich auf dem Schulhof, mit den Domino-Sandwiches, die Dad für mich machte – halb weiße, halb dunkle Brotquadrate –, in Butterbrotpapier gewickelt und mit grünem Gärtnerzwirn zusammengebunden.

Ich schaue an meiner Uniform hinunter, auf mein festes Schuhwerk, und frage mich kurz, ob sich seitdem eigentlich irgendetwas verändert hat.

Ich mache immer noch Dads Domino-Sandwiches und nehme sie mit zur Arbeit. Bevor wir Mum in die Schattige Pinie brachten, habe ich morgens auch ein Pausenbrot-Päckchen für sie gemacht und in den Kühlschrank gelegt. Heute Morgen war ich so geistesabwesend, dass ich versehentlich zwei gemacht habe.

Also muss ich mir wenigstens keine Gedanken über das Abendessen machen.

3

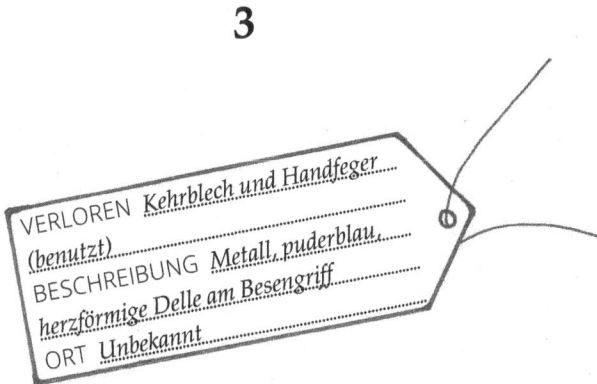

Donnerstag nach der Arbeit: Philippa hat mich einbestellt, um »die Orga für Mum« zu besprechen. Ich sehe sie zuerst durch die diamantförmige Strukturglasscheibe in der Haustür – eine verwirrende Farbfläche aus silbernen, rosa und blauen Glitzerpartikeln. Durch den Filter wirkt meine Schwester vorstellbar. Zugänglich. Dann geht die Tür auf, und sie rückt scharfumrissen in den Fokus. Sie trägt eisrosa Lippenstift und passenden Nagellack; ihre Lider sind von silbernen Halbmonden überdacht. Der Gesamteindruck erinnert an einen geeisten Krabbencocktail.

»Heute nicht, danke!« Sie tippt auf das Keramikschild neben der Haustür und gackert vor Lachen.

**Keine unangemeldeten Besuche –
keine Vertreter –
keine religiösen Vereinigungen**

Meine Schwester findet, in meiner Uniform sehe ich aus wie von der Heilsarmee. Zum Glück telefoniert sie gerade, so dass mir weitere Bonmots erspart bleiben. Sie winkt mich ins Wohnzimmer.

»Mach's dir gemütlich.« Das ist mehr Herausforderung als Einladung, denn das Haus besteht nur aus scharfen Kanten und spitzen Winkeln – ihr selbst nicht unähnlich. Philippa telefoniert weiter.

»Nur Dot.« Sie spricht mit ihrer BBC-Telefonstimme und klingt wie eine Royal-Air-Force-Telefonistin im Zweiten Weltkrieg. *Hallo, Tonbridge, Tango, Oscar, November, Bravo ...*

Ich steuere den einzigen annähernd bequem aussehenden Sessel an, auf dem zwei geschürzte Lederkissen balancieren.

»Nicht da – die habe ich gerade aufgeschüttelt«, gellt es aus dem Flur, bevor sie sich wieder ihrem Telefonat widmet.

Also lasse ich mich am Ende eines langen leberbraunen Sofas mit chrombewehrten Seitenteilen nieder, und schließlich drückt Philippa in einer Wolke von Puder und dem stechenden Dunst von L'Air du Temps ihre Wange an meine.

»Na, wie ist das Leben?«, fragt sie in einem Ton, als wäre sie sich nicht ganz sicher, ob ich eins hätte.

»Alles tipptopp.«

Ihre Finger zucken. Immer in Bewegung, meine Schwester. Ein rasselnder Armreif, ein wippender Fuß. Ständig absprungund aufbruchbereit zum nächsten Programmpunkt. Oder vielleicht ist sie nur bei mir so.

»Und der ›Job‹?« Ich sehe die Anführungszeichen aufglänzen wie frisch poliert. Philippa ist stets bereit, mir zu verdeutlichen, dass die von mir gewählte Laufbahn weder für Lukrativität noch für Prestige bekannt ist. Obwohl ich seit gut einem Jahrzehnt für das Fundbüro arbeite, ist meine Schwester immer noch auf der Suche nach einem »richtigen« Job für mich. Sie hat mir Stellenanzeigen für diverse unpassende Rollen geschickt, für die ich weder Interesse noch Talent habe: Bankkauffrau, Ernährungsberaterin, Radiologieassistentin. *Das solltest du ausprobieren, Dot – es ist wie Fotografieren, bloß mit einer riesigen Kamera. Außerdem kannst du dann sagen, du arbeitest in der Medizin!*

Ich weiß, dass Philippa ihre Freunde wegen meiner Arbeit anlügt. Bei einer ihrer Cocktailpartys unterhielt ich mich einen sehr öden Gin Tonic lang mit einem Börsenmaklerfreund ihres Mannes. Meine Schwester hatte schon länger vor, mich mit Geralds Kumpel zusammenzubringen – mein Single-Status ist ihr noch peinlicher als mein Beruf. Und Stafford erfüllte alle ihre Kriterien: großes Gehalt, großes Haus, großes Ego.

Er hatte mich in Philippas Wohnzimmer an der Glas- und Chromvitrine in die Enge getrieben und säuselte, wie aufregend mein Job sein müsse. Obwohl mich seine Nähe irritierte, gebe ich zu, dass ich von seinem Interesse an meiner Arbeit angenehm überrascht war – so etwas erlebe ich im Haus meiner Schwester selten.

»Mit Crossrail und den neuen Bahnverbindungen nach Reading haben Sie bestimmt gerade einen richtigen Boom«, sagte er.

»Ja, wir haben durchaus gut zu tun.«

Ich wurde erst stutzig, als er fragte: »Stimmt es, dass Catford das neue Hackney ist? Ist jetzt ein guter Zeitpunkt zum Investieren?«

»Ich habe nicht gelogen!«, protestierte Philippa später, als ich sie mit der Sache konfrontierte. »Ich sagte nur, dass du im Bereich ›Eigentumsmanagement‹ tätig bist – stimmt doch auch. Du bist immer so pedantisch.«

Es versteht sich von selbst, dass das die letzte ihrer Cocktailpartys war, bei der ich durch Anwesenheit glänzte.

»Der Job läuft gut«, sage ich jetzt.

Philippas Laserblick scannt den Couchtisch nach Staubkörnchen ab, dann schwenkt er über meine rechte Hand zu den

Stellen, wo die ovalen Kuppen meiner Finger mit dem polierten Chrom ihres Sofas in Kontakt kommen. Ich greife noch etwas fester und abdruckintensiver zu und sehe, wie sie schaudert.

»Und, wie läuft es bei dir?«, frage ich versöhnlich.

Sofort legt sie los: der Anbau der Nachbarn (zu groß), Geralds Beförderung (nicht groß genug), Melanies Leistungskurswahl (Mathe, Mathe für Fortgeschrittene, Computerwissenschaften).

»Und Sam?«, frage ich.

Das ist der Trigger für das Armwedeln. Philippa hat einen sehr speziellen Tick. Mitten im Gespräch fängt sie an, die Arme zu bewegen, als würde sie Reinigungsspray aufsprühen und nachwischen. Sie kann nichts dafür. Am glücklichsten ist meine Schwester, wenn sie eine Flasche Sprühreiniger und ein Staubtuch in der Hand hält, Spuren beseitigt und Schmutz entfernt. Weswegen sie immer, wenn sie in eine herausfordernde oder emotionale Situation gerät – ein Labour-Kandidat an der Tür, Kaffee mit mir –, mit den Armen zu wedeln beginnt. Wenn man nicht weiß, wo es herkommt, hat es fast etwas Ballettartiges. Wenn man es weiß, ist es eine Beleidigung.

»Der Junge ist unmöglich.«

»Ist er noch in der Theatergruppe?«

»Oh, diese Geisteswissenschaften!«, wimmert sie, als wäre die Liebe meines Neffen zum Theater eine Katastrophe ähnlichen Ausmaßes wie der Absturz der *Hindenburg*. Ihre Arme rotieren mit doppeltem Tempo. »Was soll ihm das denn bringen?«

»Er ist doch erst zwölf.«

»Du hältst immer zu ihm, Dot. Du bist viel zu weich. Du bist genau wie …«

Ihre Arme erstarren mitten im Feudeln. Das Wort steht unausgesprochen zwischen uns im Raum.

Dad.

So sind wir, Philippa und ich, immer stoßen wir gegen unsere wechselseitigen Kanten und schlagen uns die Ecken an.

»Kaffee?«

Ohne meine Antwort abzuwarten, flieht sie in die Küche und findet Trost im Trommelfeuer passenden Porzellans. Als sie wiederkommt, bleibt das Gespräch eine Weile schwankungsfrei, solange ich es durch die ruhigen Gewässer von Melanies Oxbridge-Potenzial und Philippas und Geralds letzter Kreuzfahrt steuere.

»Unsere Suite hatte bei weitem den größten Balkon, und wir waren jeden Abend an den Tisch des Kapitäns eingeladen. Es war richtig peinlich!«, schwärmt Philippa. »Und das Servicepersonal! Nichts war ihnen zu viel Mühe. Alles Polen und Rumänen, aber so was von freundlich. Und sehr großzügig beim Nachschenken.«

Doch es dauert nicht lang, und der Wind dreht sich. Ich gestehe, dass ich anfange.

»Was ich dich fragen wollte – hast du Mums Kehrblech und Besen gesehen?«

In Gedanken noch bei den berauschenden Freuden des Kapitänstischs, wedelt sie die Frage mit einer leichten Sprüh-und-Feudel-Geste weg, aber ich bleibe hartnäckig.

»Ihr altes puderblaues Kehrset – hast du es gesehen?«

»Warum sollte ich?«

»Als wir letzten Monat ihre Sachen für die Schattige Pinie gepackt haben?«

»Warum hätten wir das Ding mitnehmen sollen? Einer der Gründe, dass wir uns für die Schattige Pinie entschieden haben, ist die ausgezeichnete Hygiene dort. Du hast Mum doch hoffentlich gesagt, dass sie nicht selbst putzen muss, oder? Also wirklich!«

»Ich glaube, es geht mehr um das Ding an sich. An dem Tag,

als wir sie hingebracht haben, hat sie ständig danach gefragt, weißt du noch? Ich würde es ihr gern mitbringen, wenn ich sie besuche.«

»Das alte Ding aus dem spinnwebigen Besenschrank unter der Treppe?«

Ich nicke.

»Igitt.« Philippa schaudert. »Nein, ich hab es nicht. Kannst du ihr nicht was Normales mitbringen, etwas, das sie gebrauchen kann? Was hast du gegen einen Topf Hyazinthen oder eine schöne Schale mit Trockenfrüchten für ihre Verdauung?«

»Nichts natürlich. Aber das Kehrset bedeutet ihr etwas, weil es ihr so vertraut ist, glaube ich. Sie hätte das Gefühl, ihre eigenen Sachen um sich zu haben ...«

»Sie will etwas *Vertrautes*? Was ist mit Fotos? Büchern? Nippes – die beiden King-Charles-Spaniels aus Porzellan, die auf dem Kaminsims saßen. Potthässlich, aber doch besser als ein Kehrblech, oder?«

»Aber wenn sie das Kehrblech und den Besen hat, fühlt sie sich vielleicht mehr wie ... wie sie früher war?«

»Wie soll das denn gehen? Warum bist du immer so ... so ...«

Jetzt geht's los. Ich beobachte, wie meine Schwester das verbale Arsenal durchgeht, das sie für mich reserviert hat.

»Anomal? Scharfsinnig? Geistreich?«, schlage ich vor. Wir von der Heilsarmee helfen immer gern.

Sie schüttelt entnervt den Kopf. »Siehst du, du tust es schon wieder. Ständig sagst du solche Dinge. Du bist einfach irgendwie ...«

Vorsicht.

»Verquer, Dot. Du bist so ... verquer.«

Verquer? Ein neuer Rekrut im Arsenal.

Philippa schenkt mir Kaffee nach und dreht den Griff des Milchkännchens in meine Richtung. Bei all ihren Schwächen, die Tischmanieren meiner Schwester sind makellos. Ich stelle mir vor, wie sie auf ihren Kurztrips mit Gerald im Flugzeug wartet, bis alle Passagiere ihr Essen haben, bevor sie die Folie von dem Plastiktablett zieht und das Plastikbesteck aus der Zellophanhülle befreit.

»Bei meinem letzten Besuch hat Mum ständig von irgendeiner Maria geredet – wahrscheinlich eine der Pflegerinnen.« Philippa zwickt mit der silbernen Zange einen Zuckerwürfel ein. »Sie hat keine Ahnung, wer ihre Töchter sind, aber sie vermisst ihre alte Kehrschaufel.« In der Stille, die folgt, plumpst der Zuckerwürfel in Philippas Kaffeetasse. Wir sehen zu, wie er die Oberfläche durchschlägt, eine kleine Kanonenkugel, und zu Boden sinkt.

Es waren immer Mum und Philippa – und Dad und ich. Philippa hat Mums helle Farben und ihren zierlichen Körperbau. Ich habe Dads braune Augen und sein dickes dunkles Haar. Zwei hell, zwei dunkel, wie ein Domino-Sandwich. Am Wochenende gingen die beiden shoppen, und wir beide gingen im Garten auf Abenteuertour; freitagabends hörten wir Dads 78er-Platten, und sie sahen fern; beim Monopoly waren wir für die Gemeinschafts- und Ereigniskarten zuständig, während sie die Grundstücke und die Bank verwalteten. Eifrig leckte Philippa Zeigefinger und Daumen ab, wenn sie die bonbonfarbenen Banknoten auszahlte wie die Dame bei Barclays. Das Bankwesen machte ihr noch mehr Spaß als das Spiel.

So war es immer. Mum und Philippa, Dad und Dot.

»Wir müssen über die Besuchszeiten reden, einen Plan aufstellen«, sagt Philippa. »Wie wär's, wenn du samstags kommst, Gerald geht sonntags mit den Kindern, und ich schaue zwischendurch vorbei, an meinen Flexi-Tagen.«

Keine Besprechung also, sondern vollendete Tatsachen.

»Und wir müssen über das Haus reden«, fährt Philippa fort, während sie die Zuckerzange öffnet und schließt, als wollte sie etwas damit fangen.

»Plant ihr noch einen Umbau?« Angesichts der neuen Terrasse ums ganze Haus und der Küchen-»Insel« wüsste ich nicht, was meine Schwester noch mit ihrem Haus tun könnte, außer vielleicht eine Flasche Champagner dagegenzuwerfen und den Kasten auf Jungfernfahrt zu schicken.

»Mums Haus«, sagt sie.

»Was ist damit?«

»Na ja, ich habe nicht das Gefühl, dass sie zurückkommen wird, du vielleicht?«

»Ich ... wahrscheinlich nicht, aber ...«

»Es ist genug Geld auf Mums Konto, um die erste Zeit in der Schattigen Pinie zu überbrücken, aber wir müssen an die Zukunft denken ...« Die Zange schnappt auf und zu auf der Suche nach der richtigen Formulierung. »Im Moment haben wir einen Verkäufermarkt, und die Immobilie hat ein ausgezeichnetes Potenzial, um eine signifikante Dividende zu erzielen.«

In diesen Worten höre ich Gerald, laut und deutlich.

»Du hast schon mit Gerald darüber geredet?«

»Vielleicht habe ich es mal erwähnt. Immerhin kennt er sich mit Finanzen aus, und es könnte eine echte Chance für dich sein.«

»Für mich? Wenn wir die Maisonette verkaufen, bin ich obdachlos.«

»Na ja, aber du hättest Geld, um zu investieren, um dir etwas Eigenes zu kaufen. Es ist gerade die perfekte Zeit dafür.«

»Hast du nicht gerade gesagt, wir haben einen Verkäufermarkt?«

Sie seufzt. »Ich wusste, dass du es kompliziert machen würdest.«

»Ich wohne da, schon vergessen?«

»Ich weiß, ich weiß.« Die Zange zwickt schneller. »Aber du hast doch bestimmt nie gedacht, dass es für immer ist? Leute mit Demenz werden nicht wieder gesund. Wir wussten, dass wir früher oder später ein anderes Arrangement treffen müssen. Und als sie sich die Hüfte gebrochen hat ...« Sie macht eine Pause vor dem Schlussplädoyer, lange genug, um mich daran zu erinnern, dass ich hier die Schuldige bin, dass Mum während meiner Wache gestürzt ist. »Na ja, dadurch kommt es jetzt eben etwas früher statt später.«

Schweigen. Die Zange schwebt. Philippa setzt einen Ausdruck auf, den sie für ein ermutigendes Lächeln hält. »Denk mal darüber nach – das könnte eine aufregende Chance für dich sein, eine Gelegenheit, dich zu verwirklichen ... Ein neuer Anfang! Vielleicht an der Küste oder auf dem Land? Nichts hindert dich, ganz neue Wege zu gehen.«

»Bis auf die Tatsache, dass meine Arbeit in London ist.«

»Wie wäre es mit einer Wohnung in Paris?«

»Paris? Na ja, das Pendeln in die Baker Street wäre doch ein klein bisschen umständlich.«

»Ich meine, geh zurück nach Paris und mach etwas mit deinen Sprachen – du warst so gut darin. Und du warst dort doch glücklich.«

Der Saum eines pflaumenblauen Wintermantels, die herzzerreißende Schönheit der vom Frost in Spitze gehüllten Stadt. Die Frau vom Gemüsestand, die auf ihre kalten roten Finger hauchte. »*Il fait froid!*«, rief sie und stampfte mit den Füßen auf das eisige Pflaster. Dann Frühling, Paris in seiner ganzen Pracht, der Blumenkasten auf meinem Balkon im 14. Arrondissement voll starkduftender Geranien.

»Das ist eine Ewigkeit her. Ich erinnere mich kaum noch dran.«

Philippa seufzt. »Jedenfalls werde ich Greenridge, Cooper & Price anrufen, damit sie eine Schätzung machen. Sie sind extrem professionell.«

»Ich brauche noch Zeit ...«

»Wir müssen da weiterkommen. Oder kannst du es dir leisten, Mums Kost und Logis zu zahlen?«

Eine Pause. Dann schnappt die Zange triumphierend zu.

»Gut«, sagte Philippa. »Also sind wir uns einig. Zeit für Veränderungen. Wir können nicht ewig auf der Stelle treten.«

Wir stehen gleichzeitig auf.

Sie bringt mich zur Tür, und wir verabschieden uns. Noch ein Stoß L'Air du Temps.

»Pass auf dich auf, Dot.« Es klingt wie eine Warnung. Am Ende der Einfahrt drehe ich mich um und sehe Philippas Silhouette in der Tür, anmutig im Abendlicht sprühend und feudelnd, als wäre ich noch da, ginge ihr auf die Nerven, machte Flecken.

Auf dem Heimweg bin ich etwas zittrig. Trost- und wärmebedürftig kehre ich im Laden an der Ecke ein und stocke meinen Suppenvorrat auf. Heute gibt es zwei Dosen »Suppen rund um die Welt« zum Preis von einer, und da ich weder an einem Schnäppchen noch an einer kulturellen Erfahrung einfach vorbeigehen kann, nehme ich zwei Dosen »Tandoori-Nights«.

In der winzigen Küche von Mums Maisonette ignoriere ich die Aufreißlasche und hole meinen Büchsenöffner heraus, dann wärme ich die Suppe auf und gehe mit meiner Suppenschale ins stille Wohnzimmer. Das letzte Puzzle, das Mum gekauft hat, liegt unvollendet auf dem Tisch. Es ist eine Alpenszene, ziemlich schwierig mit all dem Weiß. Perfekt, um eine aufgewühlte und angstvolle Seele zu beruhigen.

Ich setze die Bergkänge zusammen, freue mich an den Nuancen von Grauweiß, Blauweiß und Weißweiß, aber selbst das majestätische Alpenpanorama kann mich nur teilweise zerstreuen. Ein Buch? Ja, vielleicht lenkt mich ein Buch von Philippas Neuigkeiten wegen des Hausverkaufs ab. Die Rettung sind meine Reiseführer. Ich habe eine sorgfältig kuratierte Auswahl liegen gebliebener Reiseliteratur aus dem Fundbüro. Reiseführer werden fast nie abgeholt, dabei sind es wahre Schätze. Ich muss gestehen, dass ich über die Jahre ein ziemliches Archiv angehäuft habe – alles dank der Piccadilly Line von Heathrow! Am schönsten sind die Bleistiftanmerkungen am Rand, die Eselsohren, die an besonders geschätzte Cafés erinnern, unterstrichene Lieblingsparks und -gärten, interessante Orte mit Ausrufezeichen, kleine Feuerwerke aus Sternen. Der gelegentliche traurige Smiley für das Café/den Spaziergang/das Hotel, die enttäuscht haben.

Ich lasse den Blick über meine Reiseführerbibliothek gleiten – sie deckt alle sieben Kontinente und Mums gesamtes Bücherregal ab. Mit dem Finger fahre ich über die Rücken und bleibe bei *Discover India!* stehen. Volltreffer. Die perfekte intellektuelle Beilage zu meiner Suppe.

Ich lese, dass der Lotus die heilige Blume dieses alten Landes ist. Offenbar kann der Lotussamen Tausende von Jahren im schlammigen Sumpf warten, bevor er sprießt. Welch hartnäckiger Glaube ans eigene Dasein! Wie bewundernswert.

Doch trotz der Seelenstärke des Lotus kann ich mich nicht konzentrieren. Das Problem ist, es ist so still ohne Mum. Vor einem Jahr, als ihre Demenz stärker wurde, bin ich bei ihr eingezogen: die Brille im Eiswürfelbehälter im Kühlschrank; der leicht obszöne Geruch des Camemberts, der im Badezimmerschrank vor sich hin reifte und von einer ausnehmend unsterilen Umgebung kündete. Wobei ich auch Vorteile sehe, wenn man die Brille im Gefrierfach aufbewahrt: immer gut für einen eisigen Blick. *Ha.* Den hätte ich heute bei Philippa gebrauchen können – ein eiskalter Blick hätte ihr Gerede von Greenridge, Cooper & Price und dem Verkäufermarkt vielleicht eingefroren. Hoppla, am Fuße der Alpen bildet sich eine Tandoori-Nights-Pfütze. Vielleicht war Suppe nicht die beste Wahl für das heutige Abendessen, denn offenbar bin ich immer noch ein klein wenig zittrig. Zum Glück habe ich meine Uniform noch an, ich muss also nur zu dem am Jackett festgesteckten Taschentuch greifen, und der Berghang glänzt wieder wie unberührt.

Ich hatte keine Ahnung, was mich erwartete, Mum und ich als Wohngemeinschaft, aber ich hatte das Gefühl, es wäre meine Pflicht. Seit Dad waren wir nicht mehr das, was SmartChoice »BFF« nennen würde. Ich sah Mum an Weihnachten, an ihrem Geburtstag, einem gelegentlichen Familienfest, aber das war es auch schon. Philippa wohnt in der Nähe, und die beiden waren so eng wie eh und je. Meine Schwester überlegte, ob sie Mum zu sich nehmen sollte, als die Demenz anfing, aber der Stress mit Melanies privaten Mathe-Nachhilfestunden überschnitt sich mit dem Druck von Geralds »Zielvorgaben« und dem Drama um Sams Proben für die Rolle des Jem in *Wer die Nachtigall stört*, und es schien, als würde ihr Haushalt keinen weiteren häuslichen Balanceakt verkraften. Außerdem wollte Mum sowieso nicht ausziehen. Mein Vermieter drohte gerade, meine Miete zu verdoppeln, und der Rohbau der vielstöckigen Monstrosität gegenüber wuchs von Woche zu Woche um eine Etage.

Und natürlich wollte ich helfen.

Obwohl es viel weiter zu meiner Arbeit und viel näher zu meiner Schwester ist. Und auch wenn meine alte Wohnung nichts Besonderes war, hing ich an der Silberbirke vor dem Schlafzimmerfenster und an der weichen Kurve des original viktorianischen Geländers im Treppenhaus. Ich vermisse die Freitage, wenn ich nach der Arbeit in die Nummer 74 gesprungen bin und für ein paar Stunden in der samtigen Dunkelheit des Ciné Lumière in South Kensington versank, wonach ich mir im dazugehörigen Café einen Salade au chèvre chaud gönnte.

Aber das war der Lauf der Dinge.

Ich hatte nicht viel im Gepäck, als ich einzog. Hauptsächlich meine Reiseführer.

»Was ist denn das für ein Zeug?«, fragte Philippa, als sie mich abholen kam und ich mit einem Koffer, der von einem Lederriemen zusammengehalten wurde, und einem Pappkarton voller Reiseliteratur in der Tür stand.

»Meine Büchersammlung«, sagte ich mit einem Anflug von Stolz.

Meine Schwester schnaubte. »Sammlung?«, sagte sie. »Die sind völlig wertlos. Die meisten haben nicht mal einen Einband!«

Ich hielt dagegen: »Man soll ein Buch nicht nach dem Cover beurteilen«, räumte aber ein: »Es sind Sammlerstücke, weil ich sie eben sammle.«

Sie rümpfte die Nase und zog mit spitzen Fingern *Alles Andalusien* heraus, eins meiner Lieblingsbücher. »Hast du überhaupt vor, irgendwelche dieser Orte zu besuchen?«

»Es gibt viele Arten, den Globus zu bereisen«, entgegnete ich und rettete mein armes Andalusien. »Ich sehe mich heute mehr als literarische Flaneurin, die *geistig* auf geweißten Pfaden wandelt und sich an atemberaubenden Aussichten erfreut. Es ist fantastisch, wo man sich hinversetzen lassen kann, wenn man sich ein bisschen konzentriert.«

Woraufhin sie mich nur mit diesem speziellen Dot-Blick ansah, der ihre Verzweiflung über mich ausdrückt, also sagte ich nichts mehr.

Meinen kleinen Frühstückstisch ließ ich für die Samariter zurück. Ich glaube, ich hatte ihn auch von ihnen gekauft, es lag also eine prosaische Poesie darin. Ich hatte keine Spuren auf ihm zurückgelassen bis auf den einsamen Ring von einer Tasse Lapsang, die ich mal darauf stehen gelassen hatte.

Mein neues Leben mit Mum hatte Philippa akribisch durchgetaktet:

6.00 Uhr: Dot weckt Mum mit einer Tasse Tee im Bett (kein Zucker!).
6.30 Uhr: Frühstück, jeden zweiten Tag zwei weich gekochte Eier, an den anderen Tagen Joghurt.
7.00 Uhr: Dot übergibt an den Pflegedienst.
12.00 Uhr: Essen auf Rädern.
13.00–14.00 Uhr: Mittagsschlaf und Tabletten. (Philippa ruft zur Erinnerung aus dem Büro an.)
14.00–16:30 Uhr: »Memory Club« oder ähnlicher Ausflug mit dem Demenz-Verein Kent.
16.30–18.00 Uhr: Home Help kommt zum Putzen und macht Tee. (Dot: Vergiss nicht, jeden Freitag den Umschlag mit dem Geld hinzulegen.)
18.00 Uhr: Dot kommt nach Hause.
19.30 Uhr: Abendessen. (Kein Käse!)

Philippa nahm Mum an den Wochenenden.

In Mums Maisonette ist alles Hochglanz und weiße Oberfläche, nichts, wo man sich verstecken könnte. Mum und ich bewegten uns zwischen Küche und Wohnzimmer und versuchten unsere gespiegelten Silhouetten zu ignorieren, die uns wie Geister verfolgten. Eine Mutter, die ihre Tochter nicht mehr erkannte, und eine Tochter, die die Frau nicht kannte, die ihre Mutter war.

Doch jetzt vermisse ich die merkwürdigsten Dinge: das Rascheln ihrer Hausschuhe auf der Rattanmatte im Flur, die Klospülung mitten in der Nacht, das Rasseln der Türkette, wenn sie einen ihrer spätabendlichen Gesundheitsspaziergänge machen will. Arme Mum. Ich spüre das Fehlen ihrer Gegenwart, vermisse das Gleichgewicht der zwei Teetassen, die ich über den Flur trage, so dass ich Schlagseite bekomme mit nur einer. Ich vermisse die melodiöse Skala ihres Gähnens, das leise Knacken ihrer Knochen, das Gurgeln ihres Bauchs. Ich vermisse das plötzliche Auflachen aus dem anderen Zimmer und das dazugehörige Tourette-artige Wippen ihres übergeschlagenen Beins, wenn sie fernsah. Sendungen mit Handlung begannen sie zu überfordern und aufzuregen, also ließ ich den Fernseher irgendwann auf einen Kanal eingestellt, wo nur Back- und Heimwerkersendungen liefen. Der Bildschirm glomm gemütlich; Eischnee in schaumig geschlagener Butter und Zucker, dicke Farbschichten auf dunklem Holz. Der Anblick tröstete uns beide. Außerdem waren diese Sendungen höchst informativ.

Manchmal, wenn ich kurz rausging, merkte ich danach nicht, dass inzwischen etwas anderes lief; fasziniert sah ich zu, wie ein Fichtenholz-Tischbein auf der Drehbank gedrechselt wurde, bis ich begriff, dass es ein Spatel war, der Zuckerguss auftrug. Vielleicht war es eine Erlösung, so wie Mum zu werden, in eine Welt hinüberzugleiten, in der ein Mann in Latzhose Buttercreme auf die Wand aufträgt und ein Bäcker eine Biskuittorte mit Spachtelmasse bestreicht. Eine Befreiung, in eine verschwommene Landschaft einzuziehen, die aus Torten und Handwerk und der berauschenden Seligkeit des Vergessens besteht.

Es sind nur wenige Erinnerungsstücke an früher hier. Noch heute zucke ich zusammen, wenn ich sie sehe, Fremde, gestrandet in einem unbekannten Land: die Vase aus Murano-Glas, ein Hochzeitsgeschenk von Mums Bruder Joe, die früher mit Blumen gefüllt auf dem Esstisch stand und jetzt immer leer ist; die antiken King-Charles-Spaniels aus Porzellan, die gefährlich auf dem schmalen Sims über dem Gaskamin balancieren; die Monopoly-Schachtel, die verloren unter dem Fernseher lauert. Hunde, Spiele – es ist alles da, was ein Familienzimmer braucht, bis auf die Familie. Vielleicht sollte ich Mum beim nächsten Besuch die Spaniels mitbringen, wie Philippa vorgeschlagen hat. Was noch? Ein Puzzle? Ein Kantholz, ein Päckchen Puderzucker und etwas schnell trocknenden Zement?

Ich hatte mich daran gewöhnt, wenn ich abends nach Hause kam, eine Landkarte von Mums Tag vorzufinden: ein angebissener Keks auf der Treppe, eine Teetasse, von ihrem Löffel entzweit, eine steuerlose Untertasse auf dem Fensterbrett. Einmal ein wackeliger Turm meiner Reiseführer, der sich wie der von Pisa im Wohnzimmer neigte. Ich weiß nicht, was Mum gesucht hatte, aber ich brauchte einen ganzen Abend, um die Bücher wieder zu sortieren. Sie saß einfach da und sah mir zu, summte eine ihrer Melodien und schüttelte den Kopf. Ich sagte ihr, es machte nichts. Wenn ich jetzt nach Hause komme, ist alles genauso, wie ich es verlassen habe.

Die Tandoori-Nächte sind in der Schale geliert; ich habe die Zeile in *Discover India!* verloren, und jedes Zeitgefühl auch. Draußen ist es stockdunkel; ich starre aus den leeren Fenstern ins Nichts und frage mich, wie es Mum geht in ihrem Einzelbett in ihrem unvertrauten Zimmer. Ich wünschte, sie wäre hier, würde meine Reiseführer durcheinanderbringen, sich erinnern, wer ich bin.

Ich spüle die Suppenschale und stelle sie kopfüber auf das Abtropfgestell. Dann nehme ich eine zweite aus dem Schrank und stelle sie daneben. Ich mache das Licht aus und gehe ins Bett.

4

VERLOREN Champagner
BESCHREIBUNG
1 Flasche Mumm Millésimé 2008
in Selfridges-Tüte
ORT ~~Taxi~~ Fundbüro, Magazin

Wie viel Verlust an diesem Montagmorgen schon durch meine Hände gegangen ist, dabei ist noch nicht mal die Elf-Uhr-Teepause in Sicht! Ein geblümter Waschbeutel, die Imitation einer Oscar-Statue mit der Gravur *Martin, für immer mein Star*, ein Becher zum silbernen Thronjubiläum der Königin in einer Tüte, die im Zug von Paddington Richtung King's Cross liegen blieb – weiß Gott, wie lange sie in der Circle Line ihre Runden drehte. Was noch? Ein Paar Herrenschuhe. Schuhe können richtig niederschmetternd sein; die folgsame Reihe der aneinandergedrängten Zehen, Seite an Seite ins Leder gepresst. Alles, was im Fundbüro abgegeben wird, trägt den Stempel seiner Besitzer, aber nichts mehr als verlorene Kleidung. Die aufgegebene Hoffnung in dem Strumpf, der noch die Form des fehlenden Fußes nachahmt, die Strickjackenärmel voll Sehnsucht nach den abwesenden Handgelenken. Der charakteristische Knoten eines Schnürsenkels, ein Hauch Parfum an einem Seidenschal.

All das, aber keine honigfarbene Reisetasche, kein fliederblaues Portemonnaie mit goldenem Schnappverschluss.

In der Mittagspause mache ich einen Abstecher ins Magazin, um nachzusehen, ob sie vielleicht hinter meinem Rücken hier gelandet sind. Ich kontrolliere »Diverse Taschen, Aktenkoffer, Trolleys«, prüfe das »Reisegepäck« und sehe sogar bei »Verschiedenes« nach, wo sich von der chinesischen Schreibmaschine bis zu einem Einmachglas mit Stiersperma und einer tibetanischen Glocke alles Mögliche angesammelt hat – nach dem Warum zu fragen, ist nicht unsere Aufgabe –, all diese Dinge sind hier, aber keine honigfarbene Reisetasche.

Nun, ich werde weiter die Augen offen halten. Weil ich weiß, dass an manchen Tagen ein Talisman, an dem man sich festhalten kann, den man an die Lippen drücken kann, ein Mittel gegen die Trauer ist, und sei es nur für einen Moment.

Ich esse mein Domino-Sandwich und sehe zu, wie der Schein der Neonröhren auf ein paar verlorenen Einkaufstüten tanzt, wie das glänzende Plastik das Licht einfängt, die zerknautschten Formen funkeln. Schimmernd, sakral, die drei Weisen.

Aus einer Falltür im Boden, die hinunter in den Keller führt, jaulen blechern die Bee Gees *More Than A Woman*. Der Keller, auch Untergrund genannt, ist ein niedriges Gewölbe unter dem Magazin, das die gesamte Grundfläche des Gebäudes einnimmt und von ewig flackernden Neonröhren schwach erleuchtet wird. Hier landet der Ausschuss, die Dinge, die keiner mehr will. Nach drei Monaten im Magazin wandern nicht abgeholte Fundsachen – einzelne Handschuhe, Einkaufstüten, Mäntel – über eine breite Metallrutsche durch die Falltür in den Untergrund. Einmal in der Woche wird alles sortiert und zu Snagsbey's Auktionshaus in Tooting gebracht, wo es meistbietend verhökert wird. Der Untergrund ist Big Jims Terrain. Er ist kein mitteilsamer Zeitgenosse; ich weiß nicht viel über ihn, nur dass er mit Tätowierungen übersät ist: Nacken, Kopfhaut, sogar die Ohrläppchen. Anker, Drachen, Schwerter über die ganzen Arme, ein Skorpion auf der einen Faust, eine Schlange mit gespaltener Zunge auf der anderen. Für einen so stillen Kerl ist er ein ziemlich krachender Anblick. Er kommt einmal die Woche, um die Kisten für die nächste Auktion zu packen. Man weiß, dass Montag ist, wenn durch die offene Falltür Big Jims Soundtrack aus seinem orangefarbenen »Toot-a-Loop«-Transistorradio heraufdröhnt, Hits aus den Siebzigern, der Zeit, der er sich offenbar am ehesten zugehörig fühlt. Es gibt nicht wenige Menschen, die eigentlich in eine andere Zeit gehören. Dad. Ich. Das ganze Fundbüro hat etwas aus der Zeit Gefallenes an sich, wie ein Museum, ein Archiv der Erinnerungen, eine Bibliothek des Verlusts. Ich glaube, deswegen habe ich mich hier immer zu Hause gefühlt.

Ich spähe durch die Falltür. »Halloo?«

Die Bee Gees krähen etwas von ihrer großen Liebe, die sie nicht verlieren wollen.

Ich bücke mich tiefer und strecke den Kopf durch die Luke. Das Licht einer kaputten Neonröhre fällt flackernd auf einen Haufen Jacken und Mäntel am Fuß der Rutsche, einen Tisch voll lederner Taschenkadaver, eine Drahtkiste mit einem Wust sich umschlingender Schals; Polyester und Seide, billig und elegant – hier sind sie alle gleich, kein Eigentum mehr, nur noch Verlust.

»Üppige Lieferung diese Woche«, rufe ich laut, um die Musik zu übertönen.

Unter mir taucht Big Jim auf. Im Flackerlicht zucken seine Tätowierungen gespenstisch.

»Yep«, antwortet er. Ich erinnere mich nicht, Big Jim je bei Tageslicht außerhalb des Fundbüros gesehen zu haben. Wahrscheinlich wäre es wie eine Begegnung mit Boo Radley, dem unsichtbaren Nachbarn aus *Wer die Nachtigall stört*; mythisch, gestaltlos, ein Wesen aus einer anderen Welt.

»Hab was für dich.« Big Jim dreht eine Metallkiste um, stellt sich darauf und hält mir etwas entgegen.

Ich greife durch die Luke, um meine Bücherladung in Empfang zu nehmen. *Erlebnis Kanaren, Wandern in den Highlands* und *Scopri Londra!*.
»Die sind toll, Jim«, sage ich. »Danke!«
»Nur drei. Sorry.«
»Nicht doch! Der Herbst ist ja immer so eine Zwischenzeit, nicht? Zu spät für die Sommerferien, zu früh für die Wintertouristen. Die hier sind großartig. Sogar eins auf Italienisch – *splendido!*«
Er nickt, dann geht er wieder an die Arbeit.
Aus einer Drahtkiste starrt das eingefallene Gesicht einer selbstgemachten Sockenpuppe zu mir herauf. Ich erinnere mich, wie der heißgeliebte kleine Kerl bei uns ankam, mit einer originellen karierten Schleife um den Hals. Seine rosige Wange wird plötzlich ans Gitter gequetscht, als Big Jim weitere verschmähte Dinge in die Kiste wirft und den Deckel schließt. Falls morgen jemand kommt und nach ihm fragt, ist es zu spät. Ich habe »heißgeliebt« gesagt, aber warum kam das Kind nicht, dem er gehört? Wie konnte es ihn überhaupt liegen lassen? Wie kann man so achtlos sein? Aber ich weiß, es ist ein Unterschied zwischen Verlorengehen und Verlassenwerden.

Ich drücke meine geretteten Reiseführer an die Brust, nehme den Aufzug und fahre wieder hoch zu den Kunden.

Am nächsten Tag steht das Fundbüro kopf wegen eines Falls, den ich *Das Geheimnis des verschwundenen Millésimé* taufe. Vor einer Woche wurde eine Selfridges-Tüte mit einer Flasche Mumm-Champagner abgegeben, die jemand in einem Taxi liegen gelassen hatte. Oktober ist ein eklektischer Monat, muss man wissen. Neben einer Flut von Regenschirmen gibt es eine Woge an Schulmaterial – Federmäppchen ganz vorn dabei. Im September noch gehütet wie ein Augapfel, fangen sie mit dem Fortschreiten der Herbstsaison zu streunen an, ganz zu schweigen von den Schwärmen von Wollschals, in stickigen Bussen vom Hals gewickelt und zurückgelassen, weil sich die Leute noch nicht an sie gewöhnt haben. Aber eine Flasche Champagner so lange vor Weihnachten? Das war bemerkenswert.

Und dann hat sich gestern Abend kurz vor Dienstschluss die Flasche auf geheimnisvolle Weise in Luft aufgelöst! Die ungeschriebene, aber allgemein anerkannte Regel im Fundbüro lautet natürlich, dass nichts weggenommen werden darf, bevor die dreimonatige Aufbewahrungsfrist abgelaufen ist. Und gewöhnlich hält sich jeder daran – von Anitas großzügiger Handhabung der Gehstöcke und Regenschirme mal abgesehen. Wenn sich also eine Flasche hochkarätiger Schaumwein verflüchtigt, fängt es in der Gerüchteküche zu brodeln an.

Ed, der, seit SmartChoice bei uns ist, merklich längere Auszeiten von der Baker Street Station nimmt, hat ein Wettbuch angelegt. Er gibt Anita eine Quote von 7 zu 1 auf die Vermutung, die Flasche sei versehentlich kaputtgegangen und aus Scham habe der Schuldige die Spuren heimlich beseitigt. SmartChoice, in einem Outfit, das komplett aus Macramé zu bestehen scheint, präsentiert ein dramatisches Szenario, in dem ein ausgefuchstes Team von Dieben – darunter ein Mormonen-Zwillingspaar als Fluchtfahrer und ein chinesischer Akrobat als »Schleuser« – seine verschiedenen Talente kombiniert, um den Coup durchzuziehen. Anita disqualifiziert diese Theorie mit der Begründung, das sei die Handlung eines Films namens *Ocean's Eleven*.

Zur Verwunderung aller taucht wie durch Zauberhand der Champagner in der Selfridges-Tüte noch am selben Nachmittag wieder in seinem Regalfach auf. Während die Kolleginnen noch über diese unerwartete Wendung staunen, mache ich einen Abstecher ins Magazin, um mir die wiedergekehrte Flasche genauer anzusehen, wobei ich feststelle, dass es sich um einen 2012er Jahrgang handelt, nicht um einen 2008er, und die Hinweise dieses rätselhaften Falls wie folgt aufliste:

1. Gabrielle hat in letzter Zeit das Mittagessen ausfallen lassen – ausgesprochen unfranzösisch – und sich mit einer Handvoll Garibaldi-Kekse aus der Teeküche über Wasser gehalten.
2. Ich habe neulich gehört, wie sie Sukanya erzählte, dass sie ihrem Freund an seinem Geburtstag ein schönes Diner kochen wolle, sich aber kaum ein Glas Oliven leisten könne, geschweige denn eine Flasche Wein.
3. Gestern (sowohl der Tag, an dem der Champagner verschwand, als auch der Geburtstag von Gabrielles Freund) wollte ich nach Feierabend schnell noch einmal im Magazin nachsehen, ob Mr Applebys Reisetasche vielleicht inzwischen da aufgetaucht wäre, als mir Gabrielle aus dem Fahrstuhl entgegenkam, die ihren Pullover auf eine Art trug, die mir *un peu suspect* vorkam.
4. Heute ist Zahltag. Simultaner Ausgleich von Gabrielles Bankkonto *und* Rückkehr einer Flasche Millésimé ins Magazin. Aber nicht *der* Flasche Millésimé.

Nun lehne ich den Diebstahl von Fundsachen grundsätzlich und kategorisch ab. Unter allen Umständen. Aber Gabrielle ist eine engagierte Mitarbeiterin, überaus höflich im Umgang mit Kundinnen und Kunden und gewissenhaft beim Registrieren verlorener Gegenstände. Und – ach, die Romantik! Ich weiß, falls sie sich gestern Abend den Champagner ... geborgt hat, dann nur, weil sie den Geburtstag ihres Liebsten mit gebührendem Stil feiern wollte.

Solche Dinge sind in Frankreich extrem wichtig. Man übertreibt es nicht, aber man tut die Dinge *avec finesse*: das Glas Champagner zum Aperitif, der Espresso zum Digestif. In meiner Zeit in Frankreich habe ich die Champagne besucht, habe die majestätischen Weinkeller gesehen, wo sogenannte Rüttler die Flaschen alle sechs Monate liebevoll drehen. Ich habe köstliche Reinsorten gekostet, die Note von Aprikose, von Zitrone, von Brioche erschmeckt. Ich brauche nur *Der Nordosten Frankreichs: Wälder, Strände und Weinberge* wiederzulesen, und schon fühle ich mich in jene Zeit zurückversetzt. *Die Champagne bietet ein wahres Füllhorn an Schätzen. Im Frühling locken die Blumenwiesen, doch der Wein-Connaisseur kommt im Herbst zur Lese, wenn die Weinberge ihre berauschenden Düfte nach Chardonnay, Pinot Noir und Pinot Meunier verströmen.*

Niemandem sonst in der Belegschaft ist die Diskrepanz des Jahrgangs aufgefallen, also *Mumm* drüber. *Ha.*

Als ich nach Dienstschluss zur Toilette gehe, steht Anita vor dem Spiegel und zieht sich mit beiden Händen die Gesichtshaut nach hinten.

»Verdammt«, sagt sie. »Ich gebe ein Vermögen für Gesichtscremes aus, und sie wirken kein bisschen. Bio-Kalbsleber, das Zeug soll dich zehn Jahre jünger machen. Da hätte ich genauso gut Leberwurst nehmen können. Du hast echt Glück mit deiner schönen Haut, Dots.«

Wirklich? Ich stelle mich neben sie und sehe in den Spiegel. Unter emsigen Augenbrauen sehen mich Dads schokoladenbraune Augen an. Ich vergleiche Anitas glänzenden Knospenmund mit meinen skeptisch zusammengepressten Lippen, ihre sorgfältig getuschten Wimpern mit meinen langen, geraden, nackten. Anita hat diesen altmodischen Hollywood-Glamour: Rita Hayworth, Sophia Loren. Neben ihren elastischen, kraftvollen Locken erinnert mein Pony mehr an einen Rollladen als einen Bob.

Anita lässt ihr Gesicht los, und die Haut sackt an die gewohnten Stellen zurück. Sie nimmt die Wimperntusche aus der Tasche, stochert mit dem Stab in dem Röhrchen herum, als wollte sie eine Kanone stopfen – nie war der Ausdruck »Kriegsbemalung« passender.

»Was sagst du zu den Neuigkeiten?«, fragt sie.

»Welchen Neuigkeiten?« Wurde die arme Gabrielle erwischt? Hoffentlich nicht. Mit schnellen Bewegungen trägt Anita weitere schwarze Schichten auf ihre Wimpern auf. Es ist ziemlich faszinierend anzusehen.

»Brian geht. Er zieht zurück nach Schottland. Seine Mutter ist krank, und sie ist ganz allein, die Arme. Ich glaube, eigentlich wollte er schon länger zurück; er hat einen Typen in Glasgow, und es scheint was Ernstes zu sein. Aber rate mal, wer Brians Nachfolger wird?«

Anita sieht mich im Spiegel an und hält die Mascara-Bürste hoch, als würde sie ein kleines Orchester dirigieren, mit Puccini vielleicht.

Ich zucke die Schultern.

»Neil Burrows, der Oberidiot.« Die Mascara-Bürste zischt durch die Luft. Nein, nicht Puccini. Wir sind in den dunklen Abgründen, die es nur bei Wagner gibt.

»Nein!« Ich fange meinen entsetzten Blick im Spiegel auf und sehe Chaunticleer vor mir, wie er selbstverliebt gackert.

»Der wird noch unerträglicher werden als bisher schon.« Anita liest meine Gedanken, und dann sagt sie: »Außerdem ist es total unfair! Das ist doch deine Stelle, Dots. Ich meine, du bist schon *ewig* hier, oder?«

»Na ja, nicht ewig. Nur zwei Jahre länger als du ...«

»Sag ich doch.« Anita legt die Wimperntusche weg, gräbt in ihrem Nilpferd herum und bringt einen Schoko-Diätriegel zum Vorschein. Sie reißt die Packung mit den Zähnen auf und spuckt das Plastik angewidert aus. »Das wird ein Alptraum.« Wütend beißt sie in den Schokoriegel.

Neil Burrows als Chef. Ich sehe jetzt schon den Extra-Schlüsselbund an seinem Gürtel, höre seine Stimme durch die Regale krähen. Im Spiegel sehe ich mein überraschtes Gesicht und den ahnungsvollen Schatten, der sich darüberschiebt.

5

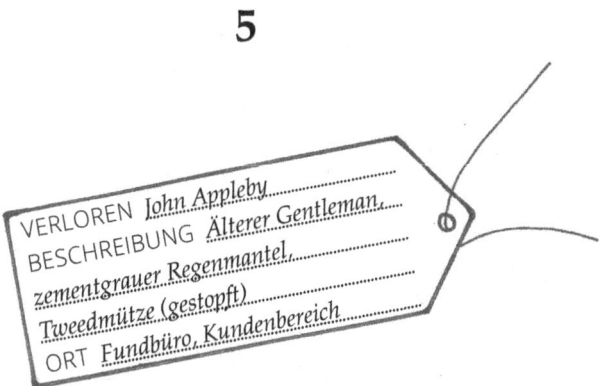

Der folgende Montag wird von zwei internen E-Mails bestimmt. In der ersten entschuldigt sich Brian für seinen plötzlichen Abgang und verspricht wiederzukommen, um sich ordentlich zu verabschieden, sobald er kann. Seine Nachricht ist dicht gefolgt von einer als WICHTIG markierten Mail von Neil Burrows, der alle festangestellten Mitarbeiterinnen und Mitarbeiter zu einem Meeting kurz vor Dienstschluss auffordert.

»Ich hoffe bloß, es geht schnell«, sagt Anita auf dem Weg zu Brians altem Büro.

Auf NBs Anweisung kümmert sich SmartChoice in der Zwischenzeit um die Kundschaft. Vor Feierabend ist es meist ruhig, aber ich bin mir nicht sicher, ob das eine kluge Entscheidung war. Heute Morgen half sie beim Telefondienst, ihr Beitrag kam mir aber sehr fragwürdig vor. Als ich vorbeiging, sprach sie gerade mit einer Kundin über die Vorzüge von »Strähnchenhauben«, und ich weiß genau, dass so was nicht bei uns abgegeben wurde. Jetzt finde ich meine Zweifel bestätigt, als ich sehe, wie sie in einer Frostbeule von einem Outfit am Schalter lehnt und sich mit einem Dijon-Anhänger die Fingernägel säubert.

Sukanya und Gabrielle sind bereits da, als wir ins Büro kommen. Ich fürchte schon, NBs Beförderung hat Sukanya in den Wahnsinn getrieben, weil sie leise und unaufhörlich wirres Zeug vor sich hinredet. Dann wird mir klar, dass sie Porzias Monolog über »Die Art der Gnade« aus *Der Kaufmann von Venedig* spricht, in dem es um die Tugend von Milde und Vergebung geht. Vermutlich übt sie für ein Vorsprechen, doch in Anbetracht von NBs Machtübernahme scheint Porzias Rede recht passend. Auch Big Jim wurde herbestellt und steht finster in einer Ecke, wo sich seine Tätowierungen knallig von den weißen Wänden abheben.

NBs Regime hat kaum begonnen, doch es gibt schon spürbare Veränderungen. Brians riesige Papierstapel und seine Matchbox-Auto-Sammlung sind verschwunden. Ein metallener Aktenschrank blinkt in einer Ecke wie ein Messer, und als NB wichtigtuerisch hereinstürmt, sind die Korrekturen, die er an sich selbst vorgenommen hat, nicht weniger auffällig. Das weiße Button-Down-Alltagshemd wurde durch ein rosafarbenes mit scharfen Bügelfalten ersetzt. Außerdem hat er sich irgendwas ins Haar geschmiert, es glänzt und klebt an seinem Kopf, als hätte Chaunticleer in einer Öllache gebadet.

»Wir haben uns heute hier versammelt …«, beginnt er.

»Huch«, flüstert Anita, »hoffentlich heiraten wir nicht!«

»… um über die Zukunft zu reden«, fährt er fort. »Unsere bisherigen Auszeichnungsmethoden sind völlig überholt, und wir bewahren die Fundsachen viel zu lange auf. Von nun an wird einiges anders hier, zeitgemäßer, mit hochmodernen Lagermethoden und digitaler Etikettierung.« Aufgeregt leckt er sich die Lippen. »Wir werden zusammenarbeiten wie eine gut geölte Maschine …«

»Gut geölt sieht *er* auf jeden Fall aus.« Anita gibt mir einen Stoß mit dem Ellbogen und das Nilpferd klappert leise.

»... und ein gemeinsames Ziel verfolgen. Eine Maschine, die rund läuft, die wirtschaftlich ist. Transport for London steht vor großen Herausforderungen. Die Jungs an der Spitze tun alles, um TfL zu den effizientesten Verkehrsbetrieben des Landes zu machen.«

»Dass ich nicht lache«, flüstert Anita. »Eher tun sie alles, um noch einen dicken Bonus für sich rauszuschinden.«

»Und jeder von uns ist dabei ein Rädchen im Getriebe«, schwadroniert NB weiter. »Alle Mann – und, äh, Frauen – an Deck!«

Aus der gut geölten Maschine ist plötzlich eine Schiffsbesatzung geworden. Halten wir jetzt Hände und singen Seemannslieder, oder sollen wir uns lieber für weitere Metaphern kollektiver Emsigkeit wappnen – einen Bienenstock vielleicht?

»Es wird sich einiges verändern müssen. Wie wir alle wissen, hat das Leben in London seinen Preis, und nichts ist wertvoller als Fläche. Gegenwärtig bewahren wir Fundsachen drei Monate auf. Das bedeutet, dass wir ständig am Rand unserer Kapazitäten operieren. Dafür ist einfach nicht genug Platz. Deswegen reduzieren wir die Lagerfrist ab jetzt auf einen Monat.«

Anita und ich sehen uns entsetzt an. Big Jim verlagert etwas sein Gewicht, und die Klingen seiner tätowierten Schwerter beben. Die neue Lagerfrist verringert die Chance auf ein Wiedersehen zwischen Fundsache und Eigentümer massiv. Ein grausamer Schnitt, den ich wie eine echte Wunde spüre; ich drücke die Hand aufs Herz.

»Neil, darf ich vorschlagen ...«, sage ich.

Neil Burrows hebt den Zeigefinger, leckt sich die Lippen und fährt fort.

»Außerdem werden wir statt dem Betrag von einem Pfund,

den die Bürger bei Wiedererhalt ihres Eigentums bisher zu entrichten hatten, von nun an eine Gebühr von fünf Pfund erheben, um unsere Gemeinkosten zu decken.«

»Und um deine neuen Hemden und dein Haargel zu bezahlen«, zischt Anita.

»Zu guter Letzt«, setzt NB seinen niederträchtigen Diskurs fort, »mir ist zu Ohren gekommen, dass hier Regenschirme und Gehstöcke verschenkt werden. Ich muss wohl nicht erklären, dass diese Praxis gegen die Vorschriften verstößt und Mitarbeiter, die bei derlei Aktivitäten ertappt werden, keine guten Karten haben.«

»Sheila, die blöde Petze«, röchelt Anita. Ich will kein vorschnelles Urteil treffen, aber ihr Verdacht ist begründet.

»Und jetzt nehmen wir uns alle an den Händen ...«

Bitte nicht.

Eine feuchte Hand klebt sich an meine.

»Ich bin froh, dass Sie an Bord sind«, flüstert NB mir ins Ohr und pumpt meine Hand, als wollte er sie wiederbeleben.

Er ist voll euphorischer Energie. Dann wendet er sich wieder an die versammelte Mannschaft.

»Auf Transport for London!«, kräht er und schüttelt auf beiden Seiten Arme (meinen und den des tragisch dreinblickenden Big Jim) im müden Versuch einer Stadionwelle.

Es sieht so aus, als würde Anita jeden Moment über Bord springen.

Im Kundenbereich hat SmartChoice gerade einen Kunden. Liebenswürdiges Gesicht. Tweedmütze.

»Mr Appleby!«, rufe ich.

Er sieht mich an. Lächelt.

»Sie haben ein gutes Gedächtnis!«, sagt er. »Ich hoffe, es stört nicht, dass ich noch mal hier bin. Ich will nicht Ihre Zeit verschwenden, aber ich war gerade in der Nachbarschaft ...«

Unter seinem Arm steckt ordentlich gefaltet die *Times*. Ich sehe ihn auf dem Friedhof vor mir.

»Nein, natürlich nicht, Sir. Leider ist Ihre Tasche noch nicht abgegeben worden.«

»Ach, na ja.« Er nickt. Lässt die Schultern leicht hängen.

»Aber das heißt nicht, dass sie nicht noch kommt.«

»Wirklich? Ich hatte befürchtet, wenn sie bis jetzt nicht aufgetaucht ist ...«

»Nein, es ist noch früh.« Ich verzeihe mir die Lüge, weil ich sehe, wie sich sein Gesicht aufhellt.

»Ach, das ist gut zu wissen. Und wenn ich schon mal hier bin, lasse ich Ihnen am besten meine neue Adresse da.«

»Sheila!« Ich wende mich zu SmartChoice um, die mit leerem Blick vor sich hinstarrt und an einem ihrer Ohrringe herumfummelt. »Bist du so nett und holst mir Mr Applebys Karteikarte?«

»Alles klar«, sagt sie und bummelt nach hinten in die Verwaltung.

Ich sehe Mr Appleby an. »Ziehen Sie weg?« Ein zugiges möbliertes Zimmer, weit fort von allen Leuten, die er kennt? Oder ein Pflegeheim wie Mum, ohne den Trost seiner vertrauten Sachen, ohne fliederblaues Portemonnaie, das sich in seine hohle Hand schmiegt ...

»Ich fahre für eine Weile runter an die Küste. Mein Enkel und seine Frau haben mich zu einem längeren Besuch eingeladen.«

»Das ist ja wunderbar!«, rufe ich erleichtert. Mr Appleby sieht mich leicht erschrocken an. Gleichzeitig taucht SmartChoice wieder auf. »Ich meine ... ach, sehen Sie, da kommt Sheila mit Ihrer Karteikarte!«, sage ich. »Wir aktualisieren schnell Ihre Kontaktdaten.« Ich zücke den Sheaffer. »An die Küste – wie herrlich. Nichts ist schöner als ein Eis am Strand, nicht wahr?«

»Das stimmt.« Mr Appleby lächelt. »John, mein Enkel, hat ein Haus am West Hill mit Blick über die Fischerhütten. An klaren Tagen sieht man bis über den Kanal. Und eine Seilbahn gibt es auch ...«

»Dot, kann ich Sie kurz sprechen?« Plötzlich steht NB hinter mir.

»Ich komme gleich, Mr Burrows, ich spreche gerade mit einem Kunden ...«

»Das kann Sheila übernehmen.« NB zeigt auf SmartChoice, die angefangen hat, auf Mr Applebys Karteikarte Blumen zu malen. »Sie ist im Training und muss Erfahrungen sammeln. Machen Sie weiter, Sheila. Dot, in mein Büro? Sehr gut.«

Widerwillig sage ich Mr Appleby Lebewohl und folge NB in sein Büro. Als er die Tür hinter uns schließt, überwältigt mich Klaustrophobie. Obwohl hier eben noch die gesamte Mannschaft der Fundbüro-Fregatte versammelt war, scheint der Raum jetzt auf die Größe einer Kombüse geschrumpft zu sein.

»Das Meeting ist gut gelaufen, was?« Er grinst. »Spitzen-Team, Spitzen-Team. Habe große Pläne für den Laden. Große Pläne. Die Veränderungen, die ich heute skizziert habe, sind erst der Anfang.«

Obwohl ich schnell zu Mr Appleby zurückmöchte, darf ich die Gelegenheit nicht verpassen.

»Wegen der Veränderungen«, hake ich ein. »Ich glaube, es wäre wirklich besser, wenn wir die drei Monate Lagerfrist beibehalten; wir müssen den Leuten genug Zeit geben, ihre Sachen abzuholen. Das ist doch der Kern unseres Geschäfts. Könnten Sie das noch einmal überdenken?«

»Geht leider nicht.« Er wackelt mit dem Zeigefinger. »Die Jungs bei TfL wollen ein brandneues System: Kosteneffizienz, Zeiteffizienz, Arbeitseffizienz.«

»Aber arbeitseffizient wäre das nicht gerade, oder? Kaum haben wir die Dinge in die Regale geräumt, wandern sie schon in den Untergrund. Jim wird Überstunden machen müssen, um das ganze Zeug zu Snagsbey's zu schippern ...«

»Lassen Sie das meine Sorge sein. Eigentlich wollte ich kurz ein Wort über *Sie* reden.«

»Über mich?« Was um Himmels willen kann NB über mich zu reden haben? Instinktiv weiche ich einen Schritt zurück.

»Jetzt, wo ich der Kopf des Ganzen bin, am Drücker sitze, wie man so schön sagt«, er kichert, »will ich mich für Sie einsetzen. Ich nehme Sie ein bisschen unter meine Fittiche.« Er hebt anzüglich den Ellbogen über einer feuchten Achselhöhle. Chaunticleer.

»Sie haben sicher genug zu tun«, wehre ich ab. »Bei mir ist alles tipptopp, vielen Dank.«

»Setzen wir uns einfach mal zusammen, in Ordnung? Machen einen Termin? Ausgezeichnet.«

Als ich mich endlich retten kann, ist der freundliche Mr Appleby längst weg.

6

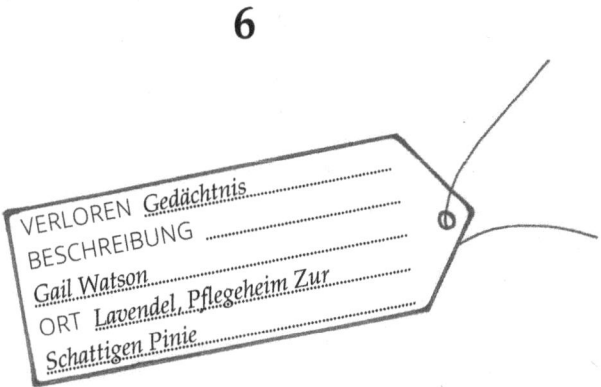

Philippa hat das Pflegeheim Zur Schattigen Pinie wegen seiner ausgezeichneten Hygiene gewählt. Mir ist Pflege wichtiger als Sauberkeit, ich störe mich nicht an ein bisschen Unordnung, solange das Personal freundlich ist. *Pflege steht schon im Namen, Dot, aber ob es sauber ist, müssen wir selbst überprüfen.* Der zweite Grund für die Wahl, unausgesprochen, aber offensichtlich, ist die Nähe der Schattigen Pinie zum Haus meiner Schwester in Kent. Ihre Grafschaft, ihre Regeln.

Auf dem Schild steht in bauchigen Buchstaben:

Die Schattige Pinie heißt Sie jederzeit willkommen.

Was ich ein klein wenig beängstigend finde.

Am Eingang kommt mir ein dunkelhaariger weißgekleideter Mann entgegen.

»Zu Besuch?« Er lächelt.

Ich widerstehe der Versuchung zu antworten: »Nein, ich ziehe ein«, und nicke stattdessen.

»Ich bin Adison Chang, Rosmarin und Basilikum.«

»Ich bin Dot Watson, Gin und Tonic.«

Tatsächlich habe ich auf dem Weg zu Mum ein, wie Anita es nennen würde, »Erwachsenengetränk« zu mir genommen. Ich genehmige mir häufig nach der Arbeit einen Drink, und wenn es ein Tag mit einem Dutzend Regenschirmen und diversen amerikanischen Touristen, die nach Madame Tussauds fragen, war, dann gönne ich mir auch mal mehrere. Aber jetzt ist Samstagvormittag, und ich habe einen Schwips, weil ich das Frühstück habe ausfallen lassen. Ein bevorstehender Besuch bei Mum macht mich immer leicht unruhig. Ich habe mich noch nicht daran gewöhnt, dass sie im Heim ist. Irgendwie habe ich das Gefühl, Philippa und ich hätten sie im Stich gelassen.

Der Mann stutzt, dann strahlt er mich an. »Das sind meine *Stationen*.«

Bevor ich mich beherrschen kann, entkommt mir ein schnaubendes Prusten. »Oh! Wie peinlich«, sage ich und halte mir Mund und Nase zu.

Er schüttelt den Kopf, und sein Lächeln wird breiter. »Aber gar nicht.«

Die Albernheit hebt meine Stimmung. Ich grinse den netten Kerl an und gehe ins Haus.

Der »Lavendel«-Flügel besteht aus einer Reihe gleich aussehender Zimmer mit gleich aussehenden Bewohnern an einem bleichen Flur, der nach Verfall und Raumspray riecht – nicht Lavendel, sondern Zitrone, was ich inkonsequent finde.

Vor einem Jahr wurde bei meiner Mutter frühmanifeste Demenz diagnostiziert, aber es hatte schon früher angefangen. Vertraute Namen, die ihr nicht einfielen. Meiner war gleich am Anfang dabei. Ich nehme an, es ist wie beim Gepäck im Flugzeug, was zuletzt reingeht, geht zuerst raus. Gähnende Lücken, wenn sie überlegte, was sie gerade gemacht hatte, wo und/oder warum. Sie konnte nicht mehr Auto fahren, weil sie sich ständig verfuhr und einmal den Wagen mitten auf der Straße stehen ließ, mit dem Schlüssel im Zündschloss. Mehr als einmal fand ich sie am Ende der Straße an der Bushaltestelle, wo sie auf die Nummer 13 wartete, um zu unserer alten Adresse zu fahren. »Ich will nach Hause!«, weinte sie, wenn ich sie zurück in die Maisonette brachte. Eines Morgens stand sie auf und ging im Nachthemd auf die Straße. Es war noch dunkel, das Pflaster war nass, sie rutschte aus und brach sich die Hüfte. Die Ärztin in der Notaufnahme beruhigte uns und sagte, in ihrem Alter mit der Osteoporose, die sie seit der Menopause hatte, sei eine gebrochene Hüfte keine Seltenheit. Trotzdem. Sie war in meiner Obhut gewesen. Eine Tatsache, an die mich Philippa gerne erinnerte. Während Mum sich im Krankenhaus von der Hüftoperation erholte, kam Philippa in der Maisonette vorbei und sagte geradeheraus, dass wir Mum zu ihrem eigenen Wohl in ein Heim stecken müssten. Meine Erleichterung war so groß wie mein schlechtes Gewissen.

Nach dem Sturz verschlechterte sich Mums Zustand so schnell, dass ich mit den Veränderungen kaum mitkam. Heute erinnert sie sich an den meisten Tagen an gar nichts mehr. Sie hält Philippa für eine Person namens Edna, die früher bei Grandma saubergemacht hat, als Mum noch klein war, was vielleicht für einen Funken Amüsement gut wäre, wenn es nicht so traurig wäre.

Wer ich bin – keinen blassen Schimmer.

Als ich ins Zimmer komme, ist Philippa da, eine ernüchternde Überraschung.

»Philippa. Was für eine Überraschung.«

»Hallo, D.« Philippa kürzt immer meinen Namen ab, wenn sie die Oberhand haben will. »Die Kinder sind beide bei Freunden, und Gerald ist den ganzen Tag mit Kollegen auf dem Tennisplatz und spielt gemischtes Doppel. Ich wusste, es macht dir nichts aus, deine Besuchszeit mit mir zu teilen.«

Fifteen-love.
Auch wenn es anscheinend *l'œuf* heißt, nicht *love*. Eine interessante Information, die ich in *In und um Wimbledon* (District Line, Juli letzten Jahres) gelesen habe. Die Null auf der Anzeigetafel sieht aus wie ein Ei – daher *l'œuf*. Und aus der falschen englischen Aussprache hat sich »love« entwickelt. Vom Ei zur Liebe, auch irgendwie poetisch.

In Mums Zimmer stehen ein Einzelbett und eine Kommode mit unangenehmem »Holzeffekt«, auf die Philippa silbergerahmte Fotos von Sam und Melanie gestellt hat. Außerdem gibt es einen kleinen Toilettentisch, wobei ich nicht weiß, wie eitel Mum noch ist, vor allem, da im Rest des Zimmers die Zeichen von Krankheit und Siechtum unübersehbar sind: der rote Panikknopf neben dem Wiederbelebungs-Set, der Gehstock in der Ecke, von den Bettpfannen ganz zu schweigen.

Den Bewohnerinnen sind auch persönliche Gegenstände gestattet wie Lampen, Teppiche und Sessel. Ich habe darauf bestanden, dass wir die zwei Ohrensessel unserer Eltern mitbringen, sympathische Tweed-Fauteuils, die früher in Kent rechts und links vom Kamin standen. Philippa dagegen eilte zu John Lewis und erstand Chromlampen und einen gletscherweißen Schaffellvorleger. »Mit persönlichen Gegenständen sind Dinge von zu Hause gemeint, die ihnen vertraut sind«, sagte ich, als ich die Einkäufe sah. »Lächerlich, D«, entgegnete Philippa. »Was soll Mum mit dem alten Kram? Sie braucht etwas Neues, Hübsches und Frisches.« Sie hatte keine große Meinung von den Tweedsesseln und der rosa Chenille-Tagesdecke vom Bett unserer Eltern. Beim Umzug hatte Mum sie an sich gedrückt, als ich ihr in Philippas Wagen half, und gemurmelt: »Ich darf Rosie nicht zurücklassen.«

Ich gebe Mum einen Kuss. Sie sieht irgendwie anders aus. Ihr Haar. Ihre Lippen. Irgendwas Seltsames auf ihren Wangen. Wie sich herausstellt, waren ein paar Mitarbeiterinnen vom örtlichen Schönheitssalon da, um allen einen »neuen Look« zu verpassen. Ich bin mir nicht sicher, welchen Look sie bei Mum im Sinn hatten. Ihr Lipgloss hat einen ziemlich zweifelhaften metallischen Ton.

Philippa hat Mum einen Korb mit tropischen Früchten und ein Elizabeth-Arden-Geschenkset mitgebracht, zu dem ein »Brauen-Shaper« und ein »LSF 15 Lippenschutzstift« gehören – keine Ahnung, was Mum ihrer Meinung nach damit anfangen soll.

Was meine Schwester von meinem Mitbringsel hält – einem Puzzle mit dem Motiv »Hopfenernte in Kent« –, sehe ich an ihrer hochgezogenen Augenbraue, die keinen Brauen-Shaper nötig hat.

»Ein Puzzle stimuliert die Gehirnaktivität«, sage ich. »Und vielleicht löst es nostalgische Erinnerungen an Kent aus. Außerdem liebt Mum Puzzle.«

Fifteen all, würde ich sagen.

Mum ignoriert uns beide und konzentriert sich darauf, lose Fäden von der Tagesdecke zu zupfen. Ihre metallisch schimmernden Lippen formen Worte, die wie »Kessel« klingen, oder vielleicht »Nessel«, und sie summt leise vor sich hin.

Ich sitze in Dads altem Sessel, Philippa sitzt in Mums, und über Rosies verblichene Weite hinweg versuchen wir die Familie zusammenzuhalten. Das Schweigen hängt zwischen uns wie ein schlaffes Segel. Dann zerren wir beide hastig an den Tauen.

»Weißt du noch, als ...«

»Erinnerst du dich an den streunenden Kater, der uns zugelaufen ist, Mr Tibbles?«

Wir stellen uns aufeinander ein, ergänzen uns gegenseitig. Natürlich richte ich mich nach Philippa.

»Ich weiß noch, als wir nach einer Woche in Dorset zurückkamen, und der Teppich war voller Katzenflöhe.« Kann sie es je gut sein lassen?

»Wir waren in Devon«, widerspreche ich, »weil wir Cream Tea hatten, und ich dachte, Cream Tea wären Teetassen voller Schlagsahne. Weißt du noch, Mum?«

»Es war definitiv Dorset«, sagt Philippa.

»Ziehen Sie die Vorhänge auf, Edna«, sagt Mum.

Philippas Gesicht verliert vorübergehend seine Identität, es wird stürmisch wie See und Wind im Seewetterbericht. Tyne. Dogger. Fisher.

»Ich bin's, Mum. Philippa.« Dann steht sie auf und öffnet die Vorhänge. »Ich habe Mum gerade erzählt, welchen Stress Gerald seit der Beförderung hat. Global Finance ist kein Kinderspiel, kann ich dir sagen. Es ist gut, dass er sich das Wochenende freinimmt und ein paar Bälle schlägt ...«

Ich sehe aus dem Fenster mit den Lavendel-Vorhängen. Trotz seines vegetativen Namens ist das Grundstück nur spärlich begrünt. Pinien gibt es überhaupt keine, bloß einen gutmütigen alten Apfelbaum, der wacker die ermüdeten Arme ausstreckt wie ein alter Kämpe. Der Fokus hier liegt auf gepflasterten Terrassen und Bohlenwegen, wahrscheinlich um Ausflüge mit dem Rollstuhl zu erleichtern. Der Gedanke deprimiert mich.

Unser altes Haus stand zwischen hohen Bäumen; ich frage mich, ob Mum sich daran erinnert. Ein dichter, dunkler Wald. Dad liebte die Bäume. »Ist das nicht perfekt, Dot?«, fragte er mich am Abend, als wir einzogen, auf der dämmrigen Wiese und zeigte auf die schwarzen Schatten, die um uns aufragten. »So versteckt. Ganz für sich.« Innerlich stimmte ich dem Urteil meiner Mutter zu, die die Bäume zu hoch, zu unheimlich fand. Sie hätte gern einen kleineren Garten mit einem schönen Holzzaun gehabt, an dem sich ihr Geißblatt hochranken konnte; so wie bei dem anderen Haus, das sie entdeckt hatte, das ein paar Straßen weiter zum Verkauf stand. Das andere Haus hatte auch ein wunderschönes Zimmer unter dem Dach gehabt, mit einem Bullauge zum Himmel. Wenn man dort im Bett lag, konnte man zum Mond hinaufsehen und sich vorstellen, man würde ein Schiff über hohe See steuern und nach den Sternbildern navigieren. Aber ich fiel meiner Mutter und meinen eigenen Wünschen in den Rücken und sagte, ich sei für das Haus, das Dad gefiel. Es war auch billiger, so dass meine Mutter am Ende nachgeben musste. Von dem Tag an, als wir einzogen, machte das Haus meine Mutter traurig, aber mein Vater fühlte sich sicher dort.

Ich tat alles, um ihn froh zu machen. Unter der Woche war es schwierig. Er brach früh am Morgen in die City auf. Mittleres Management; der Berufswunsch seiner Eltern, nicht sein eigener. Er arbeitete in einem großen Büro in der Threadneedle Street und kam abends spät nach Hause, ganz zugeknöpft. Ich lief ihm entgegen, machte ihm Tee aus losen Blättern in der schweren braunen Kanne. Ich machte den Tee stark und süß, mit zwei Löffeln Zucker, und stopfte Dads Pfeife, indem ich die kühlen Fasern des karamellfarbenen Tabaks mit dem Daumennagel festdrückte, so wie er es mir gezeigt hatte. Manchmal bekam ich ein Lächeln, aber meistens tätschelte er mir nur seufzend den Kopf. Doch freitagabends leuchtete er. Dann rieb er sich die Hände. »Welche Abenteuer haben wir vor, liebste Dot? Was wollen wir erleben? Was wollen wir erforschen?« Philippa war am Wochenende fast nie zu Hause, sie war immer mit Freundinnen unterwegs. Dad und ich hatten unsere eigene geheime Welt. Er fühlte sich in der Vergangenheit viel wohler als in der Gegenwart. In einer idealisierten Vergangenheit, einer Zeit vor seiner Zeit, wo er sich sicher fühlte. Und ich begleitete ihn gern dorthin, in die Welt der Schwarzweißfilme und knisternden Schallplatten. Dad liebte Opern – *La bohème, Carmen, Madama Butterfly*. Und die aufwühlenden, leidenschaftlichen Duette von zwei Sängern namens Jussi Björling und Robert Merrill. Und natürlich Musicals – von Gilbert und Sullivan, Rodgers und Hammerstein. Am liebsten mochte ich die fröhlichen Melodien von George Formby, vor allem, wenn Dad einstimmte und so tat, als spielte er Banjo, während ich dazu hüpfte und tanzte und mit einer Serviette aus dem Schrank so tat, als würde ich riesige Fenster putzen. Zum Schluss legte er immer ein Lied namens *Beautiful Dreamer* auf. Die Musik war traurig und schien Dad immer melancholisch zu stimmen, und ich verstand nicht, warum er sie spielte. Mich machte sie auch trübsinnig, weil sie das Zeichen war, dass ich ins Bett musste.

Wenn Dad keine Arbeit aus dem Büro dabeihatte, spielte er das ganze Wochenende mit mir. Manchmal machte er Zaubertricks, ließ eine Münze in seinem weißen Stofftaschentuch verschwinden, aber mein Lieblingsspiel war, wenn wir unsere eigenen Sherlock-Holmes-Geschichten erfanden. Gelegentlich stöberte Mum uns auf, in einem hübschen Kleid mit frisch frisierten Locken, und fragte Dad, ob er nicht Lust hätte, mit zu den Nachbarn zum Grillen zu gehen.

»Wärst du schrecklich enttäuscht, wenn wir einfach zu Hause blieben?«, sagte er meistens.

»Liebling, wenn wir nie irgendwohin gehen, lernen wir auch nie jemanden kennen«, antwortete sie, aber sie zog sich bereits die Straßenschuhe aus. Er ging nicht gern aus, war in Gesellschaft scheu. Wenn er von der Arbeit kam, flüchtete er sich am liebsten in unsere geheime Welt der Fantasie. Irgendwann hörte Mum auf, ihn zu fragen.

Jetzt lächelt sie Philippa an, während ihre Finger immer noch gewissenhaft rosa Fusseln aus der Tagesdecke zupfen. Ein unerwarteter Sonnenstrahl trifft auf den – bronzefarbenen? – Gloss ihrer Lippen, die aufflackern, als wollte Mum etwas sagen.

»... Melanie schreibt nur gute Noten, Mum.« Philippa setzt ihr Solo fort. »Wir sind vorsichtig optimistisch; wenn es weiter so gut läuft bei ihren Prüfungen, könnte es Oxbridge werden.

Geralds Chef sagt, wenn es so weit ist, würde er ein gutes Wort für uns einlegen, das alte Schulnetzwerk, du weißt schon. Sie lieben Gerald bei der Arbeit, er ist ja so ein Teamplayer ...«

Dad hat nie zu irgendwelchen Netzwerken gehört, hatte nie die Codes gelernt, nie die Spielchen mitgespielt. Das einzige Team, in dem er spielte, waren wir, wenn wir uns Krimis und Abenteuer ausdachten. Er überließ das großmäulige, breitbeinige, dreitagebärtige Machotum den Mel Gibsons und Bruce Willis dieser Welt und hielt sich an den nostalgischen Charme und Anstand von Gregory Peck und Jimmy Stewart. Dad suchte Zuflucht in einer sepiafarbenen Vergangenheit, einer imaginierten Welt von Gentlemen, die nach Mandelpomade duften. In ihrer eleganten Würde fand er eine andere Sprache, eine andere Art, zu sein, weit entfernt vom ruppigen, testosterongesteuerten Geschubse der die Gier feiernden Welt, in der er lebte. Dad war ein wirklicher Gentleman, und dafür liebte ich ihn. Ich wollte genauso sein wie er.

In den Filmen, die wir zusammen sahen, trugen die Männer Hut, rauchten Pfeife und pfiffen muntere Melodien. Sie trugen das Haar wie Dad, kämmten es an den Seiten mit zwei Bürsten wie Flügel nach hinten. Sie gingen morgens fröhlich pfeifend zur Arbeit, das Jackett keck über die Schulter geworfen. Auch wenn Dad nie fröhlich zur Arbeit ging.

»Dot?«

Philippas eisiger Radar spürt mich auf der anderen Seite des Niemandslandes aus rosa Chenille auf.

»Ja?«

»Ich habe gerade gesagt, wir werden eine kleine Dinner-Party geben, Geralds Beförderung feiern. Du könntest ... mit Begleitung kommen?«

»Keine Begleitung. Nur ich.«

Philippa gibt nicht auf. »Was ist bei deiner ... Arbeit, ist da niemand?«

Ich habe eine kurze Vision, wie ich am tätowierten Arm von Big Jim bei Philippa einlaufe. Ein schnaubendes Lachen kitzelt meine Nase.

»Nein, niemand.«

»Na, ich kann mich ja mal umsehen«, sagt sie, zu jeder Schandtat bereit, als hätte sie vor, Geralds alte Gummistiefel durchzugehen, um ein Paar für mich zu finden; ausgeblichen, aber immer noch einigermaßen wasserfest.

Wir schlagen noch ein paar willkürliche Erinnerungsbälle hin und her über die Chenilledecke und die Frau hinweg, die früher unsere Mutter war, bis Philippa irgendwann aufsteht.

»Ich muss los. Dot, kann ich noch kurz mit dir sprechen?« Philippa wischt an einem besonders grellen Rouge-Fleck an Mums Wange herum. »Mach's gut, Mum.«

»Vergessen Sie beim nächsten Mal die Fensterbretter nicht, Edna«, sagt Mum.

Ich folge Philippa auf den Flur hinaus. Das sonst so perfekte Trapez ihrer Schultern hängt schief. Ich will den spitzen Winkel ihres Ellbogens berühren, aber sie dreht sich mit einem hastigen Blinzeln weg.

»Greenridge, Cooper & Price haben den Termin nächsten Mittwoch bestätigt. Dann kommt noch jemand, der die Fotos macht, wahrscheinlich einen Tag später. Du musst nicht da sein, sie haben einen Schlüssel.«

Sie stakst davon, und ihre Absätze schlagen auf den Heimfliesen Funken.

In Mums Zimmer spukt noch der Geist von L'Air du Temps über die falschen Holzfronten.

Mum sieht leise singend aus dem Fenster, ich glaube, es ist ein Kirchenlied. Ich warte, bis sie fertig ist, sich zu mir umdreht, lächelt.

»Das war schön, Mum.«

Sie nickt. Plötzlich allein mit ihr, bin ich verlegen. Ich fühle mich unzulänglich. Ich wünschte, Philippa wäre noch hier, würde die Lücken füllen.

»Wie wär's mit ein bisschen Hopfenernte in Kent?«, frage ich irgendwann, meine Stimme zu laut in der neuen Stille. Die Puzzleteile fallen klappernd auf das Tablett, das an Mums Bett geschraubt ist. »Randteile zuerst?«

Mums Hände verkriechen sich im Nest der rosa Fasern aus ihrer kahl werdenden Decke.

»Wo ist Maria?«, fragt sie.

»Soll ich die Schwester rufen, Mum? Was brauchst du? Kann ich dir was holen?« Sie schüttelt den Kopf und zupft stürmischer. Sanft lege ich ihre Hände auf das Tablett. Sie sind baumwollflusig und trocken wie Zellstoff. »Im Fundbüro wurde neulich eine Schachtel Rosen- und Geißblattseife von Yardleys abgegeben. Sie sah sehr hübsch aus. Wenn du möchtest, kaufe ich dir welche.«

Ihre Finger betasten die Puzzleteile wie Braille-Schrift. Dann bleiben sie an einem Mittelstück hängen, Teil eines Männergesichts, der Rand eines Bartes.

»Im Fundbüro läuft alles wie immer. Neulich war ein Mann da, der das Portemonnaie seiner Frau verloren hat – er hätte dir gefallen, Mum, ein richtiger Gentleman ...«

»Wo sind mein blaues Kehrblech und der Feger?«

»Ich habe sie noch nicht gefunden, Mum, aber ich suche weiter, versprochen.« Wieder versuche ich, das Thema zu wechseln, das Schweigen zu füllen, Mums wachsenden Kummer zu lindern. Ich sehe mich in dem nüchternen Zimmer um, aber ich finde keine Inspiration. Schließlich halte ich den Deckel des Puzzlekartons hoch, zeige auf den goldenen Hopfen auf dem sonnenbeschienenen Feld. »Hast du mal bei der Hopfenernte geholfen, als du klein warst?« Meine Stimme spricht in Primärfarben. »Mit Grandma vielleicht? Früher haben wir mit ihr Brombeeren gepflückt, nicht wahr? Weißt du noch, Mum?« Natürlich weiß sie es nicht mehr, und wenn ich zurückdenke, war sie sowieso nie dabei.

»Und Reg, der Fischhändler, erinnerst du dich?« Verzweifelt schiebe ich die Daumen unter zwei imaginäre Hosenträger, ziehe daran, lasse sie zurückschnalzen. »›Hab diese Woche 'n Paar richtige Ottos für Sie, Mrs Watson.‹ Erinnerst du dich an Reg, Mum?« Sie lacht leise. Ein Lichtstrahl in der Dunkelheit. Ermutigt mache ich weiter. »Und was hast du immer gesagt? Weißt du noch, was du gesagt hast, Mum?« Wieder ein Lächeln. Sie nickt, und dann sagen wir im Chor: »Wenn's Ihnen nichts ausmacht, Reg, hätte ich lieber ein Stück Fisch!«

Wir prusten beide los und verbringen den Rest des Vormittags damit, dass ich Reg der Fischhändler bin. Mum amüsiert sich, und es fühlt sich wunderbar an, ihr ein Lächeln entlockt zu haben, ja, sie sogar zum Lachen zu bringen. Selbst wenn sie keine Ahnung hat, wer ich bin.

Ich zwinge mich, zum Mittagessen zu bleiben. Im Speisesaal schimmern und glimmen die Bewohnerinnen wie auf einem Renaissancegemälde von der Verkündigung. Die Damen vom Schönheitssalon haben mit ihrer Metallic-Palette ganze Arbeit geleistet.

Die Einrichtung gleicht der in einem Zwei-Sterne-Hotel mit einem Farbkonzept, das auf unappetitlichen Bohnengrün- und Cremetönen basiert: die Stuhllehnen, die gebauschten Rüschenvorhänge, der Teppich, die Lampenschirme, die Tischsets. Im Hintergrund spielt Mozarts *Kleine Nachtmusik*, eine gewagte Wahl für die Tageszeit.

Das Durchschnittsalter liegt über dem von Mum. Die meisten Bewohnerinnen und Bewohner essen selbstständig, und eine Frau in einer flotten zitronengelben Jacke bringt ihren Mann im Rollstuhl an einen Tisch. Ihr Haar schimmert kupferrot wie ein neuer Penny.

»Was gibt's denn heute?«, fragt der Mann, als die zitronengelbe Dame ihn an den Tisch schiebt wie in einen Toaster.

Sie späht auf die Speisekarte und tastet nach der Brille, die sie an einer praktischen Kette um den Hals trägt.

»Schauen wir mal.« Sie setzt die Brille auf. »Es gibt Suppe und es gibt ein Ravioli – Ravioli isst du doch manchmal gern, oder?«

»Was ist das?«

»Reis.«

»Ach. Wirklich? Stimmt. Dann nehme ich das Ravioli.«

»Warte.« Sie klopft sich an die Schläfen, als wollte sie etwas herausschütteln. »Nein, kein Reis. Ich habe es mit Risotto verwechselt. Ravioli sind Nudeln, die wie kleine Kissen aussehen.«

»Ach. Wirklich? Stimmt. Dann nehme ich Ravioli.«

Für Mum und mich wähle ich einen Tisch am Fenster. Lehne den Stock an die Wand. Helfe ihr auf den Stuhl. Dann sitzen wir und sind beide sprachlos. Auf der Suche nach einem Thema sehe ich hinaus in den Park, aber da ist wenig zu holen – eine Terrasse mit braunen Plastiktischen und -stühlen, ein paar graue Holzbänke, die bessere Tage gesehen haben. Wer, frage ich mich, hat die ästhetische Entscheidung für das Vogelbad getroffen, das von zwei nackten Cherubim mit dicken Hintern hochgehalten wird? Mit dem Rascheln gestärkter Baumwolle und aufgesetzter guter Laune kommt Schwester Gloria vorbei.

»Hallo, Mrs Watson, wie ich sehe, hatten Sie heute beide Töchter zu Besuch. Ist das nicht fein? Bei Ihnen herrscht ja richtig Halligalli.«

Entweder lebt Schwester Gloria in ihrer eigenen Welt, oder sie hat einen suboptimalen Zugang zur Realität; ein Schweigeorden würde mehr Halligalli machen als meine Mutter und ich in diesem Moment.

»Wie finden Sie meine Frisur?«, fragt Mum aus heiterem Himmel, betastet ihr aufgepufftes Haar und strahlt Schwester Gloria an. Ich nehme alles zurück. Offensichtlich hat meine Mutter jede Menge zu sagen. Nur nicht zu mir.

»Ein Traum, Mrs Watson. Sie sehen aus wie Adele oder eins der Spice Girls.«

Mum kichert auf eine Art, die ich nicht kenne. Ich suche in ihrem Gesicht nach ihr, aber ich finde nur Enttäuschung und eine Spur Butter an ihrem Kinn.

Nach dem Mittagessen bringe ich sie zurück in den Lavendel-Flügel, setze sie in den alten Ohrensessel, lege ihr die rosa Decke über die Knie und decke ihre Hände zu.

»Nächstes Wochenende bin ich wieder da, Mum.« Ich gebe ihr einen Kuss auf die Wange. Sie riecht nach Tomate.

Als ich zur Tür gehe, ruft sie mir hinterher: »Meine Liebe?«

Ich drehe mich schnell um. »Ja, Mum?«

»Können Sie das Fenster zumachen, Schwester?«

Als ich endlich die Tür hinter mir schließe, lehne ich mich einen Moment erschöpft an die Wand. »Edna« wäre mir lieber als gar kein Name. Philippa hat mir oft genug erklärt, dass sie selbst die Überraschung war – ich war der Fehler, das Versehen. Vielleicht ist das der Grund, dass Mum mich schneller vergessen hat. Mich hätte es gar nicht geben sollen.

Draußen mischen sich Regentropfen solidarisch mit meinen Tränen. In meinen Schläfen pocht es schmerzhaft. Als ich loslaufe, um den Bus zu erwischen, pralle ich gegen etwas Warmes, Festes.

»Entschuldigung!« Ich wische mir mit dem Ärmel über das Gesicht.

»Ach, hallo. Ich bin es wieder, Adi, Adison Chang«, sagt er. »Wir sind uns vorhin schon begegnet ...«

»Ach ... ja.« Erst jetzt sehe ich das Schildchen mit der Aufschrift *Dr. A. Chang, DPT* an seinem Kittel. »Sind Sie Arzt hier?«

»Ich bin promovierter Physiotherapeut. Aber kein Arzt. Manchmal verwirrt das die Leute.«

»Höre ich da einen amerikanischen Akzent heraus?«

»Ich komme aus Kalifornien. Ich bin hier, um eine klinische Studie durchzuführen.« Er lächelt. Wie entzückt Philippa über unser medizinisches Fachsimpeln wäre! »Sie haben hier jemanden besucht ...?«, fährt er fort, immer noch lächelnd. Ausgezeichnete Zähne, sehr amerikanisch.

»Ja, meine Mutter, sie ist im Lavendel-Flügel.«

»Auf Lavendel fange ich nächste Woche an. Im Moment bin ich auf Basilikum und ...«

»Rosmarin, ja, das sagten Sie.« Wenn das so weitergeht, haben wir bald einen ganzen Kräutergarten kultiviert. Unwillkürlich drücke ich mir die Finger an die Stirn, versuche den schmerzenden Schraubstock zu lösen, der sich langsam um meinen Schädel legt – eine Kombination aus Verspannung und dem Kummer, von meiner eigenen Mutter nicht mehr erkannt zu werden, vermute ich.

»Darf ich?«

Plötzlich wärmt eine intensive Hitze meine Schläfen. Adison Chang DPT hält mein Gesicht in beiden Händen. Trotz des krassen Übergriffs auf meine Intimsphäre verharre ich einen Moment lang bewegungsunfähig zwischen seinen Händen.

Er hat die Augen geschlossen. Licht fällt auf die weichen Stoppeln auf seinen Wangen; er sieht aus wie mit Zimt bestäubt. Die Wärme wandert in andere Regionen meines Körpers. Ich reiße mich los, verliere das Gleichgewicht, taumele nach vorn.

»Tut mir leid. Muss los. Bus.« Ich renne weg.

Auf dem Heimweg habe ich ein schlechtes Gewissen, weil ich Mum zurückgelassen habe. Gleichzeitig gehen mir Kräuterbeete durch den Kopf und Gedanken über diese irritierende Wärme um mein Gesicht. So zudringlich, diese plötzlichen heilenden Hände. So kalifornisch. Ich drücke meine erhitzte Stirn an das kalte Busfenster.

Der Rest des Wochenendes erstreckt sich vor mir. Anders als Philippa mit ihren Cocktails und Dinners und Mädelsabenden habe ich selten Gäste. Man kann auch nicht behaupten, dass ich viel unter die Leute gehe – ein etwas unhygienischer Ausdruck, fand ich immer. Dass Mum mich für eine Pflegerin gehalten hat, drückt mir immer noch aufs Gemüt. Vielleicht sortiere ich die Reiseführer um. Ordnung ins Chaos zu bringen ist immer tröstlich. Genau das, was der Doktor empfiehlt. *Ha.* Das und ein großer Schokoladenriegel mit hohem Kakaoanteil.

Bei meinen Reiseführern habe ich schon mit den verschiedensten Organisationsprinzipien experimentiert, darunter die Rangfolge der Länder, die ich am liebsten besuchen möchte, oder das Klima (von kalt zu heiß). Die alphabetische Ordnung nach Autorennamen war leider ein ziemlicher Rohrkrepierer. Obwohl es ein paar nette Überraschungen und hübsche geographische Kollisionen gab, etwa *Kasachstan: Reisetipps und mehr!* von Amir Aliyev neben *Streifzüge über die grüne Insel* von Aoife Aherne, aber es erschwerte ungemein die Suche nach etwas Bestimmtem. Heute begebe ich mich mit frischem Mut an eine Neuordnung und kuratiere eine Rund-um-die-Welt-Reise, die Segel von Westen nach Osten gesetzt. Das bedeutet grundlegende Veränderungen an der derzeitigen Anordnung vom kleinsten (Vatikan) bis zum größten Land (Russland), aber das tue ich gern – das Wetter ist bedeckt und drückend, und es ist eine gute Ablenkung.

Ich gehe mit Elan ans Werk, und gestärkt von ein paar Schokoladentafeln, die ich mit reichlich Lapsang hinunterspüle, verbringe ich ein paar Stunden mit der Verschiebung tektonischer Platten. Als ich zurücktrete, um mein Werk zu begutachten und mir das schmerzende Kreuz zu reiben, fällt mein Blick auf einen abgenutzten Schuhkarton oben im Regal.

Diese Schachtel enthielt einst meine alten Netley-Rose-Schnürschuhe, die meinem derzeitigen Paar vorausgegangen sind. Jetzt beherbergt sie ein Sammelsurium alter Postkarten, Briefe, Geburtstagskarten – Nachrichten aus einer anderen Epoche, einer Zeit, die so unstrukturiert und zwanglos war wie das Durcheinander der Fotos und Schriftstücke, die sie dokumentieren. Ich hole die Schachtel herunter, öffne den Deckel und nehme eine Karte mit leuchtend blauen Vergissmeinnicht heraus, unterschrieben von lauter Leuten von der Uni, die ich trotz der mahnenden Worte *Wir bleiben in Verbindung!* komplett vergessen habe. Eine andere Karte kam zu meinem einundzwanzigsten Geburtstag, mit dem Bild eines faltigen Walrosses und dem Text: *Du bist nur älter, nicht weiser, aber ich liebe dich für immer!*, unterschrieben von Louise in ihrer großen, geschwungenen Handschrift.

Louise. Wir lernten uns in der Orientierungswoche der Uni in der Schlange der JOY-Society kennen, eines Clubs, für den ich mich entschieden hatte, weil er so positiv klang, nach Spieleabenden und genereller Menschenfreundlichkeit. Außerdem hatte er die kürzeste Schlange. Wie sich später herausstellte, war Louise, die direkt vor mir stand, aus den gleichen Erwägungen hier. Erst als wir den Anfang der Schlange erreichten und uns ein ernstes Mädchen mit Haarreif das Klemmbrett mit dem Anmeldeformular in die Hand drückte, begriffen wir, dass es bei JOY um die freudige Verbreitung der Botschaft Jesu ging. Eine würdige Aufgabe für viele, aber Jesus war nicht der neue Kumpel, den Louise und ich uns in der ersten Uniwoche erhofft hatten, also gingen wir stattdessen in Louises Zimmer bei Tee und Keksen miteinander den Bund der Freundschaft ein. Glücklich stellten wir fest, dass wir beide moderne Sprachen studierten und den gleichen Kurs in französischer Literatur belegt hatten. Wir blieben das ganze Studium ein Herz und eine Seele, verbrachten unser Auslandsjahr zusammen in der Provence und bewarben uns nach unserem BA-Abschluss beide für einen Studienplatz in Paris.

Louise meldet sich immer noch, schickt zu Weihnachten eine Karte mit ausführlichen Neuigkeiten. Jetzt lebt sie in Marseille und scheint recht glücklich zu sein. Verbreitet immer noch freudige Botschaften. *Ha.* Sie unterschreibt jedes Mal mit der Einladung, sie unbedingt zu besuchen. Ich antworte mit einer Karte mit einem Rotkehlchen oder einer verschneiten Tanne und halte es kurz.

Ganz unten in der Schachtel, mit einer Schleife darum, sind die handgemalten Karten von Émile.

Je t'aime xxxx
Tu es la femme de ma vie xxxx

Immer so viele Küsse an mich.

Als ich den Stoß der Karten und Briefe auffächere, sehe ich meine Pariser Zeit wie einen leuchtenden Farbfilm vor mir: in einem feuerroten Rock durch strömenden Regen über den Boulevard Saint-Michel laufend; vor den mintgrünen Art-déco-Buchstaben des Métro-Schilds vor Saint-Sulpice; auf dem Pont des Arts, der im blutorangenen Abendlicht erfüllt ist vom Zirpen von Gitarre und Saxophon und den plätschernden Gesprächen junger Leute, die mit baumelnden Beinen und einer Flasche Bordeaux über der Seine sitzen; auf dem Weg zum Marché Mouffetard, um an einem sonnigen Sonntagmorgen Brot und salzigen Käse zu kaufen; im Gedränge und Geschiebe des Saint-Ouen-Flohmarkts, wo Louise und ich Hüte probieren und antiken Schmuck bewundern, der schwer ist wie ein ganzer Besteckkasten; auf den verzierten Stühlen im Jardin du Luxembourg sitzend; im silbernen Fahrstuhl zu meinem *Ap-*

partement mit den Holzdielen im obersten Stock, wo es nach Kaffee, nach französischer Seife und Knoblauch aus dem Bistro im Parterre riecht.

Auf einem Foto flattert ein kurzärmeliges schwarzes Kleid aus meinem Fenster oben im vierten Stock. Es sieht aus, als würde es tanzen, als wollte es davonfliegen. Ich hatte das Kleid gewaschen und zum Trocknen aufgehängt und beim Lernen dort vergessen. Als Émile abends von der Uni kam, hatte er es dort oben entdeckt, gaukelnd und wirbelnd, und das Foto gemacht.

Er schenkte mir einen Abzug und sagte: »So werde ich immer an dich denken. Hoch über allem tanzend, frei. *Ma belle Dottette.*« Bei ihm hatte mein Name zwei Silben, wie Musiknoten, die nachklangen, als wollte er mich noch ein bisschen länger halten. Allein deswegen hätte ich mich in ihn verlieben können.

Wir schmiedeten Pläne. Ich würde nach dem Abschluss in Paris bleiben – bestimmt gab es Möglichkeiten, als Dolmetscherin zu arbeiten –, über Weihnachten würden wir in Grenoble ein Zimmer mieten ... die Alpen! Ein Rausch der Energie mit jedem neuen Tag.

Ich schließe die Schachtel, schiebe sie ganz nach hinten ins Regal, und mit einem kleinen seismischen Beben verschwindet sie hinter Südamerika.

7

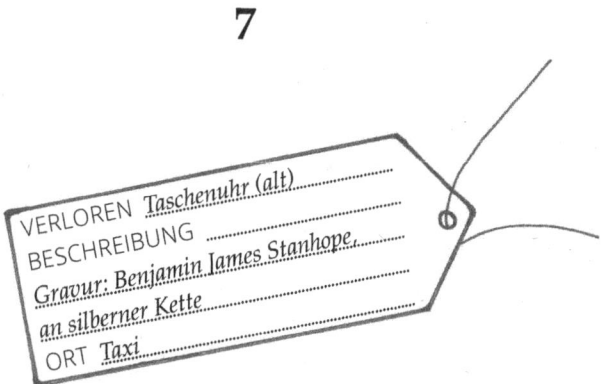

VERLOREN Taschenuhr (alt)
BESCHREIBUNG
Gravur: Benjamin James Stanhope
an silberner Kette
ORT Taxi

»Ganz ehrlich, warum sortieren wir das Zeug überhaupt noch ein?« Anita hievt eine volle Kiste Fundsachen auf die Theke. »Genauso gut können wir gleich alles an Snagsbey's schicken.«

Seit knapp zwei Wochen ist NB im Amt. Fort sind die Kekse in der Teeküche, fort ist die ganze Teeküche, er hat sie als »administrative Reserve« requiriert. Die Fünf-Pfund-Abholgebühr ist eingeführt, was am Morgen fast zu Handgreiflichkeiten geführt hätte, als ein Mann, der seine Manieren offensichtlich draußen vor der Tür gelassen hatte, lieber ohne die Manschettenknöpfe seines Großvaters abzog, als die Gebühr zu entrichten.

»Der arme Jim sagt, er ist schon seit Tagesanbruch da«, fährt Anita fort. »Er kommt kaum hinterher mit dem Beladen und Wegkarren. Ich wollte ihm eine Tasse Tee runterbringen, weil er nicht mal Frühstückspause gemacht hat, aber dann ist mir eingefallen, dass wir keinen verdammten Teekocher mehr haben. Weißt du, was ich glaube, Dots? Ich hab das Gefühl, Burrows führt was im Schilde. Er telefoniert ständig mit irgendwelchen Paragrafenreitern von TfL und redet von personellen Herausforderungen und einmaligen Chancen, und ... Dot, hörst du mir überhaupt zu?«

»Entschuldige, wie bitte?« Ich war tatsächlich mit meinen Gedanken woanders. Nämlich bei Mums Maisonette. Diese Woche kommen Greenridge, Cooper & Price, um die Wohnung zu besichtigen. Ich verstehe ja, dass Philippa ihnen den Schlüssel gegeben hat, aber der Gedanke, dass sie jederzeit reinmarschieren können, ist trotzdem beunruhigend. Es gefällt mir nicht, dass fremde Leute Mums Wohnung betreten, ohne dass sie davon weiß. Ich sollte wohl das Alpen-Puzzle wegräumen. Die beste Stelle hatte ich mir für den Schluss aufgehoben: die Familie in der Seilbahngondel; Mutter, Vater, Sohn und Tochter, alle mit roten Wollmützen und Skiern. Die silberne Gondel trägt sie den Berg hinauf. Die Familie ist der einzige Farbtupfer auf dem Bild, bis auf ein paar dunkelgrüne Tannen hier und da. Der Vater zeigt zum Gipfel, die blauen Augen des Mädchens folgen seiner Hand. Alle lächeln, voll Vorfreude. Ich würde das Puzzle gern fertigstellen.

»Woran denkst du?«, fragt Anita. »An einen gutaussehenden dunkelhaarigen Fremden? So einer war aber heute schon da, und ich glaube kaum, dass gleich noch einer kommt, außer die sind wie Busse – du wartest dein Leben lang vergebens, und kaum hast du aufgegeben, bist nicht frisiert und ohne Lippenstift, kommen plötzlich drei hintereinander.«

Anita bezieht sich auf eine kurze Begegnung, die heute Morgen stattfand und die sie mir seitdem mehrmals vorgespielt hat. Ich höre ihr noch einmal zu, weil es offenbar ihre Stimmung hebt. Selbst SmartChoice kam schon in den Genuss. »Kommt eine Frau rein, und ich sage: ›Was haben Sie verloren, Madam?‹, und sie antwortet: ›Meinen Mann.‹« (Anita wartet kurz, um Staunen und Kichern Raum zu geben. Von SmartChoice kam nichts dergleichen, wovon sich Anita nicht abhalten ließ, trotzdem alles ausführlich zu erzählen.)«›Das tut mir aber leid, Madam‹, sage ich. ›Wann haben Sie ihn denn zuletzt gesehen?‹ ›Bei Debenham's in der Damenabteilung‹, antwortet die Frau. Als sie aus der Umkleidekabine kam, war er verschwunden. Ich frage: ›Wie sieht er aus?‹, und sie sagt: ›Wie George Clooney.‹« (Dramatische Pause vor der Pointe.) »Worauf ich sage: ›Falls ich den finde, Madam, behalte ich ihn selbst.‹«

SmartChoice zog bloß eine Schnute und fragte: »Warum hat sie ihm nicht einfach eine Nachricht geschickt oder sein Telefon geortet?«

»Wenn Leute untertauchen wollen«, zischte Anita, »dann finden sie einen Weg, darauf kannst du wetten.« Wie zum Beweis drehte sie sich auf dem Absatz um und verschwand.

In der Mittagspause mache ich einen Abstecher ins Magazin, um zu fragen, ob ich Big Jim im Untergrund helfen kann. Ich spähe durch die Klappe in die flackernde Tiefe. Anita hatte recht: Der Keller platzt aus allen Nähten.

»Sieht aus, als laufen die Maschinen auf Volldampf«, rufe ich hinunter. »Kann ich irgendwie helfen?«

Unter mir erscheint Big Jim mit schweißglänzenden Schlangen- und Skorpion-Tattoos. Er schüttelt den Kopf.

»Nein danke. Aber ich hab hier was.« Er schiebt seine tätowierte Pranke in die Tasche, steigt auf eine Kiste und streckt mir *Frommers Rom in 48 Stunden* entgegen.

»Danke, großartig, wie lieb, vor allem, wo du so viel zu tun hast. Kann ich wirklich nicht helfen?«

Er schüttelt den Kopf und geht wieder an die Arbeit.

Ich sage ihm nicht, dass ich *Frommers Rom in 48 Stunden* schon habe. So ist es bei beliebten Orten – europäische Großstädte, Manhattan, alle Skigebiete –, die bekommen wir zuhauf. Habe ich je nur ein einziges Exemplar von *Touren durch Ost-Timor* oder *Entdecke die Dominikanische Republik* in die Finger bekommen? Noch nicht. Aber ich gebe die Hoffnung nicht auf.

Trotzdem freue ich mich immer, wenn ich von Big Jim einen Reiseführer bekomme, den ich schon besitze, denn dann kann ich mein Reise-Austausch-Programm fortsetzen. Ich schmuggele die Duplikate in Jacken, Handtaschen oder Koffer, die darauf warten, abgeholt zu werden. Es ist eine Form von Recycling – oder vielmehr Upcycling, sehr *au courant*, wie ich höre –, doch für mich ist es eher Homöopathie für die Seele, sozusagen. Ich nehme mir Zeit, sehe mir den Schnitt einer Jacke an, den Inhalt einer Handtasche, die Narbung eines Lederkoffers. Ich muss erschließen, um was für einen Menschen es sich handelt, um ein Reiseziel zu finden, das wie angegossen passt.

Oft ist der Fall klar. Neulich wollte ein auberginefarbener Herrenmantel so eindeutig nach Amsterdam, dass ich selbst verblüfft war. Es war der Gürtel, der Bände sprach, verdreht und verschlissen vom zu festen Ziehen, als versuchte der arme Kerl ständig, sich selbst Mut zu machen. Als ich den Mantel in der Hand hielt, hörte ich sofort das Plätschern der Amsterdamer Kanäle. Die entspannte Lebensart, das Surren eines Fahrrads, am Lenker ein Weidenkorb voll Blumen, die einladenden Gässchen am Wasser … die Stadt war die perfekte Wahl. Vielleicht würde ihn ein Spaziergang an der Herengracht mit einer Stroopwafel in der Hand an die vielen Möglichkeiten erinnern, die das Leben bietet. Oft ist es ganz einfach – Barcelona für den abgewetzten Koffer, der nach Zitronen riecht, Berlin für den Anorak mit den Polo-Mints.

Wenn ich nicht gleich ein Gefühl dafür habe, hilft es, die Tasche in der Hand zu halten oder den Mantel oder Schal anzuziehen. Neulich tat ich das mit einer Damen-Wildlederjacke. Bei ihrem Anblick im Magazin hatte ich erst an Venedig gedacht. Doch als ich sicherheitshalber hineinschlüpfte, war da etwas an den Taschen, das mich stutzig machte – als wären die

Hände der Besitzerin zu lange nicht gehalten worden und hätten sich zu tief in der tröstlichen Dunkelheit vergraben. Allein nach Venedig zu fahren, wäre viel zu riskant. Gondeln sind wie Tandems, für zwei gemacht. Spanien stattdessen? *Sí!* Viel besser – das klare ockergelbe Licht Sevillas ... oder Madrid. Stunden im Prado bei Hieronymus Bosch, Spaziergänge am Nachmittag über weitläufige *plazas*, scharfe Wurst und Käse zum Abendessen, hinuntergespült mit einem Glas kaltem trockenem Albariño in einer der kleinen Weinbars, in denen sich eine Frau allein in bester Gesellschaft fühlen kann.

Über einem Herren-Regenmantel in einem dunklen Kaffeebraun grübelte ich eine Weile. Paris oder Florenz? Beides war möglich. Die Arthouse-Kinokarte in der Tasche und der Hauch von Tuberosenduft am Kragen sprachen für Paris, aber die Qualität des Stoffs und der spezielle Cappuccino-Ton sagten: *Portami a Firenze.*

Die Frage ist nicht, was sie wollen; die Frage ist, was sie brauchen. Mr Appleby zum Beispiel würde ich *Entdeckungen an der Küste Cornwalls* mitgeben. Ich glaube, die Aussicht von den Klippen in Cornwall würde ihm gefallen, die warme Brise, wenn er eine Pause macht, um sich mit einem schönen Cream Tea zu stärken. Und Big Jim, mein verlässlicher tätowierter Lieferant? Tahiti natürlich.

Ich weiß sofort, wohin mit dem Reiseführer, den Big Jim mir gerade gegeben hat. Die Tasche mit dem Liberty-Leinentaschentuch und dem unpassenden Lippenstift ...

Rom, auf alle Fälle Rom.

Ich bin gerade dabei, einen Dijon-Anhänger für einen hübschen smaragdgrünen Fahrradhelm auszufüllen, als eine kleine Frau Mitte fünfzig mit beigem Mantel und mintgrüner Mütze und Schal hereinkommt und mich nervös über die Theke ansieht.

»Ich habe schon angerufen und den Verlust gemeldet, aber

weil ich noch in der Stadt bin, dachte ich, ich komme lieber selbst vorbei«, sagt sie atemlos. »Wir sind eine Woche hier, um uns die Stadt anzusehen und unseren Neffen zu besuchen – er hat gerade an der Börse angefangen, wir sind so stolz auf ihn. Wir waren im Theater, *Die Mausefalle* – herrlich –, und sind anschließend essen gegangen. Dabei muss ich sie wohl verloren haben.«

Sie hält einen Moment inne, holt Luft. Ich nicke, lächele ermutigend, lasse ihr Zeit. Lege mir ein frisches Formular zurecht und zücke den Sheaffer.

»Wir haben ein Taxi genommen«, erzählt sie weiter, »so ein Luxus – ich habe noch gesagt, der Bus hätte es auch getan –, aber mein Mann bestand darauf, er weiß, dass ich nicht gut zu Fuß bin. Die Taschenuhr ist seit Ewigkeiten in der Familie. Echtes Silber, gute Qualität, an einer schönen Kette. Wahrscheinlich ist sie gar nicht so viel wert, aber für uns ist sie kostbar. Sie sollte ein Geschenk für meinen Neffen sein, ich habe sogar seinen Namen eingravieren lassen.«

»Ich schreibe mir die Einzelheiten auf, Madam. Wie lautet der Name?«

»Mary.«

»Mary?« Mein Sheaffer zögert.

»Oh, nein, tut mir leid, Sie meinen die Gravur! *Benjamin James Stanhope*. Schön, nicht wahr?«

»Sehr schön. Ich sehe kurz im System nach, ob schon etwas abgegeben wurde.«

Mary wartet, während ich zum Computer gehe und »Taschenuhr« eintippe. Es taucht tatsächlich eine auf, die vor zwei Tagen hereinkam. Zwar steht im Computer nichts von einer Gravur – danke, SmartChoice –, aber vielleicht ist sie es trotzdem. Ich muss zu NB, um mir den Schlüssel für die Wertsachenverwahrung zu holen.

Er lässt gerade etwas im Aktenschrank verschwinden und zuckt zusammen, als ich hereinkomme.

»Mr Burrows ...«

»Neil, bitte.«

»Ich muss nachsehen, ob bei den Wertsachen eine Taschenuhr liegt.«

»Sicher, sicher.« Aufgeregt fummelt er an den Schlüsseln. »Gehen wir zusammen. Wir müssen noch einen Termin für unser Vier-Augen-Gespräch finden.«

»Ich kann schnell allein runtergehen.« Ich strecke die Hand nach dem Schlüssel aus.

»Schon gut, ich begleite Sie gern. Wie sieht es mit einem Zeitfenster am Mittwoch aus?« Der Schlüssel bleibt hartnäckig an seinem Gürtel.

»Am Mittwoch kann ich leider nicht.«

»Was haben Sie denn Schönes vor?«

Das Alpen-Puzzle würde an dieser Stelle vielleicht nicht hundertprozentig überzeugend wirken, deshalb sage ich knapp: »Tanzkurs.« Eigentlich hoffe ich inständig, dass Anita den Tanzkurs vergessen hat, aber er könnte mir eine Ausrede liefern, um NB eine weitere Woche abzuwehren.

»Tanzkurs?« Er grinst begeistert. »Ich bin selbst nicht schlecht im Boogie.«

Entsetzt sehe ich zu, wie er die Hände in die Hüften stemmt und das Becken kreisen lässt, wobei der Schlüsselbund wild ausschlägt.

»Sie und ich, wir könnten ...«

Wie auch immer der schaurige Vorschlag gelautet hätte, den er vom Stapel lassen wollte, NB wird vom Klingeln des Telefons unterbrochen. Er macht keine Anstalten ranzugehen, und ich befürchte schon, er wird die Tanzeinlage einfach fortsetzen, aber dann schaltet sich der Anrufbeantworter ein.

»Neil, Trev hier, von Snagsbey's«, sagt eine Stimme. Neil stürzt ans Telefon.

»Einen Moment, Trevor.« Er drückt sich den Hörer an die

Brust, zerrt an seinem Gürtel herum, klipst die Schlüssel ab und reicht sie mir. Sie sind ganz warm. »Nächsten Montag im Dog & Duck, Dot? Wir zwei? Gebongt.« Ich spüre seinen Blick im Rücken, bis ich draußen bin.

Die Fülle von ledernen Brieftaschen, Edelmetall und Geld im Verschlag der Wertsachen riecht nach Blut. NB hat hier unten ein nagelneues Ablagesystem eingeführt, das ganz ohne Dijon-Anhänger auskommt: Jetzt liegt jeder Gegenstand in einer grauen Schachtel mit einem langen, nicht entzifferbaren Code. Was in den Schachteln ist, erfährt man erst, wenn man sie herauszieht und öffnet. Als Rationalisierung würde ich das nicht bezeichnen. NB ist der Einzige, der weiß, was die Zahlen zu bedeuten haben. Ich muss direkter an die Sache herangehen. Also krempele ich mir die Lodenärmel hoch und lege los. Digital-, Designer-, Taucheruhren gleiten mir überheblich durch die Finger. Modeschmuck, drei Fitbits, ein ziemlich extravaganter Krankenschwestern-Anstecker. Und schließlich strahlt mir, als ich einen weiteren Deckel öffne, eine silbermondförmige Scheibe entgegen. Ich drehe sie um, und ein warmes Gefühl breitet sich in mir aus.

Benjamin James Stanhope.

Wenig im Leben macht mich glücklicher, als Eigentum und Eigentümer wiederzuvereinigen, Verlust rückgängig zu machen. Es läuft nicht immer so, wie man es gern hätte; manche Leute beschweren sich über die lange Wartezeit, andere tun so, als wäre es eine Zumutung, herkommen und ihr Eigentum abholen zu müssen, während wieder andere argwöhnisch die zurückgegebene Tasche oder Brieftasche prüfen, ob auch nichts gestohlen wurde. Und doch kann die Rückgabe einer Fundsache ein Gefühl von Vollständigkeit und Richtigkeit verbreiten, ein flüchtiger Moment der Ordnung und Gerechtigkeit auf dieser Welt sein. Ein unerwartetes Happy End. Leider viel zu selten.

Als ich aus dem Magazin komme, sieht mir Mary mit einem Ausdruck entgegen, der Hoffnung und vorauseilende Resignation vereint.

»Nicht schlimm, wenn Sie sie nicht haben, meine Liebe, es war einen Versuch wert.«

Ich lege die Uhr auf die Theke. Sie schlägt die Hände vor den Mund, dann berührt sie die Uhr; streichelt zärtlich über den verschnörkelten Namen ihres Neffen. Im nächsten Moment wirft sie sich nach vorn und hüllt mich fest ein in Mintgrün und Beige. Ich widerstehe dem Impuls, mich loszureißen, und überlasse mich einen flüchtigen Augenblick der weichen Wolle, dem wohltuenden Geruch eines fremden Waschmittels.

Irgendwann befreie ich mich und schiebe ihr das Formular hin.

»Sie müssen den Erhalt bitte quittieren, indem Sie hier unterschreiben und das Datum eintragen.«

Für den Rest des Tages fühle ich mich dank der Taschenuhr wie aufgezogen. Eine rechtzeitige Erinnerung an das Gute im Menschen. Vielleicht wird auch Mr Applebys Reisetasche von einem loyalen Bürger abgeben? Vielleicht ist sie längst da?

»Eine lederne Reisetasche?« Anita schüttelt den Kopf, als ich frage, ob ihr etwas, das zu dieser Beschreibung passt, heute untergekommen ist. »Nein, tut mir leid, Dots, nichts dergleichen. Ich hätte dir gern geholfen. So ein Scheißtag heute. Ich musste gerade einer alten Dame, die ihr Senioren-Ticket verloren hatte, fünf Piepen abknöpfen und zusehen, wie sie mühsam ihr letztes Geld zusammenkratzte. Ich hab ihr geraten, lieber zum Amt zu gehen und sich ein neues ausstellen zu lassen, aber sie wollte keine Unannehmlichkeiten machen. Ich könnte diese Arschgeige Burrows erwürgen. Zum Glück gehen wir diese Woche tanzen – ich brauche dringend etwas, das mich aufheitert!«

»Ich auch, das wird toll«, sage ich und lasse die Schultern hängen.

8

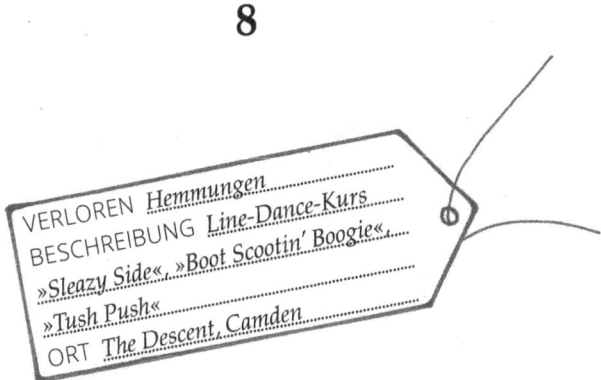

VERLOREN Hemmungen
BESCHREIBUNG Line-Dance-Kurs
»Sleazy Side«, »Boot Scootin' Boogie«,
»Tush Push«
ORT The Descent, Camden

Der Mittwoch beginnt mit der Auftriebskraft eines eine Woche alten Heliumballons. Immer noch kein Zeichen von Mr Applebys Reisetasche und Joanies Portemonnaie, womit die Wahrscheinlichkeit weiter sinkt, dass sie überhaupt noch bei uns eintreffen.

Soll ich Mr Appleby emotional darauf vorbereiten, falls er noch einmal vorbeikommt, oder soll ich ihm die Hoffnung lassen?

Meine Laune wird weiter getrübt vom bevorstehenden Besuch von Greenridge, Cooper & Price und der Tatsache, dass ich heute Abend – so verstörend und unwahrscheinlich es klingt – an einer Tanzstunde teilnehmen werde.

In den letzten Wochen dachte ich mehrmals über eine Ausrede nach, aber irgendwas hielt mich immer davon ab, wie der Anblick von Anitas unlackierten, angekauten Nägeln – ganz unpassend für jemanden mit einem Stufe-3-Diplom in Nagelpflege. Neulich sah ich, wie sie aus dem Lift trat und hastig eine Handvoll nasser Taschentücher in ihrer Riesentasche verschwinden ließ. Und jetzt hat sie ganz deutlich gesagt, dass sie Aufheiterung braucht.

Also tausche ich nach der Arbeit in der Damentoilette meine Uniform gegen eine Kombination aus schwarzer Stretchhose und langärmeligem Gymnastikanzug. Den Loden und die Schnürschuhe lasse ich im Spind und schlüpfe in dem Anlass gemäße Fußbekleidung, ein altes Paar Minelli-Tanzschuhe, die ich noch von der Oberstufen-Aufführung des Lorca-Stücks *Bluthochzeit* besitze und zufällig auf der Suche nach der Kehrschaufel in den Niederungen des Flurschranks ausgegraben habe. Dort lag auch ein Paar von Philippas Stulpen – ein Geschenk des Himmels! Ich hatte keine Ahnung, dass Mum unsere alten Sachen aufgehoben hat. Jetzt bin ich bestens ausgerüstet und ehrlich gesagt ein bisschen stolz auf mich. Die Stulpen wirken sehr professionell.

Anita trägt aufwändig verzierte Cowboystiefel, ihre Jeansjacke und ein Leoparden-Minikleid aus Wildlederimitat, ihrem Lieblingsstoff. Ich nehme an, sie zieht ihre Leggings und Tanzschuhe an, wenn wir dort sind. Dann nehmen wir den Bus nach Camden und gehen zu Fuß zum Veranstaltungsort, der den etwas unheilvollen Namen The Descent – »Abstieg« – trägt.

Im Descent riecht es nach Bier und öffentlicher Bedürfnisanstalt, und auf der Tanzfläche pulsieren im Stroboskoplicht mehrere Dutzend Körper. Anita zieht mich durch die Menge zur Bar und bestellt Getränke. Der Abend entwickelt sich ganz anders als erwartet; von Gymnastikhosen und Stulpen weit und breit keine Spur. Stattdessen sind die Männer erstaunlich behaart, und jeder Anwesende trägt mindestens ein Kleidungsstück aus Denim. Cowboystiefel sind offensichtlich ein Muss. Als die Live-Musik anfängt, strömen die Leute auf die Tanzfläche, um sich in einer Reihe aufzustellen. Ich klammere mich an meinem Barhocker fest. Ein rundlicher Gentleman mit weißem Cowboyhut und rotem Halstuch stellt sich ans Mikrofon und ruft unverständliche Befehle: »*Stomp. Kick-cross. Pivot!*«, worauf die Truppe im Gleichschritt vor und zurück marschiert, mit den Hüften wackelt, wilde Lasso-Bewegungen macht und dabei die ganze Zeit die Reihenformation einhält. Am Ende der Nummer fliegen Cowboyhüte in die Luft, begleitet von energischen »*Yee ha!*«-Rufen. Dann setzt die Band zu einem neuen Song an, und der Cowboy bellt eine weitere Kombination rätselhafter Befehle: »*Heel-touch, two, three, four and kick-cross! Stomp to the front, stomp to the side, and heels, heels, heels! Kick-cross, heels and stomp!*«

»Runter damit!«, sagt Anita, zum Glück meint sie nur die Bierflasche, die sie mir reicht.

Ich trinke ein paar Schlucke Schaum und suche im stampfenden Jeans-Gewimmel nach der Tür, weil ich einen raschen Abgang aus dem Abstieg plane.

»Toll hier, was?« Anita strahlt. Auf ihren Wangen glitzert silberner Glitter, und ihr Haar ist frisch toupiert und gelockt.

»Sehr ... kraftvoll«, sage ich. »Ich erinnere mich gar nicht, dass du Line Dance gesagt hast.«

»Hab ich auch nicht. Sonst wärst du doch nicht mitgekommen!«

»Aber ich ... bin völlig fehl am Platz.« Ich zeige auf meine Stulpen.

»Du siehst reizend aus, Dots. Danke, dass du mitgekommen bist. Du bist ein echter Kumpel.«

»Aber ich ...«

»Trink aus, und dann raus auf die Tanzfläche!«

In bewundernswertem Tempo kippt sie ihr Bier, packt meine Hand und zieht mich ins Getümmel. Sofort habe ich sie im Durcheinander der kickenden, klickenden Körper verloren. Ich dränge mich nach hinten, versuche mich am Ende der Reihe zu verstecken und bemühe mich redlich, Schritt zu halten, aber bei all dem Drehen und Kreiseln ist die hintere Reihe plötzlich vorn – ein echter Danse macabre. Ich gehe einen Schritt zurück, als alle anderen vorgehen, drehe mich nach links, als die anderen sich nach rechts drehen.

»Entschuldigung!«, rufe ich, als mir erst von links ein Cowboystiefel auf den Fuß tritt und dann von rechts. Ich versuche mich aus der Horde zu befreien, werde aber immer wieder umgedreht und mit *kick-cross* zurückgeschoben. Beim *Tush-Push* galoppieren die Reihen auf mich los, wiehernd und buckelnd wie die wilden Pferde beim Rodeo. Ich schaffe die Schritte nicht, sie sind zu schnell. Je mehr ich mich anstrenge, desto mehr komme ich aus dem Takt.

Irgendwann gebe ich auf, schließe die Augen und lasse mich von der Stampede überrollen.

Fundbüro-Mitarbeiterin bei Schwof-Unglück zu Tode getrampelt! Herzanfall im Ballsaal der gebrochenen Herzen! Nach Hüftschwungtragödie flaggt Transport for London schwarz!

Aber irgendwie bleibe ich auf den Beinen. Unversehrt. Stattdessen pulsiert der Rhythmus unter meinen Sohlen, überträgt sich von den vibrierenden Körpern um mich herum. *Step, step, kick, kick, quarter-turn and stomp!*

Tief in meinem Innern spüre ich wieder den einsamen Lockruf eines Saxophons auf dem Pont des Arts in einer Sommernacht. Ich erinnere mich, wie ich dem Klang zum Ufer folgte, Émiles Hand nahm, ihn zwischen die Tanzenden unter den Linden zog. Funkelnde Lichter auf dem Fluss, unsere Körper eng umschlungen, die schmachtenden Töne des Saxophons, Musik, die mich auch später noch erfüllte, als wir zu ihren heimlichen Noten den ganzen Weg zu meinem *appartement* tanzten.

Auch in meinem Körper erwacht die Erinnerung, die tief in meinen Zellen gespeichert ist. Ich schlage die Augen auf. Meine Minelli-beschuhten Füße beginnen ihr eigenes Duett. *Kickcross and heels, two, three, four and stomp to the front, stomp to the side!* Die Musik summt in meinen Lippen, kitzelt meine Kniekehlen, bitzelt in meinen Ellbogen. Ganz andere Klänge als die des schmachtenden Pariser Saxophons, und doch entfachen sie in mir den gleichen Wunsch, mich zu bewegen, mich dem Tanz hinzugeben. *Cupid Shuffle!* Mein Körper findet den Rhythmus von allein, reißt mich mit. *Side shuffle to the left, two, three and kickball change.* Ich höre auf mich anzustrengen und überlasse mich dem Sog, und bald kicke und stampfe ich mit dem Rest; vielleicht nicht hundertprozentig im Takt, aber mindestens mit der gleichen Verve.

Die glückliche Erinnerung an die Nacht an der Seine verleiht mir Extra-Schwung beim *Sleazy Slide, Boot Scootin' Boogie* und *Tush Push*. Was für ein großer Tänzer Émile war, wie fest er mich hielt. *Side Shuffle to the right.* Wie warm und süß die Nachtluft war. *Grapevine to the right and kickball change!*

»Darf ich?« Ein Cowboy mit dunkelrotem Feder-Ohrring hält mir seinen Arm hin. Ich sehe ähnlich verlinkte Paare um uns herum. Die Musik drängt mich, meine Füße zucken schon, willig, die nächste Nummer mitzutanzen. Warum nicht? Ich nicke. Er lächelt und fädelt seinen Arm durch meinen. Das Tempo steigt, und mein neuer Partner wirbelt mich schwindelerregend schnell durch den Saal.

»O mein Gott! Sieh dich an!«, quiekt Anita, als ich mich schließlich aus dem Gewimmel befreie und mich zu ihr an die Bar durchkämpfe.

Der Schweiß läuft mir zwischen den Brüsten herunter; eine der Stulpen ist über den Schuhabsatz gerutscht. Ich trockne mir mit dem Trikotärmel die Oberlippe. Anita drückt mir ein Bier in die Hand, und ich greife dankbar zu – ich bin richtig durstig.

»Danke. Ich muss ja furchtbar aussehen.«

»Du siehst mega aus! Ich fasse es nicht, wie toll du tanzt!«

»Hör auf«, wehre ich ab und kann ein Lächeln nicht ganz unterdrücken.

»Es ist seltsam. Als ich dir so zugesehen habe, habe ich gedacht, wie anders du wirkst ...«

»Anders als wer? Als was?«

»Als du. Bei der Arbeit bist du immer so ...«

»Ja?« Über den Hals der Bierflasche sehe ich sie fragend an.

»Ich glaube, das Wort ist ›wohlanständig‹.«

»Anita, du willst mir hoffentlich nicht sagen, dass mein Tanzstil *unanständig* war?«

»O nein, Dots, das würde ich nie –« Sie hält inne, als sie mich grinsen sieht.

Ich trinke noch einen Schluck. »Tja, schau mich an, mitten unter der Woche in einer Bar mit einem Bier in der Hand beim Line Dance ... das ist wirklich sehr ... wildwestmäßig!«

»Ganz zu schweigen von dem feschen Cowboy, mit dem du das Tanzbein geschwungen hast«, sagt Anita augenzwinkernd. »Aber richtige Wildwestheldinnen trinken ihr Bier mit ordentlich Zug.« Sie macht es mir eindrucksvoll vor.

»Ich verstehe. Meine Güte, das ist wirklich ein Abenteuer.«

»Na, wann, wenn nicht jetzt? Das sage ich mir immer. Seit ich Vince rausgeschmissen habe, sage ich mir: ›Du lebst nur einmal, Anita – raus mit dir, oder das Leben zieht an dir vorbei. Du kriegst eine zweite Chance auf das Glück, aber ergreifen musst du sie selbst.‹«

Ich nicke, schaue auf meine Minelli-Schuhe, meine Füße wippen im Takt.

»Es ist so wie ... du kennst doch die kleinen Seifen und Cremes, die man im Hotel bekommt?« Sie starrt philosophisch auf ihre Bierflasche. »Du packst sie ein und nimmst sie mit, aber dann benutzt du sie nie, weil du sie immer für eine besondere Gelegenheit aufhebst, weißt du?«

Ich weiß es nicht. Ich nehme immer meine eigene Pears-Seife in der Plastikreisedose mit. Aber ich nicke nonchalant und trinke noch einen Schluck.

»Und wenn ich mich nicht aufraffe und rausgehe und neue

Sachen ausprobiere, vielleicht jemand Neues kennenlerne, dann wache ich eines Tages auf, sehe in den Spiegel, und das Leben ist vorbei.«

Ich habe immer noch nicht verstanden, was sie mit den Seifen und Cremes meinte und was nun eigentlich mit ihnen passiert ist – obwohl ich mir vorstellen könnte, dass sie in den Tiefen ihrer riesigen Tasche vergraben sind –, aber emotional stimme ich ihr absolut zu.

»Man muss die Gelegenheit beim Schopf packen«, sage ich.

»Genau. Und deswegen musst du mir unbedingt ein paar von diesen Schritten beibringen!« Sie nimmt mich am Handgelenk und zieht mich auf die Tanzfläche.

Zwei schweißtreibende Stunden später stehe ich im kalten Nieselregen an der Bushaltestelle und feile an meinem *Sleazy Slide – Rock, rock, slide, slide, click, click, quarter-half-turn* –, bis eine Frau in kastanienbrauner Lederjacke vorbeikommt und mich fröhlich informiert, dass die Haltestelle wegen Straßenarbeiten nicht angefahren wird.

Ich werfe alle Vorsicht über Bord und begebe mich in die U-Bahn.

Um diese Nachtzeit riecht die U-Bahn nach Fastfood und mühsam eingedämmter Verwüstung. Die meisten anderen Fahrgäste starren wie hypnotisiert auf ihre Telefone, nur eine Frau in einem pflaumenblauen Dufflecoat liest ein richtiges Buch, das sie sich so dicht vor die Nase hält, als wollte sie die Geschichte klauen.

Es ist sehr lange her, dass ich U-Bahn gefahren bin. Die Sitzpolster haben ein neues Muster, das an grellbuntes Lakritzkonfekt erinnert. Eine Frau mit olivfarbener Haut und einem Baby-on-Board-Anstecker lächelt mich an, als ich mich ihr gegenübersetze. Sie hat eine praktische Umhängetasche dabei und trägt eine niedliche indigoblaue Bommelmütze.

An der nächsten Station setzt sich eine Frau mit teurer Frisur und einer Hahnentrittjacke neben mich und beginnt auf einem hauchdünnen Laptop zu tippen. Ein chinesisches Paar steigt aus, dafür steigen zwei junge Frauen ein, wahrscheinlich Studentinnen. Eine von ihnen trägt rote Doc Martens. Docs erleben offenbar gerade ein Comeback. Trotz einiger leerer Plätze stehen die beiden lieber; sie schwanken mit dem Rütteln des Zugs hin und her. Die Frau mit den Stiefeln hat eine Tasche über der Schulter. Der Reißverschluss steht halb offen, und mir zucken die Finger, weil ich am liebsten hingreifen und ihn schließen würde.

Die Mädchen merken, dass ich sie anstarre. Ich sehe weg, betrachte die Werbung – das Foto einer Flasche Tonic, das Schwung, Energie, »Ein neues Du!« verspricht. Wie das wohl wäre? Meine Füße steppen ein paar Schritte des *Tush Push*.

Ein neues Ich. Es hat sich so gut angefühlt, wieder zu tanzen. Würde mir Denim stehen? Hm, das wäre vielleicht ein Wiegeschritt zu viel, aber ein paar der Tanzenden trugen Halstücher; vielleicht fange ich damit an ... In Frankreich hatte ich eine Schwäche für Tücher. Bilder des Abends blitzen auf; *Stomps* und Drehungen in der Reihe, der Tanz mit dem Cowboy, das Bier mit Anita. »Du bist ein echter Kumpel, Dots.« Die Erinnerungen kollidieren mit anderen Erinnerungen; die Zusage der Pariser Uni, das tintenschwarze Wasser der Seine, die langen Sommernächte, der Sprachkurs, Interrail, Émile, der mir beibrachte, wie man Raclette macht. Weiß ich noch, wie es geht? Vielleicht probiere ich es mal aus. Nicht gerade ein Gericht für eine Person ... Vielleicht könnte ich Anita einladen, obwohl käse-basierte Mahlzeiten bei ihren diversen Diäten wahrscheinlich nicht erlaubt sind ...

Plötzlich ruckelt das Tonic vor meinen Augen, und mit quietschenden Bremsen kommt der Zug zum Stehen. Ein Paar steht hastig auf und geht zur Tür, weil sie denken, sie wären schon an ihrer Station. Aber draußen ist es noch dunkel. Wir stehen im Tunnel. Die beiden warten an der Tür, starren angestrengt durchs Fenster in die gähnende Leere, versuchen mit Willenskraft den Zug zum Weiterfahren zu bewegen. Die meisten anderen kleben weiter an ihren Bildschirmwelten, ungerührt von den stotternden Befindlichkeiten der Londoner U-Bahn. Dann meldet sich röchelnd der Lautsprecher.

»Meine Dam… un Herr… im Nnn… der Lo…oner Ver…riebe… schuldige… ich … für die Fff…spätung.« Der nächste Satz ist kristallklar. »Die Weiterfahrt verzögert sich, da sich eine Person im Gleisbett befindet.«

Schweiß bildet sich auf meiner Stirn. Ich kriege keine Luft mehr. Meine Finger krallen sich in das flaumige Gewebe des Polsters.

Tesafilm.
Einatmen.
Tesafilm.
Ausatmen.

Die Studentinnen sehen einander schulterzuckend an, dann setzen sie sich auf die Plätze, von denen das Paar aufgestanden ist. Doc Martens macht den Mund auf und sagt etwas zu ihrer Freundin. Die Freundin holt eine Wasserflasche aus der Tasche und reicht sie ihr.

Sicherheitsnadel einatmen. *Sicherheitsnadel* ausatmen.

Ich kriege keine Luft.

Mein Blick zuckt durch den Waggon. Die Frau mit der Hahnentrittjacke tippt weiter. Klack-klack-klack. Ein Mann in einem farbverschmierten Blaumann sieht auf die Uhr. Klack-klack-klack. Das Bindi auf der Stirn der Baby-on-Board-Frau leuchtet wie der Polarstern. Ich starre es an, versuche mich zu konzentrieren.

Sekundenkleber.

Alle verhalten sich normal. Hahnentritt sieht auf die Uhr.

Schnalzt mit der Zunge. Klack-klack-klackt. Die Zeit sickert in die Lakritzsitze.

Doc Martens lacht. Baby-on-Board verlagert das Gewicht.

Dann, endlich, ein Ruck, der Zug bewegt sich wieder.

Mein Magen begehrt auf. Der bittere Geschmack von Galle.

»Alles in Ordnung?« Blaumann sieht mich an.

Seeekundenkleeeber, Sicherheitsnadel. Sekundennadel. Sicherheitsfilm. Ich stehe auf. Alles dreht sich.

»Setzen Sie sich, legen Sie den Kopf zwischen die Knie.« Eine Flasche Wasser wird mir unter die Nase gehalten. Ich würge.

»Lassen Sie ihr ein bisschen Platz.«

Tesafilm, Tesa…a…a…aaa.

»Sie übergibt sich gleich.«

»Legen Sie den Kopf zwischen die Knie.«

Quietschend fährt der Zug in die Station ein. Ich wanke zur Tür, stürze hinaus auf die kalten Fliesen des Bahnsteigs, plötzlich von wilden Tieren umgeben, Leopard, Gepard, Tiger.

»Fehlt ihr was?« Eine Frau mit Leopardenmantel streckt die Tatze nach mir aus. Ich komme auf die Füße, kämpfe mich durch die Herde der Körper, hetze die Rolltreppe hinauf. Raus hier. Ich muss hier raus. *Sicherheit, Sicherheit, Sicherheitsnadel.*

Oben sauge ich die schmutzige Londoner Luft tief in meine Lunge und wanke über die nasse Straße. Ich will mich in der Stadt verlieren, in ihren römischen, viktorianischen, edwardianischen Schichten, in der mittelalterlichen Pest, der Stuart-Restauration, dem Blitzkrieg und den blöden Boris-Bikes. Ich will mich auflösen. Regen prasselt herunter; alles verschwimmt, während ich vorwärtstaumele.

Dann renne ich los.

Tesafilmtesafilmtesafilm. Nasse Strähnen kleben mir an der Stirn. Ziellos überlasse ich mich den Menschen vor mir, hinter mir, neben mir. Eine Flut Fremder reißt mich mit in einer Welle aus nasser Wolle, spült mich über Straßen, die mir fremd sind. Ich gebe mich auf, lösche jede Sehnsucht nach Richtung in mir. Ich will nur immer schneller vorankommen, immer weiter weg, immer tiefer in die Dunkelheit.

Ich hätte es ihnen erklären können, Doc Martens und ihrer Freundin, wenn sie gefragt hätten. Ich kenne die Zahlen, die Statistik; auf der Jubilee Line gibt es die wenigsten, seit die neuen Türen installiert wurden; die Northern Line hat die meisten, 145 zwischen 2000 und 2010. Ich hätte ihnen sagen können, dass die Victoria Line im Mittelfeld liegt. Durchschnitt. Aber ich habe nichts gesagt. Sie haben nicht gefragt. Sie haben einfach weitergemacht mit dem Sitzen, dem Stehen, dem Reden. Dem Lachen. Als wäre es ganz alltäglich. Als wäre es ein ganz gewöhnliches Vorkommnis, dass sich jemand auf die Gleise wirft, vor einen Zug, und auf den Schienen zerquetscht, zermahlen wird.

Als wäre nichts dabei.

Eine Ecke, noch eine Straße, noch ein Zebrastreifen. Rote, gelbe, grüne Lichter zerschlitzt vom endlosen Nass des Wolkenbruchs.

Ich laufe so schnell, dass ich stolpere.

»Vorsicht!«

»Achtung, Schätzchen.«

»Pass doch auf, verdammt noch mal!«

Links, rechts, noch eine Ecke, und dann übernimmt mein Körper die Führung. Er kennt sich aus. Er weiß, wo er mich hinbringen muss, an einen Ort, wo ich meine Wunden lecken, mich verstecken kann, wo ich in Sicherheit bin.

9

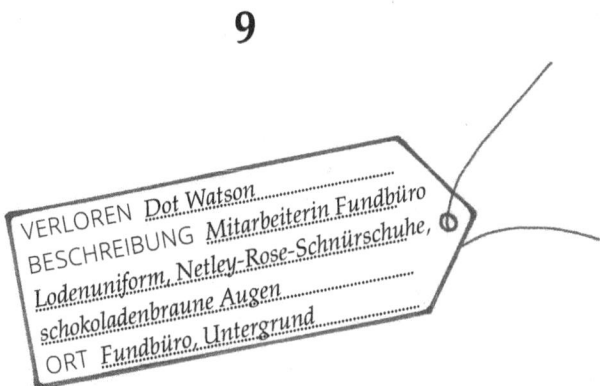

VERLOREN Dot Watson
BESCHREIBUNG Mitarbeiterin Fundbüro, Lodenuniform, Netley-Rose-Schnürschuhe, schokoladenbraune Augen
ORT Fundbüro, Untergrund

Im Dunkeln taste ich mich durch den Kundenbereich, halte mich am Tresen fest, spüre die Wärme seiner Maserung unter meiner Hand. Die vertraute Form tröstet mich; die zuverlässige Topographie leitet mich durch die Länge des Raums. Dann weiter, durch die Verwaltung zur Damentoilette, wo ich mich aus dem Regenmantel, dem schweißnassen Trikot und der Stretchhose schäle, die ich in den Spind hänge, und meine trockene Uniform und die Schnürschuhe anziehe. Gleich bin ich ein bisschen geerdet von der stabilen Umarmung des Lodens.

Aber ich brauche noch mehr Schutz. Wie ein verängstigtes Tier muss ich tiefer unter die Erde.

Ich nehme den Lastenaufzug ins Magazin, aber ich steige nicht aus, als die Tür aufgeht. Ich bewege mich nicht, bis sie sich wieder schließt. Dann drücke ich auf die nächste Taste, und der Fahrstuhl sinkt tiefer zum Untergrund des Gebäudes.

Ich stolpere hinaus. Es ist so dunkel hier. Ich laufe gegen irgendwas, das im Weg steht. Big Jims Rutsche. Ich weiche zurück zur Wand, taste die Mauer ab, bis ich den Lichtschalter finde. Neonröhren blinken auf, flackern halbherzig über Bergen nicht abgeholter Fundsachen – Big Jims nie endende Herkulesaufgabe. Überall stapeln sich verlorene Dinge, und ich schiebe mich durch ein Labyrinth von Drahtkisten auf Rollen, die darauf warten, gefüllt zu werden. Ich gehe tiefer hinein in den unbekannten Dämmer des niedrigen Untergrunds. Meine Schritte hallen auf dem Steinboden. Es ist kalt, und ich ziehe mein Lodenjackett enger um mich.

In der letzten Ecke lauern Schatten – dicht gefüllte Türme von Bücherregalen lehnen erschöpft an der Wand; daneben hält die untere Hälfte einer Ritterrüstung Wache. Auf einer Standuhr ohne Zifferblatt balanciert ein ausgestopfter Kugelfisch unter einer Glashaube. Ich inhaliere die vermischten Gerüche all der seltsamen vergessenen Artefakte. Brotartig, leicht schal. Mittendrin der niedrige Korpus eines halb zusammengebrochenen Fünfzigerjahre-Sofas in einem Farbton, den ich nur als stückige Orangenmarmelade beschreiben kann. Dem Sofa fehlt ein Bein, ein schiefer Turm aus Taschenbüchern dient als Prothese. Aus dem Sitz quillt die Füllung, über der Lehne hängt eine alte karierte Picknickdecke. Wer weiß, wie lange diese Dinge schon hier sind, vergessene Überlebende einer anderen Zeit. Zu sperrig oder zu kaputt für das Auktionshaus, haben sie hier Wurzeln geschlagen, sind mit dem Fundament verwachsen – sie zu entfernen, würde vielleicht das Gebäude zum Einsturz bringen.

Ich sinke aufs Sofa, das seufzend unter mir nachgibt. Zitternd ziehe ich mir die Picknickdecke um die Schultern. Eine dünne Staubschicht und Tabakgeruch steigen auf. In der Ferne flackern die Neonröhren über Big Jims Kisten. Hell, dunkel, hell, dunkel. An, aus, an, aus. Hier, dann fort. Ich schließe die Augen, aber unter meinen Lidern zittert das Licht weiter, wie ein Filmstreifen in einem alten Projektor. Dann erkenne ich, was der Film zeigt.

Dich, Dad.

Totale: Frühling. Du stehst hoch aufgerichtet auf einem Feld. Trägst deinen braunen Anzug, hast die Aktentasche in der Hand.

Nahaufnahme: Ich sehe deine Ohren, die Härchen darauf. Sie sind weich, deine Ohren, rosa, verletzlich, wie junge Triebe, die sich der Sonne entgegen öffnen. Ich sehe deine Füße. Auf einmal entsteht ein feiner Riss zwischen dir und dem Boden. Deine Krawatte hängt nach vorn, weg von deinem Körper.

Ich stehe da und sehe, wie du fällst.

Nein, es ist kein Film, denn ich kann nicht zurückspulen. Ich kann nicht zu dem Moment vor dem Moment zurückgehen und auf Pause drücken. Ich kann dein Fallen nicht aufhalten.

Ich habe so viele Fragen. Hast du es gewusst, als du dir am Morgen Zucker über die Cornflakes gestreut hast, als du deinen Tee aus dem Becher trankst, den ich dir als Kind in Mrs Bushnells Töpferkurs machte, »DAD« in großen Buchstaben hineingeritzt? Hast du dir einen Löffel Zucker extra gegönnt? Warum nicht? Zu verlieren hattest du nichts.

Bist du im Kopf deinen Plan durchgegangen, als du dir mit den zwei Schildpattovalen das Dachshaar nach hinten gebürstet hast, graumeliert, aber immer noch voll?

Seit wann wusstest du es? Seit ich dich am Abend zuvor nicht aus Paris anrief? Oh, das ist eine der Fragen, die mir keine Ruhe lassen. Ich habe versucht, dich anzurufen, Dad. Aber wir waren eine ziemlich große Gruppe an jenem Abend, weißt du. Ich war mit Émile zusammen.

Die Straßen am Canal Saint-Martin waren voll, aus den Cafés quollen Tische und Stühle, Menschen drängten sich am Wasser, das so dunkelblau wie eine Schuluniform war.

Ich habe versucht, dich anzurufen. Wirklich. Ich hatte nicht genug Guthaben, um mit dem Handy in England anzurufen, deshalb bin ich extra eine Seitenstraße hinauf zu einer Telefonzelle gelaufen. Aber die Telefonzelle war besetzt – ich sehe die

Frau noch vor mir, den Hörer zwischen Schulter und Ohr geklemmt, mit verstörend großen goldenen Kreolen, die klimperten, wenn sie sprach. Dann und wann schob sie die Hand in ihre blonde Mähne, schüttelte den Kopf und sagte: »*Tu n'écoutes pas! Tu n'écoutes pas!*«

Ich habe gewartet, Dad, ich habe eine Ewigkeit gewartet. Aber die Frau fand einfach kein Ende, und irgendwann gab ich auf und kehrte ins Licht und in die Wärme der Bar zurück, zum Gelächter und Geplauder meiner Freunde. Émile bot mir sein Telefon an, aber in der Bar war es so laut und draußen so kalt, und dann war ich abgelenkt, Émile nahm meine Hand. »*Ma belle Dottette. Ma choupette.*«

Ich habe wirklich versucht, dich anzurufen, Dad.

Weißt du noch, wie ich als Kind in aller Frühe aufstand, um dir hinterherzuwinken, wenn du zur Arbeit gingst? Ich schüttelte den Schlaf ab, kämpfte mich aus meinem gemütlichen Nest und hielt am Fenster Wache. Irgendwann hörte ich die Haustür, das Knirschen auf dem Kies, dann sah ich dich im dunklen Mantel am Ende der Einfahrt. Du verschwandest einen Moment hinter der großen Weide am Tor. Hast ein Spiel mit mir gespielt, dich hinter dem Baum versteckt, bis plötzlich ein Stück von dir – der Arm, der Kopf, das Knie, das Bein – auftauchte und mich zum Lachen brachte. Dann kamst du wieder hervor, und ich winkte dir, und du warfst mir einen Luftkuss zu.

Ich denke daran, wie du an jenem Tag den ersten Zug in Richtung Victoria Station genommen hast, die nasale Lautsprecherstimme wie eine Urteilsverkündung: *Dieser Zug hält in Barming, West Malling, der Herr ist mein Swanley, Bromley South, mir wird nichts mangeln, London Victoria. London Victoria ist die Endstation.*

Hast du die Stirn an die trübe Scheibe gelehnt und zugesehen, wie draußen die Welt vorbeijagte? Lebt wohl, liebe Hügel! Lebt wohl, alte Bäume! Warum, Dad? Warum bist du nicht aufgestanden, an der nächsten Station ausgestiegen, hast dich krankgemeldet? Warum hast du nicht die verdammte Notbremse gezogen, Dad?

Aber du bliebst sitzen. Du bliebst im Pendlerzug und fuhrst deinem Tod entgegen. Stelltest dich mit den anderen Pendlern vor dem Drehkreuz zur U-Bahn an, fuhrst ordentlich auf der rechten Seite in den Bauch des Tunnels hinunter, wohlwissend, dass du nie wieder heraufkommen würdest.

Auf der Anzeige stand die Zeit, die dir noch blieb.

Drei Minuten.

Sahst du dir das Plakat auf der anderen Seite der Gleise an, das für Ferien an der Algarve warb?

Zwei Minuten.

Hat der dicke Mann im sackbraunen Anzug dich mit dem Ellbogen angestoßen? Haben zwei Schulmädchen mit Zöpfen laut gekichert, ohne dass du es gemerkt hast?

Eine Minute.

Alle in Erwartungshaltung. Schieben sich zur gelben Linie vor, denken schon mal an die Lücke zwischen Zug und Bahnsteigkante, spüren das Donnern des herannahenden Zuges. Hast du einen Moment auf die Zeitung deines Nebenmanns geblickt?

Pfund sinkt auf neues Rekordtief.

Drohende Rezession.

Am Wochenende Regen.

Der Zug fährt ein.

Es riecht nach Schotter und Elektrizität. Das Kreischen. Und in diesem letzten Moment, Dad, an wen hast du gedacht?

Mum, Philippa? Mich, deine Dot?

Oder jemand ganz anderen?

All deine Schritte, Dad: die allerersten aufrechten, bei denen Nanna in die Hände klatschte und nach Grandpa rief; der Gang zum Altar mit Mum; der Weg zur Entbindungsstation, um deine neugeborene Tochter Philippa kennenzulernen; auf Zehenspitzen mit mir aus dem Haus, um bei Mondschein Dachse zu beobachten.

Jetzt ein weiterer Schritt. Dein letzter. Ins Nichts. Vor den schnaubenden, rasenden Metallkoloss, der das Leben aus dir herauswalzte, dir jeden Knochen im Leib brach.

Den Arm, den Kopf, das Knie, das Bein.

Ich hoffe, du musstest die Schreie der entsetzten Umstehenden nicht hören. Ich hoffe, dein Kopf war voller Musik, Dad, Schellack-Klänge, süß wie Zuckerwatte, Jussi Björling und Robert Merrill in vollkommener Harmonie, als du mit deinen schönen flachen Füßen einen Schritt vorwärtsgingst und alles losgelassen hast.

An dem Morgen war ich nicht da gewesen, um dir vom Fenster aus nachzusehen. Ich habe dir nicht zum Abschied gewinkt.

10

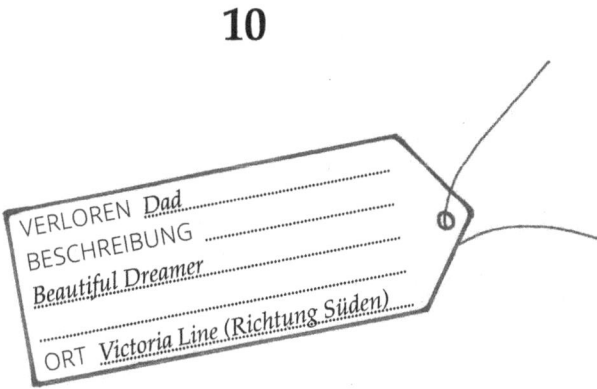

VERLOREN Dad
BESCHREIBUNG Beautiful Dreamer
ORT Victoria Line (Richtung Süden)

Es ist spät, und ich habe Hunger.

Auf Nahrungssuche wühle ich mich durch den Berg nicht abgeholter Dinge. Ich stoße auf einen Pappkarton mit unbeschrifteten Konservendosen. Früher hätte mich ein derart merkwürdiger Fund stutzig gemacht – wer schleppt eine Sammlung nackter Dosen im Bus oder in der U-Bahn mit sich herum? –, aber nachdem ich jahrelang Harpunen, Vasektomie-Sets und Spiderman-Puppen in Lebensgröße beschriftet habe, zucke ich bei so etwas nicht mehr mit der Wimper.

Ich nehme eine der Dosen heraus und schüttele sie. Es wäre natürlich unerfreulich, wenn es sich um Pedigree Pal oder Ähnliches handelte. Aber der Inhalt fühlt sich lose, flüssig an. Dosenobst? So kommt Spannung in eine Mahlzeit. Die Dosen haben eine Aufreißlasche, für die ich ausnahmsweise dankbar bin. Was gibt es noch? Weitere Ausgrabungen fördern eine Tüte mit einer Schachtel rosa Zuckerblumen, Geburtstagskuchenkerzen und »*Leicht zubereitet*«-Reis zu Tage (wobei »leicht« extrem ortsabhängig ist, wie meine Lage heute Abend veranschaulicht).

Zurück in meinem Lager breite ich die Picknickdecke auf dem Boden aus und stelle die Dosen und die Zuckerblumen darauf. Früher, wenn ich mit Dad loszog – manchmal nur bis zu den Büschen am Ende des Gartens, manchmal weiter hinaus –, machte er für uns ein »Abenteuer-Picknick«. Es war immer eine Überraschung: Sardinen, die wir mit den Fingern direkt aus der Büchse aßen, Domino-Sandwiches, ein Glas Honig, den wir auf von einem Laib Brot abgebrochene Stücke tropften, Kuchen, in ein Geschirrtuch gewickelt und zugeknotet wie bei Hans im Glück. Wir dinierten als Entdecker neuer Länder im Garten oder an nassen Tagen im Wandschrank unter der Treppe, wenn wir Detektive waren und des Nachts verdächtige Personen observierten – Holmes und Watson. Doch manchmal am Sonntagnachmittag zog sich Dad in sich zurück, ein angebissenes Stück Biskuitkuchen in der Hand, und verwechselte den *Fall des Mädchens mit dem Paillettenhaarband* mit dem des *Falschmünzers von Hertfordshire*.

Ich setze mich, wähle eine Dose aus und öffne sie. Es sind ganze Pfirsichhälften – ein Widerspruch in sich, wie ich immer fand, aber trotzdem ein glücklicher Fund. Als ich mich nach Besteck umsehe, um die Pfirsiche herauszuholen, entdecke ich etwas unter dem Fünfzigerjahre-Sofa. Eine staubige Flasche – irgendeine Art von Alkohol. Kein Wunder, dass das Lebensmittelerbeuten so populär geworden ist. Ich wische das Etikett sauber: »Absente«. Das Wort lässt mich auflachen – welche Ironie. In dem schwachen Licht versuche ich die Zutaten zu entziffern. Fenchel, Anis und Wermut. Absinth! Ist der nicht verboten? Ein Getränk aus einer anderen Zeit, *La Belle Époque*. Wie lange liegt die Flasche wohl schon hier und fängt Staub? Ich schraube den Deckel auf, der sich erst widersetzt, doch schließlich löst er sich und gibt einen Hauch von Lakritz und Risiko frei.

Ich nehme einen Schluck, oder sagt man Zug? Wie konsumiert man Absinth? Sollte man ihn nicht mit einem Zuckerwürfel zu sich nehmen? Geht vielleicht auch eine Zuckerblume? Ich zerdrücke ein rosa Sträußchen und koste noch einmal. Der Geschmack ist scharf, bitter. Absinth, das Getränk von Rimbaud, Baudelaire, Zola. An die drei erinnere ich mich aus dem Kurs »Französische Literatur des neunzehnten Jahrhunderts« – wie sie in verrauchten Bars im Pariser Quartier Latin ihre wirkmächtigen Cocktails schlürften. Ich nehme noch einen bitteren Schluck.

Paris. Meine Zeit in Frankreich scheint so lange her und so glücklich, dass ich das Gefühl habe, sie gehört einer anderen Person. Studieren, nebenbei Englisch unterrichten, mit Émile die Cafés und Bars erkunden, in den Buchläden an der Rive Gauche stöbern. Ich dachte, das Leben ginge ewig so weiter.

Es endete mit der Stimme meiner Mutter am Telefon.

»Dein Vater ist nicht mehr.«

Ich stand im Büro von Professeur Virginie Meunier, Directeur d'Études à l'Université Paris 1 Panthéon-Sorbonne, und bewunderte den extravaganten weißen Rosenstrauß auf ihrem Tisch, wobei ich mich fragte, ob die Blumen von ihrem Ehemann kamen – der mich, flankiert von zwei frettchenartigen Kindern, aus einem silbergerahmten Foto anstarrte – oder von einem dunkelhaarigen Geliebten. Die Sprechmuschel des Telefons verströmte einen Hauch von Gitanes und Ambra Cologne, und ich entschied, die Blumen waren eindeutig von ihrem schönen Liebhaber. Ich stellte mir vor, wie er ihr telefonische Liebkosungen ins Ohr flüsterte.

Die Stimme meiner Mutter hatte in meinem Tagtraum keinen Platz.

»Nicht mehr was? Wo ist er?«, fragte ich.

Eine Pause. Warum hatte sie mich nicht auf dem Handy angerufen? Warum war ich hier, unter nervöser Beobachtung von Professeur Meunier? Mal ehrlich. Mein Blick wanderte durchs Fenster, folgte dem perfekten Formschnitt der Eiben im Park, so adrett, so ordentlich. So französisch. Ihre manikürten Linien führten zu Émiles Geologie-Hörsaal, wo er, stellte ich mir vor, saß, sich ausführlich Notizen machte und sich dabei auf diese zauberhafte Art auf die Lippe biss, wie immer, wenn er sich konzentrierte.

Warum hatte man mich wegen eines Anrufs meiner Mutter aus dem Molière-Seminar geholt? Warum, wenn ich gerade so vollständig in mein perfektes Pariser Leben eingetaucht war?

Dann war Philippa am Apparat.

»Dad hat sich auf der Victoria Line unter den Zug geworfen.«

Sie klang, als wäre etwas furchtbar Peinliches passiert und wir müssten alles versuchen, um es zu vertuschen, wie einen Rotweinfleck auf dem Teppich.

Von dem, was dann kam, ist vieles verschwommen im Nebel des freien Falls: die Schlagzeilen in der Lokalpresse; Philippa, die sich schwanger und mit roten Augen bei der Beerdigung an Gerald klammert; Mum stumm, aschfahl, ohne einen Blick auf den Sarg. Ein Summen bedeutungsloser Lieder und Gebete an einen Gott, an den keiner von uns glaubte. Freunde, Verwandte, nervös und befangen, ihr feierliches »Wir sind für euch da« mit dem Unterton des Wunschs, sich von dem Stigma fernzuhalten, das ein solcher Selbstmord mit sich bringt. So gewaltsam. So *öffentlich*.

Onkel Joe in Kanada schickte Blumen. Leuchtende Chrysanthemen, prunkvolle Lilien. Ein Brief.

Gail, Philippa, Dot. Wir wünschten, wir könnten bei Euch sein. Bitte sagt uns, wie wir helfen können, was wir tun können. Wir fühlen mit Euch in Eurem Verlust.

Euer Verlust. Unser Verlust, nicht seiner. Zu peinlich, zu beschämend, zu viel. Nichts, womit Mums schneidiger Bruder aus der Neuen Welt in Verbindung gebracht werden wollte. Armer Dad; wenn Onkel Joe da war, war er immer so glücklich, seine Stimmung hellte sich auf, wenn er nur von ihm sprach.

Nachts ächzte das alte Haus unter dem Gewicht des Schweigens – Mum und ich waren noch viel zu angeschlagen, um die Wahrheit auszusprechen. Philippa kam jeden Tag vorbei, aber sie blieb nie lange, brachte nur Lebensmittel. Ich konnte nicht essen, konnte nicht schlafen. Regelmäßig mitten in der Nacht zog ich mit einer Decke und Mums Küchenbrandy ans Ende des Gartens. Ich machte mir im Unkraut und Gestrüpp ein Nest gegen die Kälte und sah erstarrt zurück zum Haus, dessen Fassade ausgezehrt wirkte. Dann trank ich den Brandy, streckte mich aus und suchte am Himmel Trost in vertrauten Konstellationen. Aber meine Gedanken kehrten immer wieder zu der Vorstellung zurück, wie Sterne explodieren, zu Schwarzen Löchern werden, unersättlich alles in ihren kalten Schlund ziehen, alles Licht verschlucken.

So fühlte ich mich. Verschluckt, für immer ohne Licht. Verloren.

Einmal kam Philippa spätabends vorbei. Sie war im Schlafanzug und zitterte am ganzen Körper, Augen und Nase rot. Ich weiß nicht, was mich mehr aus der Fassung brachte, ihr Anblick in solcher Auflösung oder dass sie im Schlafanzug unterwegs war – schon damals hätte sie keinem Handwerker die Tür geöffnet, ohne perfekt geschminkt zu sein. Es war fast Mitternacht, Mum war längst im Bett. Ich machte Philippa eine heiße Schokolade und legte ein paar Kekse auf einen Teller, aber als ich ins Wohnzimmer kam, hatte sie sich schon ein Glas Brandy eingeschenkt.

»Ist das nicht schlecht fürs Baby?«, fragte ich.

Sie sah mich an, öffnete den Mund, dann klappte sie ihn wieder zu, schüttelte den Kopf und stürzte den Drink in einem Zug herunter.

Philippa schien immer über allem zu stehen – über dem Chaos unserer Familie –, als käme sie aus einer anderen Welt, deren Bewohner hochwertige Stoffe in Creme und Lichtblau trugen. Einer Welt, in der nichts befleckt oder besudelt war, sondern alles immer sauber und rein und frisch gewaschen.

Philippa war bei der ersten Gelegenheit zu Hause ausgezogen, hatte einen Abschluss in BWL gemacht, einen Job in Markenführung angenommen und dann Gerald geheiratet. Es schien, als hätte sie sich in Gerald bewusst das komplette Gegenteil von Dad ausgesucht. Ein jovialer Tory, ein Schulterklopfer, ein Finanzmensch, der die Spielchen, die Regeln, die Codes beherrschte und ein riesiges Selbstbewusstsein daraus zog, statt sich davon hinunterziehen zu lassen. Philippa hatte sich in Windeseile eine Welt gezimmert, die unserem Zuhause diametral entgegengesetzt war, mit Kunstrasen, Edelstahlküche und einem Alpha-Mann, der sein Territorium mit lauter Stimme und Leutseligkeit markierte.

Bis zu diesem Augenblick, als sie völlig aufgelöst in Dads altem Ohrensessel saß, war mir nicht klar gewesen, wie sehr sein grausamer Tod auch ihr zusetzte. Sie klammerte sich an mich und weinte herzzerreißend, der ganze Körper von Schluchzern geschüttelt. Ich dachte, sie würde nie mehr aufhören, würde in ihren Tränen ertrinken. Irgendwie half es mir sogar, sie zu halten, sie zu trösten, denn kurz bevor sie kam, hatte ich selbst mit dem Gesicht nach unten auf dem Boden gelegen und in den Teppich geschluchzt. Irgendwann machte sich Philippa von mir los, putzte sich mit dem Schlafanzugärmel die Nase und fuhr wieder nach Hause. Ich habe sie nie wieder weinen sehen.

Eine Woche nach der Beerdigung kam ich in die Küche, und die Waschmaschine lief auf Hochtouren, während Mum am Bügelbrett stand und Dads Hemden plättete.

»Was machst du da?«

»Es ist Mittwoch«, sagte sie, drehte das Hemd um und dämpfte eine scharfe Kante in die Manschette.

»Und?«

»Waschtag«, sagte sie und jagte einen Schwall zischenden Dampf in den zweiten Ärmel.

Ich starrte sie verständnislos an.

Mit dem Bügeleisen in der Hand sah sie auf das Hemd, das auf dem Brett lag. »Ich wollte ... etwas Normales tun, ich dachte, das hilft vielleicht. Also bin ich hochgegangen, habe den Wäschekorb geholt und ...«

Sie schloss die Augen, hielt die Luft an. Dann sah sie mich an.

»Im Korb war die Wäsche von deinem Dad. Ich konnte sie nicht einfach ... da drinlassen.«

Sie schluckte. Ich nickte wortlos, wollte mich gerade abwenden. Dann sah ich die Plastiktüte auf dem Stuhl neben dem Bügelbrett. Darin waren Dads Cordhose für den Garten, ordentlich gebügelt und zusammengelegt, seine dunkelblauen Socken in Paaren, zwei Unterhemden, sein weißes Taschentuch. An der Stuhllehne hing eins seiner hellblauen Bürohemden.

»Du gibst seine Kleider weg?« Meine Stimme war belegt.

»Ich dachte, die Herz-Stiftung könnte sie gebrauchen.«

Sie nahm das Hemd vom Bügelbrett, schüttelte es auf, stach einen Drahtbügel in die Ärmel und knöpfte es zu, als wollte sie es in den Schrank hängen, wo es frisch und sauber auf ihn warten würde. Aber sie brachte es nicht nach oben. Sie hängte es zu dem anderen Hemd an die Stuhllehne. Nahm seinen Pullover vom Wäschehaufen. Begann, Dads Form herauszubügeln.

»Nein!«, rief ich. »Hör auf! Du kannst seine Kleider nicht weggeben!« Ich zog das frisch gebügelte Hemd vom Bügel und drückte es an mich.

Mum hielt inne und ließ die Schultern hängen. »Er ist nicht mehr da.« Ihr Gesicht ein Erdrutsch.

Er ist nicht mehr da. Als wäre das ein Grund!

Eine Träne lief ihr über die Wange und zischte, als Mom sie in den Stoff bügelte.

»Hör damit auf, hör auf!«, schrie ich und schlug um mich. Meine Hand fegte ein gerahmtes Foto vom Frühstückstresen. Glas klirrte, spitze Scherben verteilten sich auf den Fliesen. Wir starrten den Scherbenhaufen an, dann legte Mum das Bügeleisen weg, ging auf die Knie und fing an, das Glas mit ihrem blauen Kehrblech und dem Handfeger aufzukehren. Ich sagte nichts, stand nur da, Dads Hemd umklammert. Als sie die Scherben aufgelesen hatte, hob sie das Foto auf, das jetzt nackt war, ohne schützendes Glas. Es war ein altes Bild. Onkel Joe hatte es gemacht, wir vier vor dem Weihnachtsbaum mit Papierkronen auf dem Kopf.

Mum sagte mehr zu sich als zu mir: »Meine Mutter wusste es. Sie wusste es, als ich ihn das erste Mal mit nach Hause brachte. ›Das ist kein Mann für dich, Gail‹, sagte sie. Ich habe nur gelacht. Was wusste sie schon!« Mum schüttelte den Kopf. »Er war die Liebe meines Lebens.«

»Ich kannte ihn besser als alle anderen«, sagte ich, immer noch sein Hemd umarmend.

Mum stand auf, legte das Foto behutsam auf den Tresen und sah es an.

»Es war … kompliziert«, sagte sie schließlich, ihre Stimme ein Flüstern. Ein Seufzer erschütterte ihren ganzen Körper.

Ich sah das zerbrochene Foto an.

»Es ist meine Schuld«, schrie ich und lief aus der Küche.

Unter Tränen rief ich Émile an. Er war wegen eines Vorstellungsgesprächs nach der Beerdigung nach Frankreich zurückgekehrt, aber als er meine Stimme hörte, buchte er den nächsten Flug und kam zurück. Er sagte, ich müsse dort weg, müsse raus aus dem Haus. Ich wollte nicht, aber er flehte mich an, sagte, es sei das Beste für mich. Er gab viel Geld für ein Hotel in London aus, ging mit mir ins Theater, ins Museum, zu den Hirschen im Richmond Park. Mum nutzte meine Abwesenheit, um alle Spuren von Dad zu beseitigen. Seine Imperial-Leather-Seife, seine Aktentasche, seine Sherlock-Holmes-Bücher. Der Umfang und die Gründlichkeit der Säuberung waren verblüffend. Unverzeihlich.

»Wo sind seine Sachen?«, schrie ich, als ich zurückkam und sah, was sie getan hatte. Ich stürmte durchs Haus, auf der Suche nach irgendetwas. »Seine Schallplatten? Sein Plattenspieler? Wie konntest du nur? Sie waren alles, was ich noch von ihm habe.«

Dads Pfeife fand ich nur, weil sie zusammen mit Kuchenkrümeln und ein paar Zwei-Pence-Münzen zwischen die Polster des Ohrensessels gerutscht war. Wenig später verkaufte Mum das Haus und zog in die Maisonette. Keine hohen Bäume, kein verwilderter Garten. Keine versteckten Winkel, keine Geheimnisse, keine Überraschungen. Es war, als hätte sie Dad einfach aus unserem Leben ausradiert. Daheim fühlte sich nicht mehr wie daheim an. Ich konnte ihr nicht verzeihen.

Ich ging nach Paris zurück, weil ich nicht wusste, wo ich sonst hinsollte. Aber dort erinnerte mich alles daran, wie glücklich ich gewesen war. Ich konnte mir nicht vorstellen, je wieder glücklich zu sein, und Paris mit all seiner Schönheit tat mir weh. Ich rief Émile nicht zurück, machte Ausflüchte, wenn er kam, behauptete, ich müsse arbeiten. Meistens saß ich im Regen im Jardin du Luxembourg, das Wetter so bitterkalt und trüb wie mein Gemüt. Ich wanderte über die Flohmärkte an der Seine, sah mir die alten Platten an, hielt sie in den Händen.

Ich versank immer tiefer in Trauer und Schuldgefühlen. Louise rief jeden Tag an, aber ich konnte nicht sprechen, wollte nicht darüber reden. Ich hatte keine Worte mehr, in keiner Sprache.

Irgendwann beendete ich die Beziehung mit Émile. Wir trafen uns in einem Café in der Nähe des Louvre. Touristisch, überteuert, mit akkurat gebügelten Tischdecken und einem Arsenal an Besteck. Anonym, analgetisch. Genau richtig für das, was ich vorhatte.

»*Mais pourquoi, ma chère Dottette? Pourquoi?*«, flehte er mich an. Ich suchte nach Worten, während mürrische Kellner unseren Tisch belagerten, fand aber keine, die gut genug waren, nur: »*Je suis désolée. Je suis désolée, je suis désolée.*«

Eine Weile konnte ich mir in Frankreich noch vorstellen, du wärst noch da, Dad, zu Hause im Garten, würdest nach deinen Tomaten sehen. Ich hoffte jeden Abend, dass ich von dir träumen würde, von uns, von unseren Abenteuern. Aber so habe ich nie von dir geträumt. Damals wie heute sehe ich dich im Traum immer nur fallen und kann dich nicht auffangen.

Ich verpatzte das Examen, obwohl ich alle Antworten kannte. Nur nicht die auf die einzig wichtige Frage.

An der Uni forderte man mich auf zu bleiben, die Prüfung zu wiederholen, aber ich konnte einfach nicht. Wozu Sprachen studieren, wenn ich nichts mehr zu sagen hatte? Schließlich ging ich nach England zurück, mietete mit dem Geld, das ich mit Unterrichten verdient hatte, eine kleine Wohnung in London und suchte mir einen Job. Das Stellenangebot im Fenster des Fundbüros entdeckte ich, nachdem ich einen Vormittag zwischen den Erinnerungsstücken im Sherlock-Holmes-Museum in der Baker Street verbracht hatte.

Mit den Fingern esse ich die letzte Pfirsichhälfte, trinke noch ein Schlückchen Absinth. Die Schärfe vom Anfang hat sich gelegt, und er schmeckt eigentlich ganz gut. Ich kippe ein bisschen davon in die Dose mit dem verbliebenen Pfirsichsaft und genieße die Mischung als Digestif, um die Mahlzeit abzurunden. Mir schwirrt ein wenig der Kopf. Was für ein köstlicher Drink! Vielleicht mein neuer Lieblingscocktail? *Wie immer*, werde ich dem Bartender im Descent sagen, und er wird mir einen Pfirsich-Absinth einschenken. Pfirsinth. Der perfekte Mane für einen Drink, ich meine, Name. Nur noch ein Tröpfchen, ein winziges Schlückchen, zum Hinunterspülen. Ich gieße großzügig nach. Wohlsein! Mir fällt auf, dass sich die Einrichtung meines Lagers zu drehen beginnt, ein Karussell der Kuriositäten: Da ist die Standuhr! Hallo, Kugelfisch! Bei einer weiteren Umdrehung entdecke ich Philippa – wie in aller Welt kommt die denn hierher? Sie wedelt energisch mit den Armen. Hat sie etwas zum Sprühen und Feudeln gefunden? Nein! Auf den zweiten Blick dirigiert sie das London Philharmonic Orchestra, das Mendelssohns *Lieder ohne Worte* spielt. Da-di-da-didum. Ein Lieblingsstück der guten alten Miss Hyde, die es mit mehr Schwung als Virtuosität beim Finale des jährlichen Weihnachtskonzerts zum Besten gab.

Plötzlich lässt eine Stimme die Musik verstummen. »Donnerwetter, das ist wahrlich eine Schatztruhe.«

Ich springe auf, halte die Picknickdecke wie einen karierten Schutzschild vor mich.

»Wer ist da?«, stammele ich, mein Puls rast wie ein Derbysieger.

Stille. Dann schallt wieder Mendelssohn durch das Gewölbe und dazu ... der Duft von Pfeifentabak.

»Ah, Baker Street, es tut gut, wieder hier zu sein.« Dem Ende des Satzes folgt eine Rauchwolke, die aus dem Dunkeln auf mich zurollt wie eine sich abwickelnde Fadenspule. Aus dem Schatten tritt eine Gestalt.

Erst da erkenne ich, wer es ist.

»Die Welt ist voller Offensichtlichkeiten«, sagt er, als er sich zu mir gesellt, »die niemand sieht. Außer dir und mir, mein lieber Watson. In der verlegten Tasche, dem abhandengekommenen Portemonnaie, dem liegen gelassenen Gehstock – erkennen wir alles.«

Mein Mund ist so trocken wie ein Dirty Martini.

Er zieht an der Pfeife und atmet langsam aus. Ich inhaliere das Kirscharoma, schließe kurz die Augen, dann öffne ich sie wieder, und der Raum nimmt seine Karussellfahrten wieder auf.

»Sind das deine Sachen, Watson?« Mit langen Fingern deutet er auf die Berge unabgeholter Fundsachen hinter sich.

»Das ist Big Jims Zeug«, krächze ich, immer noch die Decke umklammernd.

Jetzt ist er ganz nah, und ich sehe die Krümmung seiner Pfeife, die Flügel seines dunklen Haars. Sein Gesicht ist so vertraut, dass ich kaum Luft bekomme.

»Big Jim? Klingt nach einem verdächtigen Subjekt. Irgendwelche Erkennungszeichen?«

»Er ist mehr oder weniger komplett tätowiert«, flüstere ich.

»Aha! Wir sollten ihn im Auge behalten.« Er stößt die nächste Wolke Pfeifenrauch aus.

»Ich kann einfach nicht glauben ... dass du da bist.« Ich seufze schaudernd, und ein außergewöhnliches Gefühl der Schwerelosigkeit und Erleichterung überkommt mich. Ich lächele.

Er lächelt zurück und wirft sich auf das Fünfzigerjahre-Sofa.

»Was für eine Bude, alter Junge! Welch treffliches Versteck!« Er sieht sich um, Ellbogen auf den Knien, Fingerspitzen zusammengepresst. »Man kann nur raten, welche Juwelen und Schätze sich hier unten verbergen! Ein Sammelsurium der Hinweise und Geheimnisse.«

»Ich fürchte, es ist ein bisschen unordentlich. Wenn ich gewusst hätte, dass du kommst, hätte ich Ordnung gemacht.«

Er klopft einladend neben sich aufs Sofa. Ich setze mich.

»Wir haben so viel zu besprechen. Es ist zu lange her.«

Ich nicke. Sein Duft ist berauschend. Ich rücke näher an ihn heran.

»Erinnerst du dich an unsere Fälle, Watson? *Der teuflische Terror in Tunbridge Wells? Die Krux des Karfunkels von Kent?*«

Ich nicke glücklich, ziehe die Picknickdecke um mich und rolle mich darunter ein.

»Hier unten wäre ein Edelstein wie jener Karfunkel sicher verborgen gewesen.« Er sieht sich noch einmal um. »Allerdings scheint mir bei näherer Betrachtung, dass die Umgebung eher an die Räuberhöhle aus dem *Fall des gewieften Garteneindringlings* erinnert. Weißt du noch, wie wir den gelöst haben? Es war mitten im Winter, und uns war eine Lichtpause des unterirdischen Verstecks in die Hände gefallen ...« Er erzählt weiter, doch ich höre nur noch das *Puff, Puff, Puff* seiner Pfeife.

11

VERLOREN Handschuh
BESCHREIBUNG Mitternachtschwarzes
Leder, Größe 6½, rechte Hand, xxxx
ORT Overground, West Croydon
nach Hoxton

Die Augen einen Spaltbreit zu öffnen jagt sengenden Schmerz und eine Welle der Übelkeit durch meinen Körper. Ich kann nicht behaupten, dass ich gut geschlafen hätte. Teilweise hat es mit der schmalen Liegefläche des orangen Sofas zu tun, aber die Hauptschuld liegt beim Absinth. Um meinen flauen Magen und brummenden Schädel zu beruhigen, versuche ich mich auf das Positive zu konzentrieren – hier unten ist es still wie in einer Gruft, und ich habe noch nie so zentral gewohnt; zur Arbeit ist es auch nicht weit ... O Gott! Wie spät ist es? Auf der Suche nach dem Telefon klopfe ich mich ab, aber ich fühle keinen treuen Loden, sondern glatte Baumwolle. Ruckartig setze ich mich auf, was ein schmerzhaftes Hämmern in meinem Kopf auslöst. Als ich an mir heruntersehe, stelle ich fest, dass ich mir offenbar zu irgendeinem kritischen Zeitpunkt gestern Abend einen weißen Laborkittel übergezogen habe. Wo ist meine Uniform? Ah, sie hängt lässig an der halben Rüstung. Ich komme unsicher auf die Füße – die Strumpfhose von gestern habe ich noch an –, greife nach dem Jackett und fische das Handy raus.

8 Uhr 35! Kaum Zeit, mich frisch zu machen, bevor oben die Belegschaft eintrudelt! Zum Glück bin ich normalerweise die Einzige, die vor 8 Uhr 50 da ist – obwohl, vielleicht kommt NB früher, um herumzuschnüffeln ... Verflixt.

Die »Absente«-Flasche liegt auf dem Boden, umstreut mit rosa Zuckerrosenpuder, ihr Inhalt ist deutlich reduziert. Übelkeit und Panik erfassen mich, und ich halte mir mit beiden Händen den Kopf, während ich den Lastenaufzug zur Damentoilette nehme.

Bisher war mir nie aufgefallen, wie spartanisch die Ausstattung hier ist – suboptimale Flüssigseife, sägemehlgraue Papierhandtücher. Ich gehe ans Werk, aber schon ein flüchtiger Blick in den Spiegel bestätigt mir, dass ich (wie erwartet) sehr lädiert aussehe. Andererseits gefällt mir der Schnitt des Kittels: Dr. Watson, wahrhaftig! Ich schließe die Augen; ein leichter Hauch von Pfeifentabak. Wie lange war er da? Bis ich eingeschlafen bin? Wie tröstlich es war. Wann sehe ich ihn wieder? In meinem Kopf dreht sich alles.

Nachdem ich das Gesicht unter kaltes Wasser gehalten habe, fühle ich mich wieder einigermaßen zurechnungsfähig. Zähneputzen stellt eine Herausforderung dar, aber wo es einen Laborkittel gibt, gibt es vielleicht auch Mundwasser. Dringender jedoch ist: Ich kann auf keinen Fall in der Unterwäsche von gestern zur Arbeit gehen. Auf dem Handy ist es 8 Uhr 40. Trotz fehlender Zeit reiße ich mir Strumpf- und Unterhose herunter, werfe sie ins Waschbecken und bearbeite sie tüchtig mit Seife und Wasser. Dann wringe ich sie aus und halte sie unter den Händetrockner, der ein Stakkato lauwarmer Luftstöße hervorhustet. *Los jetzt! Trocknet schon, ihr Liebestöter!* Die Strumpfhose welkt widerwillig von nass zu klamm, aber der Schlüpfer bleibt trotz kräftigem Schleudern widerspenstig durchweicht.

Gibt es im Untergrund vielleicht Abhilfe? Unter dem Laborkittel unbekleidet nehme ich wieder den Aufzug und durchwühle Big Jims Berg verlorener Dinge auf der Suche nach etwas, das sich als Unterwäsche eignet. Nichts entfernt Tragbares. Wie konnte ich nur auf die Idee kommen, meine Unterhose zu waschen? Eine zweimal getragene Unterhose ist besser als keine Unterhose! Da fällt mir etwas ein. Eine Marks-&-Spencer-Tüte mit einem sandfarbenen Handtuchset, passender Fußmatte und einem Dreierpack mintgrüner Seidenslips, Fundort Central Line. Ich erinnere mich so genau, weil die Schlüpfer wie eine grüne Oase in der Wüste aussahen. Wahrscheinlich ein Impulskauf, im letzten Moment in den Einkaufskorb geworfen.

Die Tüte kam ... vor einem Monat? Kann es sein, dass wir sie noch haben? Ich gehe hoch ins Magazin, wage es nicht, noch einmal auf die Uhr zu sehen. Ich habe die Tüte nicht selbst eingeräumt, aber sie sollte bei »Diverse Taschen, Aktenkoffer, Trolleys« liegen ... *Et voilà!* Zum ersten Mal freue ich mich, dass eine Fundsache nicht abgeholt wurde. Dem Dijon-Anhänger ist zu entnehmen, dass sie nach NBs neuen Regeln in vier Tagen auf dem Relegationsplatz im Untergrund landet. Strenggenommen sind, da heute Donnerstag ist, zwei dieser Tage Wochenende, wenn das Fundbüro zu hat. Freitags ist es normalerweise ruhig; vor dem Wochenende sind die Leute anderweitig beschäftigt, denken an das, was kommt, nicht an das, was weg ist. Also ließe sich argumentieren, dass es nur ein einziger Tag ist, bevor die Tüte im Untergrund und dann bei Snagsbey's landet. Ich wiege das Päckchen Schlüpfer in der Hand, wäge Not gegen Integrität. Werde ich es tun? Mich einer mir anvertrauten Fundsache bemächtigen? Wie tief bin ich gesunken? Sehr tief, denn ich reiße – vielleicht vom Rest-Absinth beflügelt – die Packung auf, fische ein kühles seidiges Exemplar heraus, und bevor mich mein Gewissen bremst, sause ich noch einmal in den Untergrund, wo ich es mit klopfendem Herzen zusammen mit der feuchten Strumpfhose und der Lodenuniform anziehe.

Als ich mich bücke, um mir die Schuhe zu binden, wird mir schwindelig. Nach dem vielen Alkohol muss ich unbedingt etwas essen. 8 Uhr 48. Jetzt aber schnell! Ich schnappe mir eine Dose, ziehe genussvoll an der Aufreißlasche ... zum Frühstück gibt es ... *Trommelwirbel* ... Dosenpflaumen! Oh. Es ist ein bisschen wie ein Schlag ins Gesicht mit einer nassen Socke – beziehungsweise feuchten Strumpfhose. Doch etwas essen muss ich, also angele ich ein paar der Früchte heraus und verstecke die halbvolle Dose dann mit der Absinthflasche, meinem Kittel und einer Handvoll Zuckerblütenkrümel unter dem Sofa. Ich wage einen Blick auf die Uhr. 8 Uhr 50. Geschafft! Ich fahre mit dem Lastenaufzug zur Arbeit, vielleicht nicht frisch wie ein Gänseblümchen, aber dafür unbeugsam wie eine Distel.

Als der Rest der Belegschaft kommt, bin ich an Ort und Stelle am Schalter, fülle Anhänger aus und gebe Daten ein.

Anita und das Nilpferd poltern um 9 Uhr 01 herein, wie immer kurz nach knapp.

»Dot! Was war das gestern Abend?«, ruft sie und läuft mit großen Augen auf mich zu.

Sieht man es mir an? Ist meine Uniform zerdrückt? Hat mich jemand gesehen? Riecht sie die Absinth-Fahne?

»Was meinst du?«

»Im Descent! Du warst der Knaller. Du tanzt *so* toll!«

»Ah. Ach das.« Ehrlich gesagt hatte ich nach den jüngsten Ereignissen unseren Tanzabend ganz vergessen.

»Was für Geheimnisse hast du noch, du Schlitzohr?«

Hausbesetzung. Veruntreuung fremden Eigentums. Tragen desselben.

»Gar nichts.« Ich beschäftige mich mit der Begradigung eines bereits perfekt ausgerichteten Formularstapels.

»Was ist mit deinem Verehrer?«

»Was? Wer?«

»Der Typ mit dem Federohrring, mit dem du getanzt hast? Der war lecker!«

»Ach, na ja, Verehrer würde ich ihn nicht nennen ...«

»Ich schon, du Glückspilz.«

Ich sehe Anita an. Auf ihrer linken Wange schimmert ein schmaler Rest der Glitzer-Milchstraße von gestern Abend.

»Hast *du* dich denn gut amüsiert, Anita? Irgendwelche ... Verehrer?«

»Nein, Trottel alle zusammen, aber mir egal! Ich hatte einen Mordsspaß! Und allein wäre ich nie hingegangen. Du bist ein echter Kumpel, Dots.«

Plötzlich stecke ich in einer engen Umarmung fest. Ich schließe die Augen, überlasse mich dem beruhigend vertrauten Duft ihres Haarsprays und Erdbeer-Lipgloss, der Wärme ihrer Zuneigung, bis ich einen Kloß im Hals habe und meine Augen überlaufen. Dann mache ich mich los.

»Ich muss weitermachen.«

Ich drehe mich zum Computer und sehe auf den Bildschirm. Registrieren, speichern. Registrieren, speichern. *Tesafilm. Sekundenkleber. Sicherheitsnadel.*

In der Mittagspause kaufe ich eine Zahnbürste und Zahnpasta, Unterwäsche und Paracetamol, aber mir ist immer noch zu flau um die Kiemen, um feste Nahrung aufzunehmen.

Natürlich entdeckt Anita die Tüte sofort.

»Dot Watson! *Fuck a duck!* Du hast dir ein Dirty-Night-Survival-Kit besorgt! Willst du mir nicht doch was von gestern Abend erzählen?«

Der schrille Ruf meines Handys rettet mich.

»Hast du meine Nachricht bekommen?« Philippas Stimme ist noch durchdringender als sonst. »Murray Greenridge ist *begeistert* von dem Haus. Hervorragende Schätzung; meint, für den Preis werden sie es uns aus der Hand reißen, und wenn wir Glück haben, kriegen wir noch mehr. Heute machen sie die Fotos – du hast es doch nicht vergessen, oder?«

Wie könnte ich.

Sie rattert weiter.

»Auf den Fotos wird es richtig was hermachen, meinen sie. Und ich habe sogar schon ein paar hübsche Wohnungen gesehen, die für dich in Frage kommen, gemütlich und zu einem vernünftigen Preis. Soll ich dir die Unterlagen dalassen, wenn ich vorbeikomme?«

»Ich wusste gar nicht, dass du vorbeikommst.«

»Ich dachte, ich räume ein bisschen auf, bevor sie die Fotos machen. Ich habe heute Zeit.«

»Nicht nötig.«

»Ich helfe gern. Ich wollte nur mal durchwischen ... klar Schiff machen.«

Ich stelle mir vor, wie sie das Alpen-Puzzle lawinenartig in einen Müllsack entsorgt und meine Reiseführer zu einem Angeber-Arrangement mit Marbella, Klosters und Antigua im Zentrum anordnet.

»Philippa, es ist wirklich nicht nötig, dass du aufräumst.«

»Bist du sicher?« Sie ist es offenbar nicht.

»Vollkommen sicher.«

Ich schleppe mich durch den Tag, versuche, beschäftigt zu bleiben und Anitas neugierigen Fragen auszuweichen. Die Flashbacks der letzten Nacht kommen, wenn ich sie am wenigsten erwarte: der Geruch der U-Bahn, der Ruck, als der Zug zum Halten kam, die Nüchternheit der Lautsprecheransage ... eine *Person im Gleisbett.*

Ich muss mich übergeben, schaffe es fast nicht rechtzeitig zur Toilette. Anschließend lasse ich mir kaltes Wasser über die Handgelenke laufen, sehe mein graues Gesicht im Spiegel und ermahne mich: »Reiß dich zusammen, Dot Watson.« Ich rücke mir die Uniform zurecht und gehe zurück an die Arbeit.

Eine Frau in einer briefkastenroten Barbour-Steppjacke hält einen schwarzen Lederhandschuh straff in zwei Händen, die Handfläche in meine Richtung gedreht.

»Ich habe den zweiten verloren.«

»Wissen Sie, wo Sie ihn verloren haben, Madam?«

»Ich war auf dem Weg von West Croydon nach Hoxton. Offenbar habe ich ihn ausgezogen und auf den Sitz gelegt. Es wird ihn ja niemand eingesteckt haben, oder? Mit einem einzelnen kann doch keiner was anfangen; Handschuhe funktionieren nur als Paar.«

»Darf ich?« Ich nehme den Handschuh in die Hand. »Mitternachtschwarz ... Größe sechseinhalb ... rechte Hand ...«

»Was?«

»Sie haben den rechten Handschuh verloren.«

»Ach ... ja.«

»Es ist meistens der rechte – wenn die Linke nicht weiß, was die Rechte tut, sozusagen.«

Die Frau lächelt. »Fast wäre ich gar nicht hergekommen«, gesteht sie. »Wer macht sich schon die Mühe, einen einzelnen Handschuh abzugeben? Wer würde danach fragen?«

»Sie fragen danach.«

Sie lacht. »Ja, Sie haben recht.«

»Deswegen haben unsere Mütter früher ein Gummiband drangenäht – sie wussten, was auf dem Spiel steht.«

»Richtig!«

Ich gebe ihr den Handschuh zurück und fülle das Formular aus. Ich spüre, wie sie dasteht und voller Hoffnung wartet. Der verbliebene Handschuh sieht aus, als würde er die Hand ausstrecken und auf die Rückkehr seines Partners warten.

»So, jetzt zur Beschreibung des verlorenen Handschuhs. War er mit dem hier identisch? Gab es irgendwelche Unterschiede?«

»Nein, er war genau gleich – sie waren nagelneu.« Sie dreht den Handschuh um, damit ich das Muster auf dem Rücken sehe: hübsche Kreuzstiche in kerzengeraden Linien.

Ich male eine Reihe von Kreuzchen auf das Formular, die helfen könnten, den Handschuh zu identifizieren.

Anita kommt vorbei und lacht kehlig, als sie den Zettel sieht. »Schreibst du Liebesbriefe, Dots?« Sie zieht die Braue hoch. Offenbar hat sie immer noch das »Dirty-Night-Survival-Kit« im Kopf.

»Das ist kein Liebesbrief«, entgegne ich. »Es ist die Beschreibung eines Handschuhs.« Dann sage ich zu der Kundin: »Ich sehe schnell im Computer nach, ob vielleicht schon etwas, worauf die Beschreibung passt, abgegeben wurde.«

Ich führe eine gründliche Suche durch – geboten sind »einfarbig schwarz«, »cremefarben«, »zwei Töne Karamell«, »Leder«, »Autofahrer«, »fingerlos« –, und sie sieht mir zu, das halbe Handschuhpaar in den Händen. Am Ende muss ich ihr sagen, dass es keinen Treffer gibt.

»Macht nichts.« Sie seufzt. »Es kann ja sein, dass er noch gefunden wird, nicht wahr?« Sie sieht mich hoffnungsvoll an.

Ich respektiere diese Art Hoffnung. Sie erinnert mich an das, was Mr Appleby sagte, als er zum ersten Mal wegen der Reisetasche hier war: *Ich komme mehr in Hoffnung als in Erwartung ...* Ich muss schlucken.

»Das kann sein«, sage ich.

Ich sehe ihr zu, wie sie den einsamen Handschuh sorgfältig zusammenfaltet und in die Handtasche schiebt. Falls sein Partner nicht gefunden wird, wird er für immer ans Ende der Schublade deklassiert, an den Boden einer Tasche, ungetragen und allein. Als die Frau weg ist, muss ich mich kurz abwenden und mir mit dem treuen Loden die Augen abtupfen.

Bei dem heutigen Durcheinander der Gefühle bin ich froh, als der letzte verlorene Regenschirm, das letzte Handy, die letzte Einkaufstasche registriert sind und der Tag vorbei ist.

»Hast du Pläne für heute Abend, Dots?« Beim Rausgehen zwinkert mir Anita vielsagend zu.

»Nichts Besonderes.«

»Dann komm gut nach Hause.« Sie wirft mir eine Kusshand zu und tritt in den Abend hinaus.

Ich trage noch eine Kiste ins Magazin und verstaue einen Regenmantel und einen Fedora-Hut bei »Herrenkleidung«. Eigentlich hatte ich nicht vor, noch eine Nacht hierzubleiben, aber die Vorstellung, in Mums Maisonette zurückzukehren, nachdem Fremde dort herumgeschnüffelt und geknipst haben, ist mir fast unerträglich. Und wenn ich hierbleibe, werde ich ihn vielleicht wiedersehen.

Ich durchstreife die Gänge, berühre gedankenverloren Mantelärmel, Kapuzen. Der Anorak mit den Polo-Mints wurde abgeholt, wie ich sehe. Sein Besitzer ist sicher glücklich, dass er ihn wiederhat. Hat er den Berlin-Baedeker schon in der Tasche entdeckt? Hat er sich gefreut? Vielleicht blättert er ihn auf einer feuchtkalten Busfahrt durch und wird von den Bildern der jungen Leute aufgemuntert, die sich auf dem Alexanderplatz versammeln und in Bars im Schein von orangen Lampen Schnaps trinken. Ich hoffe es.

Unvorbereitet auf die zweite Nacht im Fundbüro, komme ich wieder auf die Konserven zurück, und mein Überraschungsdinner entpuppt sich als … Fruchtcocktail! Das bunte Allerlei ist ein hübscher Anblick, aber wie in aller Welt soll ich es essen? Bei den ganzen Pfirsichhälften und den Pflaumen taten es die Finger, aber bei Obstsalat bin ich aufgeschmissen. Hmm, schlürfen geht auch nicht. Vorübergehend fühle ich mich durch die Bestecklosigkeit hier unten außer Gefecht gesetzt. Standuhren und Kugelfische sind vorhanden, aber ein bescheidener Löffel?

Früher hatten wir immer ein paar in der Teeküche, doch seit NB sie beschlagnahmt hat, ist auch dort nichts mehr zu holen. Ich spähe noch einmal den Untergrund aus, aber da ist kein einziges Messer, keine Gabel, kein Löffel. *Und das alles wegen eines fehlenden Hufnagels*, klingt mir Benjamin Franklins Spruchweisheit in den Ohren. Wenn ich es recht überlege, haben wir bestimmt eine ganze Sammlung von Hufnägeln samt Hufeisen – bei den Turnierschleifen und Striegeln, die ständig im Zug von Epson liegen bleiben ... Doch was ist das? Ganz unten unter Big Jims Stapel entdecke ich einen Chemie-Baukasten. Glücklich ziehe ich mich ins Lager zurück und verzehre den Fruchtcocktail gesittet mit einem Glasstab und einer Laborzange. Es dauert seine Zeit, und ein wenig komme ich mir vor, als nähme ich an einer langwierigen Kunst-Performance teil, aber ich habe es ja nicht eilig, und außerdem stelle ich fest, dass Absinth die perfekte Begleitung für eine ganze Palette an Dosenfrüchten ist.

Es ist so ruhig hier unten! Über mir trotten Tausende von Menschen über das Pflaster. Auf den Straßen donnert der Verkehr, rote Busse röhren, Taxis rumpeln. Das ständige metallische Summen von Chrom und Glas, scheuernd und schiebend, immer weiter. Aber hier unten, tief im Innern des Fundbüros, ist es so ruhig, so still.

Nach dem Essen zähle ich meine Dosen. Insgesamt zwölf, die gestrigen Pfirsiche und die Pflaumen von heute Morgen eingerechnet. Hat jemand die Vorräte eines alten Luftschutzbunkers auf der Bakerloo Line verloren? Die Spende für die Erntedankfest-Tombola? Wie lange sind Dosenfrüchte eigentlich haltbar? Die hier scheinen sich schon eine Weile hier unten aufzuhalten. Gibt es überhaupt ein Verfallsdatum, oder warten sie ewig, wie die Lotusblume im Schlamm, harren sehnsüchtig auf ihren großen Tag? Gedankenverloren poliere ich die leere Fruchtcocktaildose mit einem Zipfel der Karodecke. Der Glanz ist nicht von schlechten Eltern, und ich mache mich daran, auch den Rest der Dosen zum Strahlen zu bringen. Dann errichte ich einen Turm. Was für ein Bauwerk! Wie sich zeigt, kann eine Dose im richtigen Licht eine Schönheit sein. Zwölf Dosen, zwei leer, eine halbvoll (auf den Rest der Pflaumen greife ich nur im Notfall zurück), bleiben ... neun Mahlzeiten, also noch ungefähr vier Tage, weniger, falls ich mir hin und wieder einen Nachtisch gönne. Nicht dass ich plane hierzubleiben. Natürlich nicht.

Aber solange ich hier bin, ist es gut, beschäftigt zu bleiben, mich abzulenken. Die flackernden Neonröhren zum Beispiel. Sie erzeugen eine ziemlich psychedelische Atmosphäre – besonders im Zusammenspiel mit dem Absinth –, wie der Blick in einen Filmprojektor oder das Ambiente einer minimalistischen Diskothek. Am schlimmsten ist die Röhre direkt über Big Jims Haufen.

Die perfekte Gelegenheit, endlich mal die Heimwerkertipps anzuwenden, die ich in Mums Fernsehsendungen aufgeschnappt habe. Aber ich brauche Werkzeug, das es im Untergrund zurzeit leider nicht gibt. Halt! Was ist mit der farbverkleckten Segeltuchtasche mit dem Schleifpapier, der Drechselbank und der Schraubendreher-Familie in absteigenden Größen, die vor ein paar Wochen hereinkam? Ich weiß sogar genau, in welchem Regal sie im Magazin liegt. Kurz zögere ich. Seit den Unterhosen bin ich anscheinend auf dem holprigen Weg ins Verderben. Mich im Magazin zu bedienen ist etwas anderes als bei den nicht reklamierten Sachen im Untergrund. Hier unten habe ich das Gefühl, ich gebe dem Kram eine letzte Chance, aber das Schicksal der Fundgegenstände im Magazin ist längst nicht besiegelt, es besteht immer noch die Möglichkeit, dass sie von ihren Besitzern abgeholt werden. Andererseits wäre es so praktisch, wenn ich die Lampe reparieren könnte, und ich würde mir das Werkzeug ja nur ausleihen, wie ein Buch aus der Bibliothek.

Zehn Minuten später stehe ich mit einem mittelgroßen Phillips-Schraubendreher in der Hand auf ein paar Kisten, löse die Abdeckung der Neonröhre über dem Berg der verlorenen Dinge und benutze mein Telefon als Taschenlampe, um die klitzekleinen Teile auszuleuchten. Im Kopf gehe ich die Schritte aus der Heimwerker-Show durch.

Sieht Mum diese Sendungen immer noch? Sitzt sie bei den anderen im Aufenthaltsraum, oder bleibt sie lieber allein in ihrem Zimmer? Plötzlich klingelt mein Telefon. Philippa. Um schwierigen Fragen nach meinem Aufenthaltsort auszuweichen, überlasse ich sie dem Anrufbeantworter und höre anschließend die Voicemail ab.

»Ich habe gerade zu Hause angerufen, aber du bist nicht rangegangen«, hallt Philippas Stimme von den rohen Mauern des Untergrunds wider. »Noch nicht zu Hause? Bist du noch bei der Arbeit? Ich hoffe, du kriegst die Überstunden bezahlt. Oder ...« Eine Pause. »Bist du *ausgegangen*? Mit einem *Mann*?« Noch eine Pause, in der sie wahrscheinlich Gerald tonlos über die aufregende Möglichkeit unterrichtet, dass ich eine Verabredung habe. »Na ja, ich rufe nur an, um dich an die Wohnungsangebote zu erinnern, die ich dir hingelegt habe. Da ist ein niedliches Cottage ganz in unserer Nähe. Wäre das nicht schön? Ich bleib dran. Ich bin schon so gespannt, wie die Fotos von der Maisonette geworden sind.«

Das Ende eines Silberdrahts piekt mich in den Finger, und ein kugelrunder Blutstropfen wird im Licht des Handys sichtbar, das Philippas Namen auf dem Display präsentiert, als wäre meine Schwester an meiner Verletzung schuld. Was sie auf verschiedenen Ebenen auch ist.

Manchmal, wenn sich der Sommer in die Länge zog und selbst die B-Liste ihrer Freunde nicht erreichbar war, ließ Philippa sich als Notlösung dazu herab, sich mit mir abzugeben, ihrer fünf Jahre jüngeren Schwester. Einmal, als ich im Garten gerade nach vergrabenen Schätzen im Kartoffelbeet suchte, kam sie heraus und befahl mir, mit ihr ins Schwimmbad zu gehen.

Die Luft kochte. Unsere Sandalen wirbelten Staub auf, als wir die weite Strecke zum Freibad zurücklegten. Nur die Aussicht auf das kühle Nass gab uns Kraft.

Erst als wir dort waren und uns umziehen wollten, merkte ich, dass ich meinen Badeanzug vergessen hatte.

»Was soll ich jetzt machen?«, sagte ich den Tränen nah in meiner Unterwäsche, die Zehen auf dem schleimigen Boden der Umkleidekabine eingerollt.

»Weiß ich doch nicht«, sagte Philippa und setzte sich ihre mit niedlichen orangen Fischen gemusterte Badekappe auf. »Ich geh jedenfalls nicht wegen dir den ganzen Weg zurück.«

Damit drehte sie sich um und marschierte in Richtung Becken. Sie wusste, dass ich den Weg nicht allein gehen durfte.

Ihr Schwimmring lag auf der Bank. Angeblich behielt sie ihn nur, weil das Orange zu ihrem ebenfalls fischgemusterten Badeanzug und ihrer Badekappe passte. Aber ich wusste, dass sie sich ohne ihn nicht ins Tiefe traute. Schon mit sieben konnte ich besser schwimmen als sie. Viel besser.

Ich wusste auch, dass Toby Jackson in die Tauchmannschaft wollte und deswegen den ganzen Sommer im Freibad trainierte. Philippa war total verknallt in Toby Jackson. Sie machte immer Umwege, um ihm über den Weg zu laufen, sich bemerkbar zu machen.

Ich wischte mir die Tränen ab, zog mir das Kleid wieder an und stieg hinauf auf die Zuschauertribüne, wo es nach Chlor und Käsechips roch. Die Tribüne befand sich am flachen Ende des Beckens, in dem ich ein paar Mädchen aus der Schule sah – die mit den coolen Sandwiches, Ohrlöchern und weißen Kniestrümpfen, die mich in der Cafeteria ignorierten. Auf der anderen Seite des kühlen Blaus sah ich Philippa mit ihren kleinen

Fischen. Aus den Lautsprechern schallte *Who's That Girl* von Madonna, und Philippa sang mit, während sie zielstrebig auf den rutschigen Fliesen zum tiefen Ende des Beckens stolzierte, wo Toby Jackson spritzend kraulte.

Nach einer Weile wurde Toby auf sie aufmerksam. Er winkte ihr, ins Wasser zu kommen. Ich sah, wie Philippa erstarrte, dann ging sie zur Beckenkante.

Erschrocken stand ich auf, lehnte mich ans Geländer, bereit hinterherzuspringen, um sie zu retten.

»Philippa!«

Sie zeigte auf mich.

»Tut mir leid, Toby.« Ihre Stimme hallte über das Wasser. »Ich würde gern, aber ich muss auf meine kleine Schwester aufpassen – sie hat sich in die Hose gemacht. Ich habe ihr versprochen, dass ich im Flachen bleibe, falls sie mich braucht.«

Immer, wenn ich denke, wir wären uns nah, erinnert mich irgendetwas daran, wie unähnlich wir uns sind. Durch den Altersunterschied hat sie die Oberhand – beeindruckend, welche Autorität und Tyrannei diese fünf Jahre ermöglichen. Quatsch natürlich, aber ich empfinde es so, den Stiefel und die Knute der älteren Schwester, ihre Macht, noch heute das gleiche ohnmächtige Gefühl schreiender Ungerechtigkeit bei mir auszulösen wie damals auf der Zuschauertribüne. Hier sitze ich, immer noch auf der Zuschauertribüne, während sie voran- und weiterdrängt.

Ich lösche Philippas Nachricht, lege eine kurze Pause ein, um mir mit einem Schlückchen Absinth die Kehle zu befeuchten – *Wo ist er? Kommt er wieder?* –, dann setze ich die Reparatur der Neonröhre fort. Es ist eine teuflisch kniffelige Arbeit, doch schließlich steige ich hinunter und betätige den Schalter. Die Lampe summt und verbreitet gleichmäßiges Licht. Mein Herz klopft wie eine jubelnde Faust in meiner Brust. Im Neonschein leuchten all die vergessenen Dinge.

Unter einem taubengrauen Herren-Gabardinemantel finde ich eine Anglepoise-Schreibtischlampe, original verpackt. Ja, warum nicht noch mehr Licht! Jeder soll die Chance haben zu leuchten. Ich packe die Lampe aus, suche eine Steckdose und richte ihr Licht auf einen zauberhaften rotkehlcheneierblauen, handgestrickten Schal. Wie schön! Mehr! Eine verlorene Taschenlampe und ein Fahrradhelmlicht strahlen einen Spazierstock und eine Mütze an, lassen sie aufschimmern. Auch eine Truppe von Schals, Taschen und Einkaufstüten bekommt ihren großen Auftritt.

»Heute seid ihr nicht verloren und allein«, verkünde ich ihnen mit ausgebreiteten Armen. »Ich adoptiere jede fröstelnde Socke, jedes zurückgelassene Buch und jeden lieben Pullover. Ich nehme euch unter meine Fittiche.« Alles um mich herum pulsiert vor Lebendigkeit.

Ich leihe mir Big Jims Toot-a-Loop-Radio aus den Siebzigerjahren aus. Was ich bisher nicht wusste, weil es immer an derselben staubigen Stelle auf einer kaputten Kiste steht, ist, dass man das Toot-a-Loop auch als Armreif benutzen kann. »Trag es, dreh es, swing es!« steht auf der Seite. Ich folge der Aufforderung, drehe den Plastikkorpus so zurecht, dass sich die beiden Enden schließen und ein poppiger Ring entsteht. Wie innovativ! Ich schiebe die Hand durch und schalte es ein. Ein Disco-Track mit tiefen, rhythmischen Bässen erklingt.

Ich streiche über einen Haufen Handschuhe, halte über einem inne – cremefarbenes Leder, butterweich –, ziehe ihn an. Er passt perfekt. Dann betrachte ich meine Hände, die eine feinumhüllt, die andere nackt, blankgezogen. Wie lange wird die briefkastenrote Dame wohl nach ihrem verlorenen Handschuh suchen? Wie lange hält sie die Hoffnung hoch, dass sie eines Tages mit der anderen Hälfte wiedervereint wird?

Die Besitzerin des cremefarbenen Handschuhs ist nicht gekommen; auch nicht die Besitzer der spanischen Weste oder des eleganten lohfarbenen Koffers mit den glänzenden Messingschließen, der noch so viele Reiseziele vor sich hatte. Der Stock aus Malakka-Rohr mit dem silbernen Hasenkopfgriff, der rostbraune Mantel mit Samtkragen, die Rucksäcke, Schals, Regenmäntel, Brillen, Bücher, das Hochzeitskleid, der Waschbeutel. Alles verloren, verlassen, vergessen. Aber das ist nicht schlimm, denn ich bin ja da, verteile Anhänger, kümmere mich um sie.

Nach dem Schlaf des Vergessenseins lebt der cremefarbene Handschuh an meiner Hand auf. Endlich kann er wieder seiner Berufung nachkommen. Und was für ein schicker Handschuh er ist – so geschmeidig, so elegant. Wo trägt man so etwas? Zum Pferderennen? Zu einem Picknick in Glyndebourne? Einem romantischen Abendessen? Meine Finger biegen und dehnen sich, plötzlich all der Möglichkeiten gewahr. Erwartungsvoll knirscht das Leder. Der Handschuh wäre besonders entzückend zusammen mit … dem rostbraunen Mantel! Ich ziehe den Mantel aus dem Haufen, schlüpfe hinein. Gutes Tuch, und was für eine wunderbar schwingende Länge! In so einem Mantel rauscht man mehr die Straße entlang, als dass man geht. Ich stolziere zwischen Big Jims Kisten umher. Aus dem Radio-Armreif schallt *Stayin' Alive*. Eins, zwei, Wiegeschritt. Kick-cross. Uuund – Drehung. Ich halte die Mantelschöße in den behandschuhten Fingerspitzen, rieche das Parfum, das noch im Samt des Kragens hängt. Intensiv, moschusartig. Ein kühnes Parfum, von einer kühnen Frau getragen. Wäre ich die Frau, die solch ein Parfum trägt, hätte ich gern die Begleitung eines schneidigen … ich überfliege den Haufen. Dann greift meine behandschuhte Hand herzhaft zu und zieht den Gabardinemantel heraus. Kurze Vorstellungsrunde, und schon geht es los! Ein flotter Tango, perfekt im Takt. Mein Blick fällt auf die spanische Weste, ich wechsele den Partner, schiebe mit meinem neuen *compañero* einen kleinen Fandango durch den

Untergrund, wechsele zu einem mandarinenfarbenen Seidensarong, der sich entrollt und zurück in meine Arme fliegt. In einem Arm habe ich den Sarong, den anderen verschränke ich mit einem mitternachtsblauen Samtjackett. Wie prächtig wir drei aussehen! Beste Kumpel, wir machen alles zusammen, seit Sandkastenzeiten. Heute Abend erobern wir die Stadt. Welche? Such dir eine aus! Singapur? Sevilla? Santiago? Wir treffen einen australischen Rucksackstudenten und ändern spontan unsere Pläne. Sydney soll es sein! Wer hat die Sonnencreme eingepackt? Ich! Dort ist sie, in meinem lohfarbenen Koffer mit den Messingschließen! In Sydney amüsieren wir uns so prächtig, dass wir gar nicht aufhören wollen. Wir ziehen weiter: nach Bangalore, Chiang Mai, Shanghai, durch ganz Italien – Ravello, Monteriggioni, Cefalù. Sambia, Tansania, Madagaskar, Cavalaire-sur-Mer, Conche des Baleines, die Pyrenäen. Wir wirbeln um die ganze Welt, ich und meine lieben Kumpane. Am Ende kehren wir nach Hause zurück, zu unseren Jobs, unserem Leben, unseren Familien, und sie können kaum glauben, wie viel Spaß wir hatten. Was wir alles erlebt haben, wem wir begegnet sind, wo wir überall waren!

Mandarine, Samt und Creme wirbeln langsamer. Halten an.

Alles, was ich hätte erleben können, Menschen, denen ich hätte begegnen können, Orte, die ich hätte bereisen können. Ich schaue mich um und entdecke – niemanden. Nichts. Nur ich und ein Haufen Fundsachen. Verlassen, verloren, vergessen.

Ich schalte das Toot-a-Loop aus und stelle es zurück. Dann nehme ich die Absinthflasche, trinke einen tiefen Schluck und kehre schwankend, schwindelig, desorientiert in mein Lager zurück.

»Sei gegrüßt, alter Junge!« Da sitzt er, auf dem Fünfzigerjahre-Sofa, über den Schultern die Picknickdecke wie ein kariertes Cape. Aus der Pfeife steigen blaue Rauchkringel zur niedrigen Decke auf.

Ich strahle ihn an. »Wie absolut wunderbar, dich zu sehen! Darf ich dir einen Tropfen anbieten?« Atemlos setze ich mich zu ihm aufs Sofa und halte die Flasche hoch.

»Sehr aufmerksam, altes Haus, aber ich bleibe bei meiner Pfeife. Nun, wie war dein Tag? Neue Hinweise gesammelt? Geheimnisse gelüftet?«

»Ein verlorener Handschuh, fürchte ich.«

»Ach, verflixt, einzelne Handschuhe haben's in sich.« Er zieht die Luft durch die Zähne und nickt mitfühlend. »Welche Sorte? Autofahrer? Abendgarderobe? Gala? Fingerlos?«

»Marks & Spencer, mitternachtsschwarz, Beerdigung.« Ich sinke tiefer ins Sofa, trinke noch einen ordentlichen Schluck. Hoffe, er bleibt den ganzen Abend.

»Beerdigung, sagst du? Verdächtige Umstände?«

»Ich glaube nicht.«

»Schade. Trotzdem, *nil desperandum*, alter Junge. Vielleicht taucht er wieder auf.« Er lächelt. »Es tut wirklich gut, dich zu sehen, Watson. Erzähl, wie kommt es, dass du hier unten Räumlichkeiten bezogen hast?«

Ich öffne schon den Mund, doch er hält die Hand hoch.

»Deinen Füllfederhalter, wenn ich darf?«

Kurz zögernd, da ich nur noch einen habe, seit Anita meinen zweitbesten »geborgt« hat, ziehe ich den Sheaffer aus der Tasche, wo das gute Stück wie immer festgeklipst ist. Er legt die Fingerspitzen aneinander und mustert mich durchdringend.

»Ich möchte wetten, du bist schon eine Weile hier«, sagt er.

»Wie kommst du darauf?«

»Wie ich dir schon oft erklärt habe, darf man sich nie vom allgemeinen Eindruck blenden lassen, sondern muss sich den Details widmen.« Er zeigt auf mein Jackett. »Die dunkle Stelle an der Jacke, wo der Füllfederhalter befestigt ist, zeigt mir, dass er – oder sein Vorgänger – schon recht lange dort sitzt.«

Ich sehe mir die Stelle an, die er meint, und tatsächlich, auf dem Stoff zeichnet sich der geisterhafte Schatten eines Sheaffers ab. Bei seinem Anblick erfüllt mich eine seltsame Melancholie.

»Die Manschetten deiner ausgezeichneten Jacke sind abgetragen«, fährt er fort, »aber das untrüglichste Indiz ist die Vertrautheit, mit der du dich durch diese Gänge bewegst, dich um deine verlorenen Mündel kümmerst et cetera. Du kennst dich hier aus wie in deiner Westentasche; woraus ich folgere, dass mehrere Jahre ins Land gegangen sind.«

»Bravo.« Ich versuche zu lächeln.

Er sieht mich forschend an. »Das ist nicht das, was ich mir für dich vorgestellt hatte, Watson.«

Ich will protestieren, aber er hält wieder die Hand hoch.

»An deinem erwählten Beruf ist nichts auszusetzen; tatsächlich ist er überaus ehrenwert. Es ist keine Kleinigkeit, die Zeit zurückzudrehen und jemandem eine geliebte verlorene Sache zurückzubringen. Ganz im Gegenteil. Und es ist natürlich nicht immer möglich.« Er lächelt mir traurig zu.

Ich nicke und spüre ein Kratzen in der Kehle.

»Aber denk nur an die Abenteuer, die wir früher erlebt haben!«, sagt er dann. »Du warst stets ein so fähiger Chronist, Reisender und Linguist.«

Ich spiele mit meinem Sheaffer.

»Ich habe viel zu tun«, rechtfertige ich mich. »Und ich bin schließlich noch keine ... *Ewigkeit* hier.«

»Sicher, sicher. Aber erzähl, was ist am Abend? An den Wochenenden? Vielleicht findest du dann die Zeit für Abenteuer?«

Ich denke an Mums alte Puzzles und schüttele den Kopf. »Ich glaube, ich habe immer angenommen, dass ich eines Tages etwas mit Sprachen ... und Reisen ...«

»Ja, ja!«

»Ich wollte dolmetschen ... Ich wollte so gern für die UN arbeiten.«

»Das stimmt! Das hattest du vor! Ein höchst bewundernswerter Plan.«

»Aber ich habe ihn nicht in die Tat umgesetzt.« Ich befestige den Sheaffer wieder an der Tasche, mir des ausgebleichten Stoffs bewusst.

Er beugt sich vor. »Verzeih mir, ich habe einen wunden Punkt berührt. Ich bin einfach so hocherfreut, dich zu sehen. All die Jahre habe ich viel an dich gedacht, mich gefragt, wie es dir wohl ergeht.«

»Wirklich?«

»Natürlich!«

»Ich habe auch viel an dich gedacht. So viel.« Ich schlucke, sehe ihn an; mein Blick verschwimmt.

»Mein lieber Watson. Mein treuer Freund und Gefährte.« Er greift nach meiner Hand. Ich versuche mich nicht zu bewegen, nicht zu atmen, versuche ihn, solange es geht, hierzubehalten.

Er bleibt zum Nachtisch. Ananasringe.

12

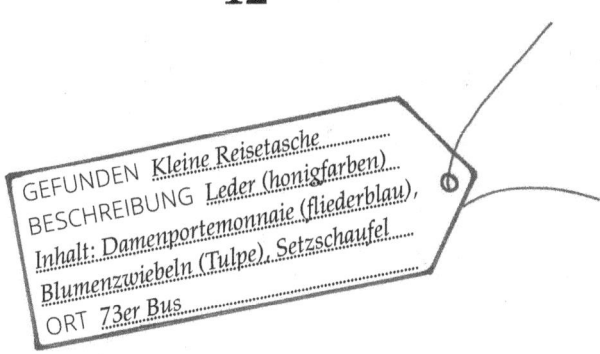

GEFUNDEN Kleine Reisetasche
BESCHREIBUNG Leder (honigfarben),
Inhalt: Damenportemonnaie (fliederblau),
Blumenzwiebeln (Tulpe), Setzschaufel
ORT 73er Bus

Freitag: Ich sitze am Schalter. Mein Äußeres lässt, fürchte ich, die gewohnte Professionalität vermissen. Heute Morgen hatte ich aus einer wildledernen Weekendtasche im Magazin einen Spritzer Shampoo stibitzt. Die gerechte Strafe für die Veruntreuung fremden Eigentums ereilte mich sofort, denn das Shampoo entpuppte sich als Bodylotion. Außerdem leide ich etwas unter dem Mangel an Schlaf und dem Überfluss an Absinth, und die Waschbecken auf der Damentoilette stellen bei der Ganzkörperwäsche weiterhin eine Herausforderung dar, selbst wenn ich die richtigen Pflegeprodukte hätte. Ich habe versucht, die Bodylotion auszuspülen, aber das Ergebnis ist eine unerfreulich fettige, strähnige Coiffure. In Kombination mit dem *Eau d'Absinthe* und den dunklen Augenringen mache ich wahrscheinlich einen recht zwielichtigen Eindruck.

Im Kundenbereich ist wenig los, und ich überlege, ob ich schnell auf die Toilette gehen und mir noch einmal das Haar ausspülen soll, als die Tür aufgeht und ein Kunde hereinkommt.

Ich streiche mir die Uniform glatt. Ziehe den Sheaffer aus der Tasche. Nehme ein Fundsachenformular zur Hand. Hebe den Blick – und schnappe nach Luft.

Meine Hand fliegt zur Brust. Vor mir, in den Armen eines Mannes um die vierzig in einer schwarzen Arbeiterjacke, ist Mr Applebys honigfarbene Reisetasche.

»Bin ich hier richtig, wenn ich was abgeben will, das jemand im Bus liegen gelassen hat?«, fragt der Mann.

Ich nicke. Strahle. Nicke wieder. Strecke mit leicht zitternden Händen die Arme aus und nehme ihm die Tasche ab. Drücke sie an mich wie einen Rettungsring auf stürmischer See.

»Sie sind ein Held!«, krächze ich schließlich.

Er wird rot. »Das würde ich nicht sagen. Tut mir leid, dass ich sie nicht früher hergebracht habe, aber ich war weg ...«

»Es ist großartig, dass Sie es überhaupt tun! War sie im 73er Bus?«

»Ja ... woher wissen Sie das? Ein alter Mann hat sie liegen lassen, als er ausgestiegen ist. Als sie mir auffiel, war es schon zu spät. Jedenfalls dachte ich, es ist die Mühe wert, sie herzubringen.«

»Sie haben Mr Appleby im Bus gesehen?«, rufe ich aufgeregt. Ich weiß nicht, warum, aber die Vorstellung, dass dieser Mann im selben Bus wie Mr Appleby saß, erfüllt mich mit Freude.

Der Mann nickt. »Ja, sympathischer Kerl. Fiel mir schon beim Einsteigen auf, weil er einer Frau mit dem Kinderwagen geholfen hat, aufpasste, dass sie einen Sitzplatz kriegt, und dann tippte er sich an die Mütze. Ich weiß noch, ich dachte, dass es irgendwie eine altmodische Geste war und dass er ...« Er sucht nach dem richtigen Wort.

Ich finde es für ihn. »Ein wahrer Gentleman ist.«

»Genau, ein richtiger Gentleman. Davon gibt's heute nicht mehr viele. Er ist also schon hier gewesen und hat nach seiner Tasche gefragt? Können Sie ihm Bescheid sagen, dass sie da ist?«

Ich lache ihn an. »Ja, das kann ich, und ich tue es auch sofort!« Ich wünschte, ich könnte dem Mann etwas überreichen, eine Medaille oder wenigstens einen Keks aus der Teeküche, aber leider habe ich beides nicht, also danke ich ihm einfach aus tiefstem Herzen.

Ich kann es kaum abwarten, Mr Appleby anzurufen, doch es kommt eine plötzliche Flut verlorener Fahrräder, Bücher und mehr als ein Halloweenkostüm dazwischen. Beim Ausfüllen der Verlustanzeigen lege ich mir zurecht, was ich am Telefon sagen werde. *Hallo, hier spricht Dot, es ist etwas Wunderbares passiert. Ich hatte so gehofft, eines Tages diesen Anruf machen zu können, habe mir vorgestellt, was ich sagen würde, auch wenn ich fürchtete, dass es vielleicht nie dazu käme und Sie ohne den lieben Trost von Joanies Portemonnaie weiterleben müssten, ohne seinen Beistand in harten Zeiten. Aber nun ist es da! Hier in meiner Hand ...!* Nein, nein, das geht überhaupt nicht. *Mr Appleby, Dot Watson am Apparat, vom Fundbüro. Gute Neuigkeiten! Ihre Reisetasche wurde abgegeben.* Schon eher. *Wirklich?*, wird er fragen, und ich werde die Wärme in seiner Stimme hören, die Freude. Und dann wird er seinem Enkel sagen, dass er nach London fahren muss. Ich stelle mir sein Gesicht vor, wenn er kommt, um die Tasche abzuholen. Vielleicht kann ich ihn zur Feier des Tages auf einen schaumigen Kaffee einladen? Ich stelle ihn mir auf der Rückfahrt zur Küste vor, wiedervereint mit Joanies Portemonnaie, das er fest an sich drückt, um es nie wieder loszulassen.

Endlich ist der letzte Vormittagskunde versorgt, und ich kann mich der Reisetasche widmen. Sie ist genau so, wie er sie beschrieben hat; das Leder hat einen goldenen Honigton. Ich ziehe den Reißverschluss auf, und mit einem Seufzer öffnet sich die Tasche, um ihren Inhalt preiszugeben. Da ist die Zeitung, zu einem ordentlichen Rechteck um das Kreuzworträtsel gefaltet. Das Gitter ist sauber ausgefüllt, manche Buchstaben etwas zittrig, aber alle Lösungen stehen da. Dann ist da die Setzschaufel mit den Tulpenzwiebeln – in der dunklen Wärme der Tasche haben ein paar Zwiebeln zu keimen begonnen, grüne Triebe sprießen hervor. Und in einer Ecke vergraben ist das fliederblaue Portemonnaie. Ich nehme es vorsichtig heraus, und es schmiegt sich weich und warm in meine Hand. Ich halte es hoch. Atme eine Leichtigkeit ein, Veilchenduft.

Mit aufgeregt zitternden Fingern fülle ich den Dijon-Anhänger aus und befestige ihn am Griff der Ledertasche. Am liebsten würde ich gleich anrufen, aber das Protokoll muss eingehalten werden. Erst muss ich die Datei aktualisieren, dann kann ich Mr Applebys Telefonnummer heraussuchen.

Anita sitzt am Computer, und ich trete ungeduldig von einem Fuß auf den anderen, während sie etwas für eine Kundin nachsieht. Warum dauert das so lange? In der Zeit, die sie braucht, könnte ich eine Biographie von Ada Lovelace lesen! Endlich ist sie fertig, und ich setze mich an ihren Platz und gebe APPLEBY ein.

Nichts passiert.

Offenbar habe ich mich in meiner Aufregung vertippt. Ich gebe seinen Namen noch einmal ein, langsam, murmele die Buchstaben vor mich hin. Nichts. *Nil desperandum!* Alles ist querverlinkt, damit wir nicht nur nach Nachnamen und Gegenstand, sondern auch nach Datum und Fundort suchen können. Ich versuche es mit »73er Bus«. Nichts. Da stimmt doch was nicht! Ich erinnere mich genau, wie ich das Formular ausgefüllt habe an dem Tag, als er vom Regen durchnässt ins Fundbüro kam. Was war das für ein Datum ... Anfang Oktober, als es so viele Schulbücher und Regenschirme gab. Vor drei Wochen; nein, fast vier. Und Mr Appleby sagte, er glaube, er habe seine Tasche ... wann verloren? Am selben Tag? Ein paar Tage zuvor? Ich durchsuche alle Einträge ab dem ersten Oktober. Dann durchsuche ich den September. Ich sehe mir jeden einzelnen Tag an, und dann alle noch einmal. Nichts. Keine honigfarbene Reisetasche, kein Mr Appleby – überhaupt kein Eintrag zu der Verlustanzeige. Ein Fehler im System. Aber nicht verzagen! Aus diesem Grund haben wir ein Back-up auf Papier. Diese Praxis hat NB zum Glück noch nicht wegrationalisiert. Stift und Papier, altbewährt!

»*Ah, ha, ha, ha, Stift und Papier, Stift und Papier*«, singe ich, als ich in die Verwaltung renne und den Aktenschrank aufreiße, möglicherweise zur Melodie von *Stayin' Alive*. Die liebe Gabrielle sieht mich an und lächelt.

Aber im Aktenschrank ist kein Formular von Mr Appleby. Wie ist das möglich? Ich bleibe stehen, versuche mich zu erinnern. Es ergibt einfach keinen Sinn. Schließlich war er nicht nur einmal da, sondern zweimal ...

O nein.

Nachdem ich das ganze Fundbüro nach ihr abgesucht habe, finde ich SmartChoice schließlich in der Toilette, wo sie sich die Fingernägel zitronengelb lackiert.

»Steht mir das?«, fragt sie und wedelt mit den Fingern. Ich bin einen Moment sprachlos, was sie als Bestätigung auffasst. »Schick, oder? Ich hätte nicht gedacht, dass Gelb meine Farbe ist, aber ich glaube, ich kann es tragen.« Sie pustet ihre Finger an.

»Wir müssen über den Herrn sprechen, der ins Fundbüro kam, als wir das Meeting in Neil Burrows' Büro hatten und du den Kundenbereich betreut hast.«

»Welcher Mann? Ach so, der DILF, der wegen seiner Apple Watch da war, oder? Anita hat mich deswegen auch schon zur Sau gemacht, aber ich schwöre, ich hab nicht geflirtet. Es war nur so, dass ...«

»Nein, nicht der. Ein älterer Herr. Mr Appleby. Reisetasche? Honigfarben?«

Sie verzieht nachdenklich das Gesicht. »Welche Farbe hat Honig? Braun?«

Ich hole Luft. »Er kam herein, um seine neue Adresse dazulassen. Du hast dich darum gekümmert.«

»Echt?« Sie bläst auf ihre Nägel, als spielte sie Panflöte. »Ach ja, doch, jetzt erinnere ich mich. Der war niedlich.«

»Also«, ich spreche ganz langsam und betone sorgfältig jedes Wort, »um im Computer seine Kontaktdaten zu ändern, musstest du die alte Adresse löschen.«

»Genau.« Sie nickt.

»Und dann die neue Adresse eingeben.«

»Äh.« Sie hört auf zu nicken.

»Sheila?«

»Also, ich hab da vielleicht einen klitzekleinen Fehler gemacht, als ich die alte Adresse gelöscht habe.«

Mein Herz stockt. »Was für einen Fehler?«

»Vielleicht habe ich versehentlich die ganze Datei gelöscht. Oje.«

»Was ist mit dem Formular auf Papier?«, frage ich mit zusammengebissenen Zähnen. »Es war nicht im Karteischrank. Wo hast du es hingetan?«

»Papier?« Sie sieht zur Decke, als würde der Zettel vielleicht über unseren Köpfen herumflattern. Zuckt die Schultern. »Kannst du ihn nicht einfach googeln?«

Ich drehe mich um und stürme hinaus, damit sie nicht sieht, wie mir die Tränen in die Augen schießen.

Wider besseres Wissen google ich ihn tatsächlich und entdecke eine ganze Menge Applebys, aber keinen, der mein Gentleman sein kann. Ich *wusste* doch, dass SmartChoice noch nicht reif für die Kundenbetreuung war. Was soll ich bloß tun?

Den Rest des Tages bin ich reizbar und angespannt. Ich fahre Sukanya an, weil sie zu laut telefoniert, weise einen Kunden zurecht, der nach einer Belohnung fragt, als er einen Schlüssel abgibt.

Als endlich alle weg sind und ich das Fundbüro wieder für

mich allein habe, ziehe ich mich mit der honigfarbenen Reisetasche in den Untergrund zurück. Ich trinke eine beträchtliche Menge des erschreckend kleinen Rests Absinth, bis er auftaucht. Statt ihn mit einem Happy End zu beglücken, muss ich ihm mein Versagen gestehen. Er zeigt großes Mitgefühl und schnalzt empört mit der Zunge, als er von SmartChoice' nachlässiger Archivierung hört, was mich etwas tröstet. Dann nimmt er die Pfeife aus der Innentasche und stopft sie mit Tabak.

»Verflixt schwierig, heutzutage den richtigen Gefährten zu finden.« Traurig schüttelt er den Kopf. »Ich habe nie wieder einen wie dich gefunden, Watson. Keiner konnte dir das Wasser reichen.«

Ein plötzlicher Sonnenstrahl hellt die Dunkelflaute meiner Seele auf. Ein unersetzlicher Kumpel? Das furchtlose Duo? Zwei gegen den Rest der Welt, heute noch? Ich lächele allen Kalamitäten zum Trotz.

»So ist's richtig, alter Junge, Kopf hoch. Wir haben es hier schließlich nicht mit einem Drei-Pfeifen-Problem zu tun.« Er atmet tief ein und bläst einen verwirbelten Rauchschwaden aus. »Die Nacht ist jung! Lassen wir die Indizien sprechen.« Und er zeigt mit dem langen, ausdrucksvollen Finger auf die Reisetasche.

Ich trinke noch einen Schluck, öffne die Tasche, nehme die Setzschaufel heraus, die Zeitung, die Zwiebeln und das Portemonnaie, und verteile sie vor uns auf dem Boden. Er ignoriert die Gegenstände und legt die Hände sanft auf die Tasche.

»Willst du nicht den Inhalt untersuchen?« Ich schiebe die Schaufel zu ihm hin.

Aber er betastet stattdessen die Konturen der Tasche, als würde er Braille lesen. Ich lehne mich auf dem Sofa zurück. Auch wenn er manchmal ein wenig zur Selbstverliebtheit neigt, ich liebe es, wenn er das tut. Ich nippe am Absinth.

»Der Besitzer hat eine gewisse Eleganz.«

»Wie kommst du darauf?« Ich sehe, wie er die Brust wölbt, die Finger streckt und beugt.

»Ah, mein lieber Watson, immer siehst du, ohne wahrzunehmen. Hier!« Behutsam fährt er den Schwung des Griffs nach. »Die Tasche wurde stets in der Hand getragen, nie über der Schulter, was das Leder aus der Form gebracht hätte. Ein deutlicher Hinweis auf Kultiviertheit. Außerdem wissen wir, dass der Besitzer Rechtshänder ist – siehst du den Schatten auf dem Griff? Den Abdruck des Daumens?«

Ich nicke folgsam.

»Ich vermute, er ist ein sanfter Mensch ...« Er blickt mich an, und ich runzle fragend die Stirn, damit er weitersegeln kann. »Hier: Die Nähte sind gerade und unbeschädigt – kein eiliges oder wütendes Zerren am Reißverschluss –, und das Leder ist liebevoll gepflegt.«

Ich nicke.

»Außerdem hat er ein Faible für tropische Pflanzen.« Ich ziehe eine Augenbraue hoch. »Man beachte auf dem Leder hier den Pollen der Rosafarbenen Catharanthe beziehungsweise des Madagaskar-Immergrüns, ein eindeutiges Zeichen, dass er kürzlich das Palmenhaus in Kew Gardens besucht hat.«

Wider Willen bin ich beeindruckt, doch bevor ich etwas sagen kann, beugt er sich tief über den Griff.

»Ich bin mir nicht sicher«, sagt er und kneift die Augen zusammen, »aber ich glaube, bei diesen weißen Spuren könnte es sich um Salz handeln.« Er schnuppert daran. »Hmm, schwer zu sagen ...«

Er streckt die Zunge heraus und leckt leicht über den Griff.

Jetzt muss ich ihn aber doch zurechtweisen. Auch wenn ich meine Grundsätze bezüglich der Behandlung von Fundsachen im Lichte der jüngsten Ereignisse ein wenig lockern musste, in einem Punkt bleibe ich streng: Daran lecken darf niemand. Doch bevor ich es aussprechen kann, hebt er die Hand.

»Die Tasche ist an der See gewesen, und zwar kürzlich, möchte ich wetten.«

»Mr Appleby hat tatsächlich die Küste erwähnt ...« Ich durchkämme mein Gedächtnis. »Sein Enkel lebt dort. Vielleicht hatte er die Tasche bei seinen Besuchen dabei.«

»Vortrefflich.« Er strahlt mich an, auch wenn er eigentlich sich selbst beglückwünscht. »Was wissen wir noch über den Gentleman? Das Kreuzworträtsel zeigt, dass er ein kluger Kopf ist und über eine gute Allgemeinbildung verfügt. Wie wir alle ist er natürlich manchmal vergesslich, verliert Dinge.«

»Ich nicht.«

Er richtet die leuchtenden Augen auf mich, seine Nasenspitze zuckt leicht. Aus seiner Jacke tönt das Ticktack, Ticktack, Ticktack der Taschenuhr.

»Oh, wirklich?«

»Ich halte mir zugute, dass ich nie etwas verliere«, erkläre ich.

»Aha.«

Ich nicke nachdrücklich, nehme Fahrt auf. »Hier bitte!« Stolz führe ich mein Taschentuch vor, das an der Innenseite meines Jacketts festgesteckt ist. »Ich schütze mich vor jedem potenziellen Verlust. Anders als Anita, die einen Rattenschwanz an Dingen hinter sich zurücklässt, oder SmartChoice, die wichtige Informationen verliert, oder meine gesamte Kundschaft, der ständig etwas abhandenkommt ...«

»Lieber Watson« – er räuspert sich –, »die Sache ist doch die, wir müssen hinter das Offensichtliche blicken.«

Verständnislos sehe ich ihn an.

»Es gibt verschiedene Arten von Verlust. Man kann munter sein Leben leben, aufregende neue Wege erkunden – an die Küste ziehen, zum Beispiel –, und ja, vielleicht verliert man unterwegs eine Tasche. Man kann auch bleiben, wo man ist, alles mit Sicherheitsnadeln feststecken und dabei riskieren, viel mehr zu verlieren.«

Ich weiche seinem Blick aus. Seine Stimme ist ernst, seine Augen sind durchdringend. Unverwandt starre ich auf die Reisetasche und spüre ein seltsames Ziehen tief in den Eingeweiden. Ich wünschte, er würde aufhören, so zu reden, aufhören, so tief in meinem Inneren herumzustochern und dabei etwas Kaltes, Schweres aufzustören.

Dann ändert er den Kurs. »Nun, Watson, wenn wir deiner Argumentation folgen, ist Mr Appleby die Reisetasche gar nicht so wichtig?«

»O doch, das ist sie! Er braucht seine Tasche. Er will Joanies Portemonnaie zurück.«

»Warum?« Er zieht an der Pfeife, beißt auf das ebenholzschwarze Mundstück.

»Weil es ... ein Portal ist.«

»Erkläre.«

»Das ist ... Manche Dinge sind wie eine Art Zeitmaschine; sie können ... Menschen heraufbeschwören, die wir verloren haben.«

»Aber sie können sie nicht zurückbringen.«

»Nein. Nein, das können sie nicht ...« Ich sehe die Reisetasche an, wiege sie auf dem Schoß, streichle ihre Kurven. Die Schwere in meinem Bauch steigt auf, erfasst mein Herz. Formt einen Kloß in meinem Hals. Eine abtrünnige Träne fällt auf das weiche Leder der Reisetasche. Ich schüttele den Kopf, trinke schnell einen Schluck Absinth. »Aber sie helfen uns, ihre Nähe zu spüren.«

Eine Pause. Er legt die Hand auf meine, wie früher.

»Ja, das ist wahr. Nun, konzentrieren wir uns wieder auf das Rätsel der honigfarbenen Tasche.«

Ich sehe auf. »Glaubst du wirklich, dass wir ihn finden können?«

»Watson! Denk doch nur an deinen Erfolg im *Fall der herrischen Schwester* – das war eine wirklich knifflige Angelegenheit.

Diese hier ist viel leichter zu knacken! Nun gut, wir haben herausgefunden, was für ein Mensch Mr Appleby ist; jetzt müssen wir nur noch herausfinden, *wo* er ist. Eine ausgezeichnete Spur haben wir, das Meersalz. Doch wir brauchen noch mehr. Vielleicht hat die Reisetasche ein Geheimfach. Eine Art doppelten Boden?«

Folgsam klopfe ich die Tasche ab, sehe mir die Unterseite an, aber sie wirkt vollkommen gewöhnlich.

»Ts, ts, mein Alter!«, sagt er, indem er vom Sofa aufspringt. »Nicht so zurückhaltend!«

Ich drehe die Tasche um und schüttele kräftig, und da flattert ein kleines aufgerolltes Papierchen heraus.

»Ah! Was ist das?« Er zeigt mit dem Finger darauf. »In deiner Wunderkammer des Verlusts hier unten ist nicht zufällig irgendwo eine Lupe versteckt, lieber Watson?«

»Leider nicht.« Ich hebe den Zettel auf. »Sieht aus wie eine Quittung. Der Aufdruck ist verblasst ... was gekauft wurde und wann, ist nicht mehr zu lesen, aber oben steht ein Name – *Judges* –, und darunter steht *Altstadt* ...?«

Er klatscht in die Hände. »Das ist ein handfester Anfang, mein lieber Watson! Judges – Richter – ein Ort, der mit dem Gesetz zu tun hat; möglicherweise ein Hinweis darauf, dass etwas Verdächtiges im Gange ist! Und das Ganze in einer Altstadt. Aber in welcher? Wie alt? Höchst verwickelt, die Angelegenheit.« Er läuft aufgeregt auf und ab, wie ein Spürhund, der die Fährte gewittert hat. »Aber denken wir daran, nicht alle Hinweise sind fürs nackte Auge sichtbar – manche sieht man nur mit dem *geistigen* Auge.« Dann bleibt er, dreht sich zu mir um. »Du sagst, du hättest mit dem fraglichen Gentleman gesprochen. Erinnerst du dich an den exakten Wortlaut des Gesprächs? Was sagte er? Wie war seine Stimmung? Machte er den Eindruck, als hätte er etwas zu verbergen?«

»Wir haben nicht viel gesprochen.« Ich versuche mich zu erinnern. »Ich weiß es nicht mehr. Es war ein seltsamer Tag: Neil Burrows hat das Ruder übernommen und alle gezwungen, in seinem Büro Händchen zu halten ...«

»Sehr merkwürdig, in der Tat. Aber du musst dich mehr anstrengen, alter Junge. Versuche den Besitzer der Tasche vor dir zu sehen. Was sagt er zu dir?«

Ich schließe die Augen, stelle mir Mr Applebys liebenswürdiges Gesicht vor, seine Tweedmütze, die perfekt gestopften Stellen, seinen Mund, der ... was sagt?

»Etwas über Fischerhütten und irgendeine Bahn ...«, murmele ich.

»Ausgezeichnet, ausgezeichnet. Und was folgern wir daraus? Hattest du den Eindruck, er hauste in einer dieser Fischerhütten, versteckte sich vielleicht dort?«

Ich drücke mir die Finger an die Stirn. »Es hatte irgendwas mit der Aussicht zu tun ...« Er schweigt. Ich trinke einen Schluck Absinth. Meine Ohren rauschen; der Raum schwankt. »Geh nicht, bitte.«

»Wo denkst du hin, lieber Freund? Jetzt, da wir der Lösung des Falls so nah sind!«

»Ach ja? Mir kommt alles immer noch sehr verschwommen vor ...« Er winkt ab. Ich kneife die Augen zusammen, versuche mir Mr Appleby vorzustellen, zu hören, was er sagt. »Irgendwas ... irgendwas wie, an klaren Tagen habe man eine gute Aussicht von West Hill, oder vielleicht West Cliff, man könne über den Kanal sehen ...«

»Da haben wir es!« Er klatscht triumphierend in die Hände. »*Judges* und *Altstadt*, ein Städtchen auf einer Klippe oder einer anderen Art von Erhebung, von der aus man über den Kanal sieht – das ist der Ort, an dem du deinen Mr Appleby findest!« Er lächelt. »Elementar, mein lieber Watson.«

Ich muss zugeben, ich habe gehofft, dass er das sagen würde.

13

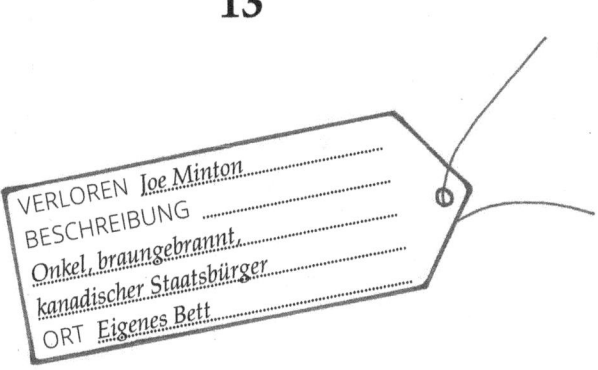

Ich liege die ganze Nacht wach, meine Augen folgen den seltsamen, aber allmählich vertrauter werdenden Umrissen, dem Kugelfisch, der halben Ritterrüstung, der Standuhr, während ich mich bemühe, die Hinweise aus der Reisetasche zusammenzusetzen und das Rätsel um Mr Applebys Aufenthaltsort zu lüften. Richter, Fischerhütten ... wo ist dieser Ort? Irgendwo an der Küste ... etwas Komisches mit einer Bahn ... Seilbahn! Das war es, oder?

Leicht verunsichert, was echt ist und was absinthgetränkte Halluzination aus den Tiefen des Untergrunds, versuche ich den Tag zu planen. Samstag. Das Fundbüro hat zu, ich habe Zeit, Nachforschungen anzustellen. Wo soll ich beginnen ...

Das Klingeln des Telefons reißt mich aus meinen Gedanken.

»Wo warst du denn?«, gellt mir Philippa ins Ohr. Ich halte das Telefon ein Stück weg.

»Nirgends.«

»Jedenfalls anscheinend nicht zu Hause – ich habe dir mehrmals auf den AB gesprochen.«

»Ich habe ihn noch nicht abgehört. Ich war gestern Abend unterwegs.«

»Schon wieder?« Eine Pause. Ich stelle mir vor, wie ihre Augenbrauen zum Haaransatz wandern. Es macht Spaß, sie aus dem Konzept zu bringen. »Hmmm. Na gut, wo bist du jetzt? Wir hatten ausgemacht, dass du Mum heute besuchst.«

»Ich bin auf dem Weg. Ich bin nur kurz ...« Wo? Auf einer öffentlichen Toilette? In einem Paralleluniversum? »Im Museum.« Was nicht ganz gelogen ist.

»In welchem Museum denn? Wo? Warum hallt es bei dir so?« Die Frau sollte für den MI5 arbeiten.

»Auf dem Weg zur Schattigen Pinie. Hier gibt es eine Installation, die ... die klangliche Erfahrung des Lebens in einem U-Boot nachstellt.« Ich kann ebenso gut austeilen wie einstecken.

»Hmm. Jedenfalls bin ich froh, dass ich dich erreiche. Tante Michelle hat gestern Nacht angerufen – in Vancouver war natürlich noch Tag, aber wir haben schon tief geschlafen. Gerald war ziemlich sauer, doch unter den Umständen verstehe ich, dass sie uns gleich informieren wollte.«

»Welche Umstände?« Plötzlich ist mein Mund trocken.

»Onkel Joe hatte einen Herzinfarkt. Er ist tot.«

Onkel Joe. Ich sehe sein Gesicht vor mir, höre sein lautes, lustiges Lachen, mit dem er den ganzen Raum füllen konnte. Das allen Sauerstoff aufgesaugt hat.

»Dot, bist du noch da?«

»Ja.«

»Also, ich fürchte, du musst Mum die traurige Nachricht überbringen. Ich glaube zwar kaum, dass sie sich an Onkel Joe erinnert, wenn sie sich nicht an uns erinnert ...« Fast höre ich ihre Lippen schmal werden. »Aber sagen müssen wir es ihr trotzdem. Ich würde ja mitkommen, aber Sam hat seine Flötenprüfung und dann irgendein Theater-Ding, deswegen muss ich ihn heute den ganzen Tag herumfahren.«

»Findest du wirklich, sie muss es wissen? Können wir es ihr nicht einfach ...?«

»Einfach was?«

»Ersparen?«

»Wir müssen es ihr sagen. Er war ihr Bruder, sie hat ein Recht, es zu wissen. Du musst es ihr sagen, D. Das schaffst du doch, oder? Du kümmerst dich darum, und ich organisiere die Blumen für Joes Beerdigung. Sie findet am Montag statt, in Amerika geht alles so schnell.«

»In Kanada.«

»Meine ich doch. Eigentlich ist es auch gut so, weil dann keiner von uns erwartet, dass wir so kurzfristig rüberfliegen. Arme Michelle. Wenigstens hatte Onkel Joe ein erfülltes Leben, und er ist im Schlaf gestorben – mehr kann man sich am Ende nicht wünschen, oder? Übrigens lässt sie dich schön grüßen, Tante Michelle. Also, ich muss los. Viel Spaß in deinem U-Boot.«

»Was? Ach so, ja. Leinen los!«

Bei einem von Onkel Joes Besuchen erfuhr ich, wie Mum und Dad sich kennengelernt hatten. Ich kann nicht älter als acht gewesen sein. Onkel Joe war mit seiner Familie aus Vancouver da. Tante Michelle hatte ihre zwei Mädchen und Philippa zum Shoppen und ins Theater mit nach London genommen, aber ich war erkältet und musste zu Hause bleiben. Nach London wollte ich sowieso nicht mit; aber ich wäre gern mit Dad wandern gegangen. »Diesmal gehen Joe und ich allein, Püppchen«, hatte Dad gesagt, als er pfeifend Wanderstiefel, Landkarten und Rucksäcke in den Kofferraum lud. »Du bleibst daheim und erholst dich – wahrscheinlich ist es bloß ein leichter Anfall von Wassersucht, die du dir von Lady Beatrice geholt hast, als wir im Rennstall von Shoscombe den *Fall der ritterlichen Schniefnase* aufgedeckt haben. Ich verordne dir eine Schüssel Eiscreme und einen gemütlichen Nachmittag zu Hause am Kamin. Bald bist du wieder mopsfidel, altes Haus. Du hast bestimmt viel Spaß mit Mum.« Er wollte mir durchs Haar strubbeln, aber ich duckte mich weg.

Mum sah den beiden nach und zupfte an dem abblätternden Lack am Türrahmen herum. Sie sah überhaupt nicht nach Spaß aus.

Doch da irrte ich mich. Als ich später in die Küche kam, um nachzusehen, ob es vielleicht wirklich Eis gab, fragte Mum, ob ich Lust hätte, Schokoladenkuchen zu backen, und sie schimpfte kein bisschen wegen der Unordnung. Sie saß in ihrem weißen Rattansessel in der Küche und las *Middlemarch*, während ich mit Schüsseln, Messbechern und Sieb hantierte. Im Radio liefen Musicals aus den Fünfzigern.

Shall we dance? Cha-Cha-Cha! On a bright cloud of music, shall we fly?

Mum stimmte ein, ihre helle Stimme stieg höher und höher.

»Du solltest Sängerin werden«, erklärte ich mit Schokoladenlippen.

»Das war ich früher mal.«

Ich hielt abrupt mit der Arbeit inne – die im Moment darin bestand, dass ich fleißig den Löffel ableckte, das Sieb als Hut auf dem Kopf. »Was?«

Mum blickte nicht von ihrer Seite auf, aber ich sah einen rosa Schimmer auf ihren blassen Wangen, wie Kokosnusseis.

»Na ja, nicht von Beruf. Aber ich hätte Sängerin werden können. So habe ich deinen Vater kennengelernt. Ich war die Anna in *The King and I*.«

»Und Dad war der König!«

Sie lachte. »Nein, das war Onkel Joe. Aber dein Dad saß im Publikum bei der Premiere. Und bei jeder Vorstellung danach.«

Ich bettelte sie an, mir mehr zu erzählen, und sie klappte das Buch zu.

»An jenem Abend hätte dein Vater eigentlich gar nicht da sein sollen. Er hatte eine Reise geplant, aber dann hat er sich den Fuß gebrochen.«

»Das war Schicksal«, quiekte ich begeistert. »Genau wie in *Ist das Leben nicht schön*.« Noch einer meiner Lieblingsfilme.

»Na, wer weiß«, sagte Mum, aber der Gedanke schien ihr zu gefallen.

»Doch! Dad ist wie Jimmy Stewart! Wenn er sich nicht den Fuß gebrochen hätte, wäre er nicht an dem Abend ins Theater gegangen, und ihr hättet euch nicht kennengelernt, und alles wäre anders geworden. Dann würde es mich nicht geben.« Der Gedanke war so schrecklich, dass ich sofort kräftig am Schokoladenteig lecken musste. »Also ist alles noch mal gut ausgegangen.«

»Hm, vermutlich«, sagte Mum. Und dann: »Ja, natürlich!«

»Warum seid ihr später nicht zusammen auf Reisen gegangen?«

»Ach, manchmal läuft nicht alles so ... wie man es sich vorstellt.«

»Bei mir schon. Ich habe alles genau geplant – erst werde ich Bibliothekarin und lese alle Bücher in der Bibliothek, dann lerne ich fünf Sprachen und reise durch die Welt, und dann mache ich ein Detektivbüro auf und löse vertrackte internationale Juwelendiebstähle.«

»Das klingt wundervoll, mein Schatz«, sagte Mum etwas wehmütig. Sie stand auf und half mir, den Schokoladenkuchen, der ziemliche Schlagseite hatte, in den heißen Ofen zu schieben. »Die ganze aufregende Welt wartet auf dich, du kannst tun, was immer du willst.«

»Aber du, Mum? Warum bist du nicht Sängerin geworden?«

Ich ließ nicht locker, löcherte sie mit Fragen, bis sie schließlich, mit mir dicht auf den Fersen, hinauf ins Schlafzimmer ging und das große cremefarbene Album vom Nachttisch nahm. Das Ehebett war schwer und dunkel, aus Mahagoni, mit einer rosa Tagesdecke, die weinroten Vorhänge waren zugezogen.

Zurück in der hellen Küche kuschelte ich mich auf einem Hocker an ihre Beine, und sie hielt das Album, ihre Arme rechts und links von mir. Ich hatte das Gefühl, ich würde in die Welt eintauchen, die ich auf den Bildern sah, umschlungen von einer glänzenden, Kodak-leuchtenden Vergangenheit.

Es war so gemütlich – der Kuchenduft, die mollige Wärme des gusseisernen Aga-Herds, das knisternde Zellophan, das die Fotos auf den Seiten hielt. Beim Umblättern strich Mum mir übers Haar, ganz sanft, bevor es weiterging.

So viele Fotos! So viele Leute, die ich nicht kannte, ein Meer von Gesichtern, sorglos und bezaubernd. Aber die schönsten, die strahlendsten von allen waren Mum, Dad und Onkel Joe. Ich bewunderte sie, allein, zu zweit oder zu dritt bei Ausflügen ans Meer, die Schnappschüsse in vornehmer Abendgarderobe vor Theatern, in Restaurants.

»Wir waren unzertrennlich«, sagte sie mehr zu sich als zu mir. »Nach der Vorstellung gingen wir immer zu einem kleinen Italiener, wo wir Spaghetti aßen und Chianti tranken ... Da Giovanni. Ha, das hatte ich ganz vergessen. Wir blieben bis weit nach Mitternacht, und auf dem Heimweg tanzten wir auf der Straße. Kannst du dir das vorstellen?«

Shall we dance? Cha-Cha-Cha.

Das Album enthielt auch Theaterprogramme und Handzettel: *Carousel, Guys and Dolls, The Sound of Music,* und in jedem stand Mums Name, häufig ganz oben.

»*The King and I!*«, rief ich und schlug das Programmheft auf. »Da steht dein Name! Und da der von Onkel Joe!«

»Ja, da sind wir.« Ihre Fingerspitze landete sachte auf der Seite und blieb einen Moment unter ihrem Namen liegen, wie zur Orientierung. »Ich bekam bald von größeren Theatern Hauptrollen angeboten: in Bristol, in Birmingham, sogar in London.«

»Warum hast du nicht ja gesagt? Du wärst berühmt geworden!«

»Ich habe mich für deinen Vater entschieden.« Sie ließ die Hand sinken. »Dann bekam ich Philippa, und ein paar Jahre später kamst du.«

Die Überraschung und der *Fehler*. Das Wort spukte mir durch den Kopf, aber ich scheuchte es weg. Es war gerade alles so schön; ich wollte, dass es so blieb, ich wollte nur an glückliche Dinge denken.

»Was ist mit Onkel Joe? Hätte er berühmt werden können?«

»Ach, für Joe war es nur ein Zeitvertreib. Er wusste von Anfang an, dass er Ingenieur werden wollte. Ich habe ihn immer damit aufgezogen, dass er nur Theater spielte, um die Mädchen zu beeindrucken.« Ich drehte mich um und sah wieder den rosigen Hauch auf ihren Wangen.

»Du musst ihn sehr vermisst haben, als er nach Kanada ging.«

»Ja, das habe ich. Aber es war die richtige Entscheidung.«

Der Fotokleber machte peinliche Kussgeräusche beim Umblättern, so dass ich nicht weiterblättern wollte – und gleichzeitig erst recht. Dad und Onkel Joe im Wald beim Zelt-Aufbau, Joe und Mum auf der Bühne, Mum mit einem riesigen Reifrock und einem Rosenstrauß im Arm, Mum und Dad im Schnee, von der Kamera eingefangene Schneeflocken. Ein paar Fotos rutschten aus dem Album. Mum fing sie auf wie Blütenblätter, versuchte sie wieder an ihre Stellen zu drücken.

»Wer ist das?« Ich zeigte auf eine junge Frau am Strand, die aus dem Meer kam. Ihre glatte Haut glänzte, sie hatte den Kopf zurückgeworfen und lachte.

»Ich natürlich«, sagte Mum und kitzelte mich. »Warum, findest du, sie sieht zu jung aus, um deine alte Mum zu sein?«

Ich kicherte und wand mich und stritt alles ab. Ich sagte nicht, was ich wirklich dachte. Es lag nicht daran, dass die Frau auf dem Foto so jung aussah; ich hatte sie nicht erkannt, weil sie so glücklich aussah.

Dad und Joe kamen erst spät in der Nacht zurück. Ich saß am Fenster und wartete, das Gesicht an die Scheibe gedrückt. Ich wusste, dass auch Mum noch wach war.

14

VERLOREN Mum
BESCHREIBUNG Blaue Augen, silbergraues Haar, ausgezeichnete Singstimme
ORT Pflegeheim Zur Schattigen Pinie

»*How do you solve a problem like Maria?*« Wie gewöhnlich singt Mum, als ich die Tür zu ihrem Zimmer öffne. Sie sitzt im Sessel und sieht aus dem Fenster. Rosie ist auf ihrem Schoß ausgebreitet.

»Julie Andrews in *The Sound of Music*«, sage ich und setze mich auf die Bettkante. Mum sieht mich an und nickt. »Schöne Zähne hat sie, die Miss Andrews!«, fahre ich ermutigt fort. »Und ihr herrliches Haar, diese Spannkraft, wenn sie durch die Berge läuft.«

»*How do you catch a cloud and pin it down?*«, singt Mum.

»Die meisten von uns müssten aufpassen, wo wir hintreten, wenn wir auf den Alpenwiesen herumrennen, oder, Mum? Aber nicht Julie – sie breitet die Arme aus, wirft den Kopf zurück und läuft einfach los.« Ich plappere weiter, versuche, Körper, Geist und Seele beisammenzuhalten. Ein bisschen frische Alpenluft täte Mums Zimmer ehrlich gesagt ganz gut. Es riecht nach Putzmitteln und altem Puder.

»Mit dem gleichen Elan würde sie auch bei John Lewis auf

die Rolltreppe springen, was, Mum? Sie ist so ein Typ. Hatte sie nicht die allerweißesten Zähne, Mum? So gleichmäßig, so überaus vertrauenerweckend. Bestimmt hat sie immer frischen Atem: Pfefferminz. Heutzutage gibt es für schlechte Dentalhygiene ja keine Entschuldigung mehr – wobei, erzähl das mal meinem neuen Chef ...« Und so weiter. Alles nur um nicht sagen zu müssen, was ich sagen muss.

In meinem Hinterkopf pocht ein dumpfer Schmerz. Hier im Schatten der Pinie wandern meine Gedanken unwillkürlich zu Dr. Chang und der Berührung seiner schmerzlindernden Hände. Das ist mal ein Mann mit blendenden Zähnen. Wer weiß, was er denken würde, wenn er hörte, wie ich mich über den Geruch von Dame Julies Atem auslasse. Wahrscheinlich, dass es auch für mich an der Zeit ist, mich in der Schattigen Pinie »willkommen« heißen zu lassen. Ich könnte in den Lavendel-Flügel ziehen, in ein Zimmer neben Mum, und dann könnten wir tagein, tagaus aus voller Kehle *Edelweiß* singen und gemeinsam in den Nebel des Vergessens sinken. Eigentlich gar keine schlechte Idee. Aber es geht nicht. Mum zuliebe muss ich mich zusammenreißen.

»Mum?« Sie zupft an Rosies Flaum. »Ich muss dir was sagen, Mum. Es geht um Joe. Onkel Joe?«

»*How do you solve a problem like Maria?*« Sie bearbeitet die Tagesdecke, als würde sie sich selbst auf einem Zupfinstrument begleiten.

»Tante Michelle hat gestern Nacht bei Philippa angerufen. Leider gibt es schlechte Nachrichten.« Ich nehme ihre Hand; sie liegt schlaff in meiner, dann flattert sie davon und setzt ihre Tätigkeit fort.

Ich seufze. »Joe ist gestorben, Mum. Er hatte einen Herzinfarkt. Er ist im Schlaf von uns gegangen.« Diesmal nehme ich ihre beiden Hände. Sie schiebt mich weg, schnappt sich Rosie wieder, singt lauter.

»Nächste Woche ist die Beerdigung. Philippa schickt Blumen von uns dreien.«

Mom hört zu singen auf und sieht mich an, ihr Gesicht ist müde. Sie blickt mir in die Augen und seufzt. Ich nicke, streichle ihren Arm.

»Tee?«, fragt sie.

Nichts würde ich lieber tun, als ihr einfach eine Tasse Tee zu bringen, mich zu ihr zu setzen, Schokoladenkekse zu essen, Reg den Fischhändler zu spielen und sie zum Lachen zu bringen.

»Gleich, Mum, aber zuerst, Philippa will, dass ich ... ich muss dir was Trauriges sagen, Mum. Dein Bruder. Joe. Er ist gestorben, Mum. Dein Bruder ist tot. Verstehst du mich?«

Sie tätschelt mir die Hand. »Tee.«

»Du kriegst deinen Tee gleich, versprochen, aber ich muss dir erst von Joe erzählen, Mum. Es war sein Herz.«

»Kommt Edna, um die Fenster zu putzen?«

Es schnürt mir die Kehle zu. Was soll ich tun? Wie soll ich es ihr klarmachen? *Er ist tot, Mum! Dein einziger Bruder. Unser geliebter Onkel Joe. Ist tot. Dem unsichtbaren Chor beigetreten. Hat sich aus seiner sterblichen Hülle abgeseilt. Den Löffel abgegeben.*

»Joe ist tot, Mum.« Ich rede so laut, dass sie zusammenzuckt. Ein Spucketropfen ist auf ihrem Kragen gelandet. Ich will ihn wegwischen, aber sie weicht zurück.

»Wo ist David?«

»Nein, Mum, Dad kommt nicht. Er ist auch tot, weißt du nicht mehr? Sie sind alle tot: Joe, Dad, Grandma und Grandpa. Aber ich bin hier, und Philippa – weißt du? Also, Philippa ist nicht *hier*, weil sie Sam gerade zu seiner Flötenprüfung fährt, aber sie lebt. Ich bin hier, Mum. Ich, Dot. Und ich muss dir das von Onkel Joe erzählen. Verstehst du mich?«

Sie nickt. »Tasse Tee?«

Ich muss raus hier. Raus aus dem stickigen Geruch, der Traurigkeit. Aus der Hoffnungslosigkeit.

»Wollen wir einen Spaziergang machen, Mum? Wie geht's deiner Hüfte?«

Sie legt sich die Hand aufs Bein. »Ich habe mir wehgetan.«

»Ja, aber langsam wird es besser, die Physiotherapie hilft. Hast du Lust, kurz rauszugehen? Frische Luft tut dir sicher gut. Es sieht aus, als wäre es warm draußen. Und dann bringe ich dir eine Tasse Tee.«

Sie lächelt. Nickt.

Ich packe sie warm ein und gehe mit ihr nach draußen. Wir setzen uns auf eine Bank mit Blick auf den Apfelbaum. Ich lege ihr die Decke auf den Schoß, stelle den Stock neben sie.

»Bin gleich wieder da.«

Sie hält meine Hand fest. »Mit einem Keks.«

»Aber sicher. Tee und ein Keks. Mit Cremefüllung?«

Sie trillert einen Lacher, komplizenhaft, als hätten wir beide einen Heidenspaß. »Ja, Kekse, ja.«

An der Tür zum Speisesaal werfe ich einen Blick durchs Fenster und sehe sie auf der Bank sitzen, mit ordentlich gefalteten Händen wartend. Vor ihren Füßen hüpft eine Amsel mit wachen Augen herum und bringt sie zum Lächeln. Sie will nur eine Tasse Tee und einen Cremekeks und ein bisschen Ruhe und Frieden, aber ich bombardiere sie mit der Nachricht, dass ihr Bruder gestorben ist. Immer wieder. Warum höre ich nicht einfach auf damit, wo wir für sie doch ohnehin alle längst verschwunden sind, verschluckt vom Nebel ihrer Erinnerung, verborgen hinter den heraufziehenden Wolken des Vergessens, die jeden Tag dichter werden? *Wie fängt man eine Wolke und hält sie fest?* Manchmal tut sie mir so schrecklich leid. An anderen Tagen beneide ich sie. Was ist besser, sich zu erinnern oder zu vergessen?

In ihrem Profil entdecke ich eine Spur von Joes gutem Aussehen. Ich habe ihn seit Jahren nicht gesehen. Irgendwann nach Dads Tod hatte er aus heiterem Himmel angekündigt, Mum zu ihrem Geburtstag in England zu besuchen. Philippa rief mich an und verlangte, dass ich auch kam.

»Warum? Er war nicht bei Dads Beerdigung. Ich will ihn nicht sehen.«

»Aber Mum will, dass wir beide kommen. Ich mache eine Lasagne, du kannst den Nachtisch mitbringen.«

Mum hatte angefangen, sich ein neues Leben aufzubauen. Sie trat in den Chor ein, fand Freunde im Dorf, engagierte sich bei Veranstaltungen der Gemeinde. Vor allem genoss sie ihre Rolle als Großmutter. Weil sie in der Nähe wohnte, holte sie Melanie jeden Tag vom Kindergarten ab, und auch auf Sam passte sie immer gern auf. Mit ihren Enkeln ging sie viel entspannter um, als sie es in meiner Erinnerung mit uns gewesen war.

Ich glaube, sie war glücklich, auch wenn ich es nicht mit Sicherheit sagen kann.

Joe füllte die Maisonette mit Geschenken – Kleidern, Schals, Parfum – und seiner handfesten Körperlichkeit. Er schaukelte Sam auf den Knien und kitzelte die vierjährige Melanie, die vor Vergnügen zappelte und quiekte, dass ihre blonden Locken hüpften. Joe beglückwünschte Philippa zu ihren Kindern, ihrem erfolgreichen Ehemann, ihrer verdammten Béchamelsoße. Er wirkte so lebendig neben Mum mit seinem glänzenden blonden Haar und der gebräunten Haut; wie ein Ölgemälde neben einer Bleistiftzeichnung.

Joe und Mum redeten über alles Mögliche. Außer über Dad. Was ich ihnen beiden übelnahm.

Nach dem Essen schlug Joe vor, dass Mum ein Lied sang. Erst wollte sie nicht, aber Melanie hüpfte auf der Stelle und rief: »Sing, Granny, Granny, sing!«

Mum fing ganz leise an. Sie blickte nach unten, flüsterte den Text mehr, als ihn zu singen, aber dann gesellte sich Joes Bariton zu ihrem Sopran, und sie ließ die Musik zu, und plötzlich blühte ihr ganzer Körper auf. Ihre blassen Wangen wurden rosa, als wäre die Musik eine lebensspendende Transfusion, die sie mit Licht und Energie versorgte, sie aus dem Schlaf weckte. Plötzlich blitzte das Strahlen von dem Foto auf, das sie mir damals gezeigt hatte, von ihr, wie sie lachend aus dem Meer kam; ein Schnappschuss des Menschen, der sie hätte sein können.

Beim Refrain stimmte Philippa ein. Sogar Melanie tanzte um sie herum und erfand ihren eigenen Text dazu.

Ich sah ihnen zu, ein perfekt eingestimmtes blondes, blauäugiges Quartett. Vollkommene Harmonie. Und ich daneben, der falsche Ton, die gerissene Saite, der Fehler.

»Sing mit, Dot«, rief mein Onkel.

»Ich ... kann den Text nicht. Ich kümmere mich lieber um den Nachtisch«, sagte ich.

In der Küche drückte ich die Stirn an die Kühlschranktür, meine Tränen brannten heiß. Hätte ich gesungen, wäre kein Lied, sondern ein Schrei herausgekommen.

»Deine Mutter sieht gut aus.«

Onkel Joe stand mit einem Stapel schmutziger Teller in der Küchentür und blockierte das Licht.

Ich stellte das Wasser an, begann ein blitzsauberes Glas zu spülen. Klirrend stellte er das Geschirr auf dem Tisch ab. Er machte immer so viel Lärm.

»Und wie geht's dir?«, dröhnte er. »Du wohnst in London, oder? Das ist toll.«

Ich nickte schweigend, sah das brühheiße Wasser über das fragile Glas fließen, sah meine Hände rot werden.

»Soll ich abtrocknen?« Joe kam zur Spüle und griff nach dem Küchenhandtuch.

»Nicht nötig.« Ich drehte das Wasser ab, stellte das Glas kopfüber auf das Abtropfgestell, wich Joe aus und ging zum

Kühlschrank. Nahm das Dessert heraus und fing an, es mit Brombeeren zu dekorieren. Ich versuchte jede Beere aufrecht hinzustellen. Die Aufgabe verlangte meine ganze Konzentration und machte jede Unterhaltung unmöglich.

»Du erinnerst mich sehr an ihn«, sagte er mit sanfter Stimme. Eine Brombeere stürzte ab und rollte unter den Tisch. Ich bückte mich, um sie aufzuheben.

»Ich ... ich weiß, wie schwer es für euch alle gewesen ist, ihn zu verlieren. Und ich will, dass du weißt, dass ich für euch da bin, euch alle. Wenn ich irgendwie helfen kann, wenn ihr irgendwas braucht, Geld oder einfach ... egal was.«

Ich fragte mich, wie lange ich unter dem Tisch bleiben konnte, ohne dass es auffiel. Ich schaffte es einfach nicht, wieder aufzustehen und in Onkel Joes verstörend vertrautes Gesicht zu blicken, wenn er über meinen Vater sprach. *Ihn zu verlieren.* Als hätten wir nicht aufgepasst, als wären wir aufgestanden und ausgestiegen und hätten Dad wie einen Schirm im Bus liegen lassen. *Hoppla, zu dumm! Jetzt haben wir Dad verloren!*

Ich ließ die zerquetschte, matschige Brombeere unter dem Tisch liegen, noch so ein peinliches Missgeschick. In meiner perfekt aufgestellten Brombeer-Familie klaffte eine Lücke. Sollte ich die restlichen Beeren verrücken, um den Verlust zu vertuschen? Ich fühlte Onkel Joes Blick, hörte seinen Atem, spürte seinen Wunsch, alles wiedergutzumachen. Mehr als ein Wunsch, ein Bedürfnis.

Ich sah ihn nie wieder.

Mitten im Lärm und Geklapper des Mittagessens schleiche ich mich zur Teemaschine und fülle eine Tasse.

»Miss Watson! Hallo!« Schwester Gloria gibt von der anderen Seite des Saals Winksignale mit zwei Servietten. »Sie besuchen Ihre Mutter?«

»Ich hole nur schnell eine Tasse Tee«, sage ich.

»Sie können gern mitessen«, sagt sie lauter.

»Nein danke.«

»Sicher nicht? Es gibt Shepherd's Pie! Oder Shepherdess, für unsere Vegetarier.«

»Nur zwei Tassen Tee, vielen Dank«, sage ich, leicht irritiert von der Annahme, dass Schäferinnen fleischloser sein sollten als Schäfer. Die silberweißen Köpfe der Mittagesser sehen aus wie ein Baumwollfeld, das sich sanft im Wind unseres Austauschs hin und her wiegt.

»Ach ja, ich weiß, dass Ihre Mutter keinen großen Appetit hat, aber es ist gut, wenn sie viel trinkt.«

Ich nicke, lege ein paar Kekse auf die Untertassen und steuere den Ausgang an.

»An Mr Diomedes' Tisch wären noch zwei Plätze frei, falls Sie es sich anders überlegen.« Sie wedelt mit der Serviette in Richtung eines alten Herrn in einem gebürsteten Samtjackett und Cordhose, der ganz allein isst. Besitzergreifend zieht er den Brotkorb näher zu sich.

Hastig räume ich das Feld und bringe den Tee in den Garten. Aber die Bank ist leer. Nur Mums Stock steht noch da.

Kalte Angst ballt sich in meinem Magen. Wo ist sie? Was ist, wenn sie stürzt?

Ich lasse die Tassen auf der Bank stehen und gehe bis zum Ende der Rasenfläche. Keine Spur von Mum. Ich sehe auch hinter dem alten Apfelbaum nach für den Fall, dass sie sich hinter seinen ausgestreckten Ästen versteckt. Keine Mum. Musste sie vielleicht mal? Ich gehe wieder hinein, sehe auf der Damentoilette nach, dann gehe ich in Mums Zimmer und schaue in ihr Bad. Leer. Hier sind die süßlichen Gerüche noch stärker, eine Welle der Übelkeit überkommt mich, und ich gerate in Panik. Wo ist sie? Mit wachsender Eile laufe ich zum Gemeinschaftsraum, wo eine Handvoll appetitloser Bewohner sitzt und liest, plaudert oder schläft. Keine Spur von Mum.

Meine Kehle wird eng, der Puls dröhnt in meinen Ohren. Wo ist sie? Wenn sie stürzt, ist es meine Schuld. Hat sie etwa, als sie allein war, plötzlich begriffen, dass Onkel Joe gestorben ist? Hat sie das verstört?

Wie konnte ich sie nur allein lassen? Was ist, wenn sie das Gelände verlassen und sich verirrt hat? Vielleicht ist sie auf die Straße gelaufen, ohne auf den Verkehr zu achten? Ich stürme durch den Haupteingang zum Ende der Auffahrt, renne in meiner Panik blindlings über die Straße und werde fast von einem roten Volvo überfahren, der mit quietschenden Bremsen ins Schleudern kommt. Der Fahrer hupt wütend, schreit etwas Unaussprechliches.

Tränen trüben meine Sicht, als ich die Straße in beiden Richtungen absuche. Nichts. Ich war doch gar nicht lange weg! Wie weit kommt eine Frau mit einer falschen Hüfte in ein paar Minuten? Soll ich Schwester Gloria alarmieren? Die Polizei? Oder – Gott bewahre – Philippa? Das würde ihr so passen. Ich muss Mum unbedingt finden. Ich kehre um, laufe die Auffahrt zur Schattigen Pinie zurück und rieche meinen eigenen Angstschweiß. *Mum, wo bist du?*

»Hey, alles in Ordnung?«

Dr. Adison Chang DPT. Oh, DLG sei Dank.

»Ich habe Mum verloren«, schluchze ich.

»Ich weiß, manchmal kann es sich so anfühlen, aber innerlich ist sie immer noch da, hier drin.«

»Nein, ich habe sie wirklich verloren. Ich habe sie nur kurz draußen auf der Bank gelassen, und als ich zurückkam, war sie weg. Ich kann sie nirgends finden. Ich habe Angst, dass sie raus auf die Straße gegangen ist. Ich wollte ihr doch nur eine Tasse Tee ...« Ein abgehackter Schluchzer schneidet mir das Wort ab.

»Ich helfe Ihnen.« Dr. Chang führt mich zurück ins Haus. »Keine Sorge, wir finden sie. Ich habe so eine Ahnung ...«

Ich putze mir die Nase und folge ihm durch ein Labyrinth

von Fluren, dann durch einen holzvertäfelten Gang. Auf der einen Seite gehen große Fenster zum Garten hinaus. Auf der anderen führen Türen zu verschiedenen Werk-, Musik- und Bewegungsräumen. Vage erinnere ich mich an diesen Trakt von der Einführungstour. Kann Mum allein so weit gekommen sein? Trotz der künstlerischen Ausrichtung sind die Räume in der Farbe von getrocknetem Haferschleim gestrichen – kein Bild an der Wand, nicht einmal ein Bücherregal. Schwer vorstellbar, dass irgendwer gern hier Zeit verbringt.

Vor einem Raum bleibt Dr. Chang stehen, und ich höre eine Melodie. Die Tür ist geschlossen, doch durch das runde Drahtglasfenster sehe ich Mum. Sie steht allein in der Mitte des Raums und singt mit leiser, aber klarer Stimme. Im Kreis der Scheibe wirkt sie losgelöst, weit entfernt, wie ein in einer Schneekugel gefangener Engel.

Ich greife nach dem Türknauf, aber Dr. Chang legt sachte die Hand auf meine.

»Warum warten wir nicht, bis das Lied zu Ende ist?«

Ich nicke, lasse die Hand sinken, spüre noch den warmen Abdruck seiner Finger. Durchs Fenster betrachte ich meine Mutter. Sie wirkt fast glücklich, verloren in ihrer eigenen Welt, erfüllt von Musik.

Dann drehe ich mich weg, schniefe so leise wie möglich und konzentriere mich auf das Schild mit den Hinweisen zum Verhalten im Brandfall an der Wand gegenüber. »Es ist meine Schuld«, murmele ich, während ich eindringlich die Sicherheitshinweise anstarre. »Ich musste ihr eine traurige Nachricht überbringen. Ihr Bruder ist gestern gestorben, und weil sie nicht reagiert hat, habe ich es immer wieder gesagt.« Ich konzentriere mich auf die Zeichnung eines Strichmännchens, das schwungvoll vor den Flammen davonläuft.

»Es ist sehr schwer für die Angehörigen.« Dr. Changs Stimme ist leise, verständnisvoll.

»Am liebsten hätte ich es ihr gar nicht erzählt. Warum muss sie es überhaupt erfahren? Sie ist besser dran, wenn sie nichts davon weiß. Warum soll man ihr traumatische Erinnerungen aufzwingen, warum soll sie seinen Tod immer wieder durchleben, nach all den Jahren?«

»Sagten Sie nicht gerade, er sei gestern gestorben?«

Ich schlucke. »Mein Vater. Es war ein traumatischer Verlust für Mum, aber sie hat es vergessen. Heute fragt sie mich ständig, wann er kommt und sie abholt. Und jetzt ist Onkel Joe gestorben, und ich soll es ihr sagen. Wozu?« In meinen Augenwinkeln sammeln sich Tränen. Ich versuche, nicht zu blinzeln, konzentriere mich auf das Brandschutzschild.

»Es ist schwer mitanzusehen, wenn sich geliebte Menschen derart verändern.« Seine Stimme ist voller Mitgefühl. Mir wird eng um die Brust. Ich zähle die Notausgänge (sechs) so lange durch, bis ich wieder Luft bekomme.

»Die größte ... Herausforderung ... ist, dass ich sie vor mir sehe – ihr Gesicht, ihre blauen Augen – so viel, was immer noch ... *sie* ... ist, meine Mum, aber es ist wie eine Fata Morgana. Ich denke dauernd, wenn ich ihr eine Sache erzähle, oder sie an eine andere erinnere, dann erinnert sie sich auch wieder an mich.« Schluchzend hole ich Luft. »Aber wenn ich ihr sage, dass ihr Bruder gestorben ist, sieht sie mich genauso an, wie wenn ich frage, ob sie einen Keks möchte – der gleiche Blick, mit dem sie die Pflegerin ansieht, die ihr auf die Toilette hilft. Nein, nicht der gleiche. Ich glaube, sie erkennt die verd...ammte Schwester. Aber wer ich ... bin ... weiß sie ... nicht ...« Ich versuche Luft zu holen, während mir ein Tränenstrom sturzbachartig über die Wangen schießt. Dr. Chang steht hinter mir, berührt sanft meine Schultern, dreht mich zu sich um. Er nimmt meine Hand. Ich erinnere mich, wie er mein Gesicht in die Hände nahm, bei unserer ersten Begegnung. Die Wärme seiner Finger. Oje, das ist alles zu ... direkt, zu amerikanisch, zu *viel*.

Ich mache mich los, aber sein Griff ist zugleich sanft und fest, und ich merke, dass er meine Hand gar nicht festhalten will; er will ... sie öffnen. Anders kann ich es nicht beschreiben: Er faltet meine Hand auf wie eine Blüte, breitet meine Finger aus wie Blütenblätter.

Dann legt er meinen Handrücken in seine Hand, meine Handfläche nach oben, und drückt seine Daumen auf die weiche Haut.

»Vielleicht tut es Ihrer Mutter gut, wenn Sie sich zu ihr setzen, sie berühren. So«, sagt er und beschreibt mit den Daumen kleine Kreise. »Berührungen können eine wirksame Einladung an den Körper sein, sich zu öffnen. Ich glaube, dass Erinnerungen in unseren Zellen gespeichert sind. Manchmal geht es darum, dem Körper zu helfen, sich zu öffnen, seine Geschichten zu erzählen. Sanfter Druck an diesen Stellen« – er drückt auf meine Fingerknöchel, meine Handflächen – »kann dem Körper helfen, sich zu entspannen.«

Er hat den Kopf gebeugt, ganz in seine Aufgabe vertieft, seine Daumen kreisen wie freundliche Planeten. Sein Haar riecht nach Earl Grey.

»Diese Körperstelle ist so zart«, er streichelt die Mitte meiner Handfläche, womit er vibrierende Wärme bis tief in meinen Bauch sendet, »sie nimmt die leichteste Berührung wahr. Von da ausgehend ziehen Sie mit festem, aber sanftem Druck Kreise, hier und hier.«

Hitze durchströmt meinen Körper, strahlt in unbekannte Galaxien aus. Schwarze Löcher verwandeln sich zurück in die leuchtenden Sterne, die sie einst waren, pulsieren voller Licht, Leben.

Ich schließe die Augen, erinnere mich an den Besuch im Planetarium vor vielen Jahren, den Kopf im Nacken, den Blick ehrfurchtsvoll in die riesige Kuppeldecke gerichtet, wo nacheinander verschiedene Sterne und Konstellationen aufleuchteten. Mars, Merkur, Saturn. Ich wollte den Mund weit öffnen und die Sterne hineinfallen lassen.

»Der Körper ist kreuz und quer verdrahtet – es gibt Stellen an den Händen, den Füßen, im Gesicht, die mit unseren Organen, Muskeln und Gliedmaßen verbunden sind«, sagt Dr. Chang, dessen warme, geschickte Finger die Kurve zwischen meinem Zeigefinger und Daumen nachfahren. »Genau hier zum Beispiel. Spüren Sie das?«

Ich nicke. Die Empfindung ist exquisit, fast schmerzhaft, nur ohne den Schmerz. Er hält meine Hand, als wäre sie etwas Besonderes, dann dreht er sie um und streckt sie aus, so dass mein Daumen in einer seiner Hände liegt und mein kleiner Finger in der anderen. Sie sehen aus wie die Flügel eines Vogels, der gleich davonfliegen wird. Im selben Moment, als mir dieser Gedanke durch den Kopf geht, hebt und senkt er meine geflügelte Hand ein paarmal und lässt los. Einen Moment lang habe ich das Gefühl, ich würde wirklich fliegen, und meine Hand schwebt im Raum, pochend vor Energie.

Als ich Dr. Chang danken will, legt er die Hände rechts und links an mein Gesicht.

»Darf ich?«, fragt er. Ich zögere, dann nicke ich. Sanft hält er mein tränenverschmiertes Gesicht. Seine Berührung ist kaum wahrnehmbar. Seine Finger wandern leicht wie Schmetterlingsflügel über meine Wangen. Beschreiben kleine spiralförmige Bewegungen.

»Ahhh.« Der kleine Seufzer entschlüpft mir, bevor ich mich zurückhalten kann. Vielleicht hat er es nicht gehört?

Ich schließe die Augen, tue so, als wäre nichts passiert, hoffe, dass er nicht mein Haar berührt, das nach dem Vorfall mit der Bodylotion trotz energischster Spülungen am Waschbecken der Damentoilette immer noch leicht glitschig ist. Aber irgendwann ist es mir egal.

Im Raum nebenan arbeitet sich Mum durch eine weitere

Nummer von Messrs Rodgers und Hammerstein aus *The Sound of Music*. Dr. Chang drückt ein wenig fester, und wieder fühle ich mich, als würde ich ihm in die Hände kippen. Diesmal lasse ich es geschehen. Er beginnt ein leichtes Fingerspitzentrommeln auf meiner Stirn, meinen Augenbrauen, zurück über die Wangen. Zart, Stakkato, die Überraschung von Regentropfen an einem Sommertag. Es fühlt sich nährend an. Ist das etwas Kraniales? Rekonfiguriert er gerade irgendwie meine Synapsen? Ich habe gehört, das ist gerade in. Total *en vogue*. Diese Stelle meines Gesichts scheint direkt verdrahtet zu sein mit – ja, eindeutig mit dem Gehirn, ich spüre es. Ich merke, wie sich meine Gedanken klären.

»Was ist das?«, frage ich.

»Der Dickdarm«, sagt er.

Zum Glück sind meine Augen geschlossen. Meine Wangen verwandeln sich in glühende Herdplatten. Gnädigerweise wandern seine Finger schon weiter.

»Das sind die Lungen.« Seine Finger drücken zart beidseitig neben meine Nase. »Hier ist die Milz.« Sie wandern am Steg hinunter. »Ihr Magen ...« Er streicht sanft über meine Oberlippe, dann über die ganze Länge meines Munds. Was für außerordentlich intime Berührungen das sind, als dieser Mann, den ich kaum kenne, meine innere Landkarte erkundet, meine verborgenen Stellen. Etwas, das tief in mir versteckt ist, löst sich und schickt eine einzelne dicke Träne über meine Wange.

»Was ist das?«, flüstere ich und bete, dass es nicht wieder mein Darm ist oder Schlimmeres.

Seine Finger halten für eine Millisekunde inne. Er räuspert sich.

»Das Herz«, sagt er.

»Haben Sie die Unterlagen beglaubigen lassen, die ich Ihnen gegeben habe, Chang?«

Ich mache die Augen auf und trete abrupt zurück. Neben uns steht ein Mann mit grauem Schnurrbart und sieht Adison erwartungsvoll an. Geoffrey. Ein pensionierter Anwalt. Er hat sein Zimmer auch auf Lavendel, ganz in Mums Nähe.

»Selbstverständlich, Geoff«, sagt Adison lächelnd. »Ich bin gleich bei Ihnen.«

»Gute Arbeit, gute Arbeit. Nachher kommt ein Klient, da muss alles verbrieft und beglaubigt sein.« Geoffrey setzt seinen Weg über den Flur fort.

»Ist das ethisch in Ordnung?«, frage ich Adisons Schuhe. Sie sind blitzsauber, extrem gut poliert, ein sattes dunkles Karamellbraun.

»Was?«

»Die Scharade mitzuspielen?«

Er schweigt einen Moment, dann sagt er: »Ich finde, es geht nicht um richtig oder falsch – es geht darum, dass wir alles ein bisschen fließender gestalten. Manchmal hilft es, wenn wir in ihre Welt treten, statt sie immer in unsere zu zwingen.«

Ich nicke. Das leuchtet vollkommen ein.

»Ich will Mum nicht immer wieder von Onkel Joe erzählen«, gestehe ich Adisons ordentlich gebundenen Schnürsenkeln. »Aber ich will ... respektvoll mit ihr umgehen, glaube ich. Sie die Wahrheit wissen lassen, einmal wenigstens, auch wenn wir dann nie mehr darüber reden.«

»Dann tun Sie das. Verlassen Sie sich auf Ihr Bauchgefühl, Dot.«

Als er meinen Namen sagt, sehe ich ihn an. Sein Blick ist voller Verständnis. Er lächelt.

»Versuchen Sie es mit den Druckpunkten. Berührungen tun ihr auf jeden Fall gut, dann weiß sie, dass Sie da sind.«

Ich nicke wieder, gehe zur Tür und höre Mum zu, als sie das Lied zu Ende singt.

Sie hat die Augen geschlossen, den Kopf im Nacken, Hände

an der Brust. Die letzte Note hängt in der Luft, hell und klar, dann ist es still. Sie schlägt die Augen auf, sieht sich um, weiß nicht, wo sie ist.

Ich öffne die Tür.

»Ich bin hier, Mum.« Sie sieht mich verunsichert an, dann winkt sie mir zurückhaltend zu.

Adison und ich bringen Mum zurück in ihr Zimmer. Ich decke sie mit Rosie zu, und sie fängt zärtlich an zu zupfen.

»Ich hole dir schnell eine Tasse Tee, Mum, ich bin gleich zurück. Und du bleibst hier!«

»Ich bleibe so lange bei Ihnen, Gail, in Ordnung?«, sagt Adison.

Mum strahlt.

»Wir sollten Ihnen nicht zu viel Zeit stehlen«, sage ich zu Adisons Knien.

»Das ist mein Job«, sagt er und setzt sich an Mums Bett.

Ja ... natürlich. Sein Job. Er macht nur seinen Job. Was sollte er auch sonst hier machen?

Ich komme mit drei Tassen zurück. Mum sieht glücklich aus, als hätte sie mit Adison einen Insider-Witz geteilt.

»Ich nehme meinen Tee mit«, sagt Adison. »Dann haben Sie beide ein bisschen Zeit für sich.«

»Natürlich. Sie haben sicher viele Patienten.« Ich drücke ihm die Tasse in die Hand, drehe mich um und fange an, in Mums Kommode herumzukramen.

»Ich komme später noch mal vorbei, Gail. Auf Wiedersehen, Dot.«

»Tschüs«, sage ich, sehr beschäftigt mit der Kommode.

Als Adison weg ist, setze ich mich zu Mum und nehme ihre linke Hand. Unsere Fingernägel haben die gleiche Form; das ist mir noch nie aufgefallen. Der Stempel, den Eltern bei ihrem Kind hinterlassen.

Ich ahme Adisons Berührungen nach, drücke die Daumen

in die zerbrechlichen Handflächen meiner Mutter, male Kreise. Ihre Hände wirken so klein. Ich erinnere mich an ihre Handschrift auf den Karten, die sie mir an die Uni schickte, die Wörter groß und geschwungen, jeder Buchstabe eine Umarmung. Diese Hände haben meine Schuluniform zugeknöpft, mein Haar geflochten, meine Hand genommen, wenn sie mich eilig zu Miss Hydes Klavierstunde brachte, haben mich festgehalten, bis wir sicher über der Straße waren. Jetzt sind ihre Fingerspitzen von der Arthritis gekrümmt, als versuchte sie ständig nach etwas zu greifen, das nicht mehr da ist.

Ich hole tief Luft. »Ich habe eine traurige Nachricht, Mum. Onkel Joe ist gestorben. Es tut mir so leid.« Ich drücke und kreise, öffne die Knospen ihre Hände, falte sie sacht auseinander. Sie summt eine Melodie, und ich stimme mit ein, obwohl ich das Lied nicht erkenne. Ich folge ihren Tönen, lasse mich führen, passe mein Streicheln ihrem Rhythmus an.

»Es ist wunderschön.« Ich halte mit dem Streicheln inne. Halte ihre Hände fest in meiner.

»Joe ist nicht mehr«, sagt sie.

»Ja, Mum.«

Sie sieht zu mir auf. Eine Weile sitzen wir schweigend da, halten uns an den Händen.

»Joe ist nach Kanada gezogen. Kommt David und holt mich ab?«

Ich schließe die Augen. Atme. Sehe Planeten. Sonnensysteme, die sich bis in die Ewigkeit drehen.

Ich streiche ihr übers Haar. Es ist so weich.

»Wenn er im Garten fertig ist. Er kommt sicher gleich.«

Die Lüge beruhigt sie. Vielleicht sollte ich ein schlechtes Gewissen haben, aber heute tröstet es mich, dass sie Frieden hat. Ich stelle mir vor, wie Dad heute aussähe, wenn er das Gemüsebeet umgraben und die vertriebenen Regenwürmer und Schnecken anderswo ansiedeln würde. Das Bild ist für uns beide ein Geschenk. Einen kleinen Moment lang gestatte ich es uns, auf einen Ehemann, einen Vater zu warten, der uns abholen kommt und nach Hause bringt.

15

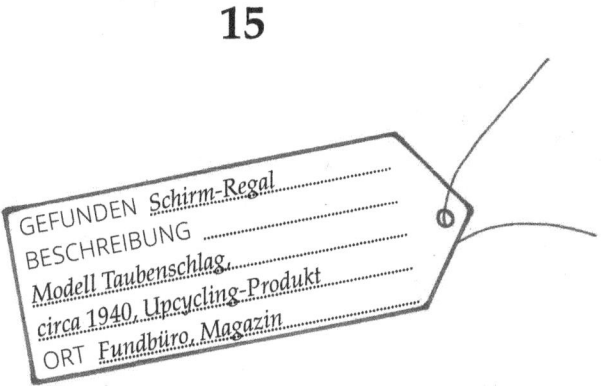

Sonntag, und ich war immer noch nicht in der Maisonette. Falls Philippa wirklich dort vorbeischaut, wie lange dauert es, bis sie dahinterkommt, dass ich mehrere Nächte nicht zu Hause war? Nicht lange, wie ich meine Schwester kenne. Ich habe es die ganze Zeit vor, aber von Tag zu Tag fühlt es sich unmöglicher an, das Fundbüro zu verlassen, trotz der Herausforderungen, vor die mich mein neues Obdach stellt; zum Beispiel mitten in der Nacht mit dem Lastenaufzug zur Toilette zu fahren, was ziemlich gruselig ist – in solchen Momenten merke ich, wie komfortabel ein En-suite-Bad direkt am Schlafzimmer ist. Andererseits hat neuerdings eine besonders hübsche Wedgwood-Schale den Weg in den Untergrund gefunden, und so kann ich mein Frühstück (Dosenmais) stilvoll genießen. Auch wenn von Genuss nicht wirklich die Rede sein kann, denn meine Gedanken rattern und klappern wild durcheinander. Was, wenn Mum wieder ausbüxt? Behält Dr. Chang – Adison – sie im Auge, wie er versprochen hat? Instinktiv berühre ich mein Gesicht, folge den Wegen, die seine Finger genommen haben. Ich schließe die Augen, verharre einen Moment bei der Erinnerung an seine Berührung, an die funkensprühende Wärme meine Wirbelsäule entlang, das Gefühl weiten Raums um mich, bevor ich zu meinen Sorgen um Mum zurückkehre. Wird sie noch von Onkel Joe wissen, oder muss ich es ihr erneut sagen, ihr wieder und wieder von seinem Tod berichten wie ein griechischer Chor? Und wo ist Mr Appleby? Unter NBs neuem Regime habe ich nur wenige Wochen Zeit, ihn zu finden, bevor seine Ledertasche bei Snagsbey's landet. Im Turm der blankpolierten Dosen sehe ich mein Spiegelbild wie ein Morse-S.O.S. aus lauter kleinen Dots. Das Atmen fällt mir schwer – ich muss mich ablenken. Wie gewöhnlich suche ich Balsam im Aufräumen, aber diesmal muss es ein größeres Projekt sein, um meine Sorgen zu zerstreuen.

Schirme.

Weil sie als so alltäglich und banal gelten, bleibt ihre Tendenz, verloren zu gehen, stets konstant. Sie werden als nebensächlich abgetan, obwohl der Dienst, den sie versehen, einzigartig ist.

Da die Fächer in den Regalen weder breit noch tief genug sind, um den Schirmen eine adäquate Bleibe zu bieten, liegen diese in rutschenden Haufen herum, als fände hier unten eine Meisterschaft im Riesen-Mikado statt.

Ganz hinten im Magazin ist ein Bereich, der über die Jahre zum Auffangbecken für alles Mögliche geworden ist: Wischmopps und Eimer, eine wackelige Leiter, blätterteigartige Schichten von Kartonagen, die schon vor Äonen zum Papiermüll hätten wandern müssen. Als ich dort neulich nach einem Besen suchte, entdeckte ich unter einer Abdeckplane ein altes Sortierregal. Ich schätze, es stammt von einem Fahrkartenschalter der Baker Street Station, circa 1940. Es hat dreiundsechzig beidseits offene Fächer, die an einen Taubenschlag erinnern und groß genug für jeweils vier Schirme sind.

Zuerst muss ich das Ding an den einzigen Ort schaffen, wo genug Platz für die Schirme ist: eine leere Nische neben dem Verschlag mit den Wertsachen. Das Möbel durch das halbe Magazin zu zerren wird ein schweißtreibendes Unterfangen, ein ziemlich dreckiges obendrein. Ich will auf keinen Fall meine Uniform beschmutzen, und mein Laborkittel-Nachthemd ist auch nicht für diese Aufgabe geeignet, aber wie durch ein Wunder fällt mir nach kurzem Stöbern eine Latzhose in die Hände. Sie ist zwar, gelinde gesagt, geräumig und riecht stechend nach Teeröl, aber etwas Passenderes hätte ich mir nicht vorstellen können. Als ich auch noch ein Mint-Toffee in der Tasche finde, fühle ich mich gesegnet. Der Vorbesitzer hatte die Träger im letzten Loch, und ich muss sie erst enger stellen, aber dann spüre ich ein angenehmes Gefühl von Geborgenheit. Offenbar hatte er auch die Angewohnheit, seine Hände an den Hosenbeinen abzuwischen; wegen der Größe der öligen Abdrücke und des allgemeinen Zustands der Hose tippe ich auf »er«, auch wenn ich niemanden diskriminieren möchte.

Zurück im Magazin, stemme ich den Taubenschlag aus seiner Ecke und wuchte ihn an seinen neuen Platz. Das Holz ist rissig und gesplittert, es müsste mal abgeschliffen werden. Manche Fächer halten nicht mehr richtig zusammen und brauchen neue Stifte. Wurde die Werkzeugtasche aus Segeltuch, mit der ich die Neonröhre repariert habe, schon abgeholt? Nein, sie ist noch da. Diesmal nehme ich sie mit kaum einem Zögern. Je länger ich hier bin, desto mehr habe ich das Gefühl, dass ich hier zu Hause bin und diese Dinge nicht nur unter meiner Aufsicht stehen, sondern mir gehören, weil ich auf sie achtgebe und sie nicht einfach irgendwo liegen lasse.

Nun setze ich die Schleif- und Verzahnungstechniken, die ich im Vormittagsfernsehen gelernt habe, in die Praxis um. Das Hin und Her des Schleifpapiers und der süße Holzgeruch bringen mich nach Frankreich zurück, wo ich einmal einen alten

Nussbaumsekretär aufgemöbelt habe, den ich auf dem Flohmarkt an der Porte de Vanves entdeckt hatte. Louise und ich karrten ihn in einem »geborgten« Supermarkt-Einkaufswagen durch die Stadt, beide schlingernd und quietschend wie die schiefen Räder des Karrens. Unsere Heiterkeit wuchs sich zu hysterischen Anfällen aus, als wir versuchten, das Möbelstück in den mikroskopisch kleinen Fahrstuhl zu bugsieren. Am Ende erreichten wir den vierten Stock, indem sich Louise oben auf den schmutzigen Sekretär setzte und ich mich auf ihren Schoß. Der Blick meiner Nachbarin Mme Dechary, als die Fahrstuhltür aufging, bewirkte, dass wir noch Stunden später von Lachkrämpfen geschüttelt wurden.

Wie aufregend es war, meine eigene Wohnung einzurichten, meine eigenen Möbel auszuwählen. Oh, wie wunderbar es war, in Frankreich zu leben, hier zu studieren. Bücher, Bücher, Bücher und die unbegrenzten Möglichkeiten Europas, wo ein Land ins nächste überging; morgens in Paris in den Zug zu steigen, in einer Hand einen Becher dampfende Schokolade, in der anderen ein Baguette; und zu einem späten Abendessen in Rom zu sein, Spaghetti alla puttanesca mit einem Glas Chianti. Ich hatte so viele Pläne: zuerst der Magister, dann die Sprachprüfung der UN, und dann Dolmetscherin werden, ein Beruf, der meine Liebe zum Reisen und zu Sprachen vereinte.

So viele Pläne. Ich richte mich auf, massiere mein Kreuz. Was würde die Dot von damals denken, wenn sie in die Zukunft sehen könnte – wenn sie sehen könnte, wie ich im Magazin des Fundbüros ein altes Fahrkartenschalterregal zu einem Sortierschrank für Schirme umfunktioniere?

Tja, Pläne ändern sich manchmal. Keine Müdigkeit vorschützen, Watson!

Als die Fächer fertig sind, schreite ich sorgfältig das ganze Magazin ab und sammele Arme voller Schirme ein, die ich gewissenhaft in ihrem neuen Zuhause unterbringe wie im Blitzkrieg evakuierte Kinder. Es dauert seine Zeit, aber irgendwann herrscht Ordnung, wo Chaos war, und jeder einzelne Schirm ist versorgt. Da setze ich mich auf eine umgedrehte Kiste, reibe mir die schmerzenden Schultern und bewundere mein Werk. Das nach beiden Seiten offene Sortierregal passt in die Nische wie dafür gemacht. Jeder Schirm kann hervorragend einsortiert und kinderleicht gefunden werden. Der Schwerpunkt der Schirme ruht genau auf dem Regalbrett; die Spitzen ragen hinten heraus, mustern neugierig die Brieftaschen und Perlen bei den Wertsachen nebenan, während die hölzernen Griffe vorn heraussehen – Mahagonikirsche, Schlehdorn, Haselnuss, Kastanie. Die bunten Schirme erinnern an einen Schwarm tropischer Waldvögel mit exotischem Gefieder. Violett, Smaragd, Saphir, Türkis. Ich glaube nicht, dass ich je einen echten Kolibri zu Gesicht bekommen werde, aber wenn ich die Augen halb schließe, sehe ich einen Rotnacken-Topas, einen rotschnäbligen Wimpelschwanz, einen saltoschlagenden Rubinkehlkolibri. Ich stelle mir ihren Gesang vor, ein fröhliches Tirilieren im Geäst, wenn sie einander zurufen.

Einmal kam ich nach dem Spanischkurs früher von der Schule und fand Mum in der Küche. Sie stand mit dem Rücken zu mir an der Spüle, sah zum Fenster hinaus und sang. Es war ein französisches Lied; ich hatte es noch nie gehört, ich wusste nicht einmal, dass sie Französisch konnte. Ich war so mit mir selbst beschäftigt, dass ich von ihr nicht viel mitbekam, und doch bemerkte ich sogar von hinten ihre Verwandlung. Sie war meine Mutter und nicht meine Mutter, ein anderes Wesen, transzendent.

Es war ein erstaunlich schönes Lied, leidenschaftlich, voller Sehnsucht. Sonnenlicht glitzerte in den Wassertropfen auf ihren Händen und ließ die quarzgesprenkelten Fliesen schimmern. Ich stand da und lauschte, hoffte, dass das Leder meiner Schultasche nicht knarren und mein Magen nicht knurren würde. Mums Stimme trug sie weit weg vom Geschirr in der Spüle, weit weg aus der Küche, aus dem Haus zwischen den Bäumen in eine andere Welt, ein anderes Leben.

Dann bellte im Nachbargarten ein Hund, zerriss den Moment und holte sie in die Gegenwart zurück. Sie drehte sich um, sah mich, schüttelte leicht den Kopf, fand wieder in die Realität. »Hallo, Liebes, du bist ja so früh da. Wie war die Prüfung?«

Was wurde aus dieser Mutter? Wie war sie zu der Frau geworden, hinter deren Lächeln sich Traurigkeit verbarg? Wo war die andere Frau, die Frau von den Fotos, die den Kopf zurückwarf? Die Frau in der Hauptrolle, der das Publikum zu Füßen lag?

Ich weiß noch, wie ich in dieser selben Nacht von einem Schluchzen geweckt wurde. Ein herzzerreißendes, trostloses Weinen, voller Angst. Ich dachte, es wäre Mum. Dann merkte ich, dass es Dad war.

»Ich kann nicht mehr. Ich kann nicht.«

»Alles wird gut, mein Liebling.« Ihre Stimme, die ihn tröstete. Sein Schluchzen, wund, verzweifelt.

Als ich nach Frankreich ging, sang sie schon lange nicht mehr, und Dad hörte keine Schallplatten mehr. Alles war aus dem Lot, in Auflösung. Paris war nicht nur der Ort meiner Entfaltung, Paris war der Ort, an den ich floh. Wenn auch nicht für lange.

Ich sitze noch eine Weile vor der neuen Zufluchtsstätte für die Schirme und genieße die Ruhe, bis der Hunger mich zurück in den Untergrund treibt.

Nach einem enttäuschenden Karotten-und-Erbsen-Medley beschließe ich, im Internet nach Mr Appleby zu forschen. In Big Jims Kellerbereich ist besseres Licht, also nehme ich die Honigtasche und das Telefon und setze mich zwischen die Stalagmiten unreklamierter Fundsachen. Dummerweise ist der Akku des Handys leer, und das Ladekabel liegt in der Maisonette. Soll ich losziehen und mir ein neues kaufen? Aber ich will nicht gesehen werden, wenn ich sonntagabends im Gebäude ein und aus gehe – das wäre höchst verdächtig. Verlorene Telefone und Ladegeräte sind bei den Wertsachen eingeschlossen, und natürlich hat nur NB den Schlüssel, damit kann ich mich also auch nicht behelfen. Auch die Benutzung des Computers im Kundenbereich ist riskant, weil NB gerade dabei ist, das digitale System upzugraden; kann gut sein, dass er es sieht, wenn ich mich am Wochenende einlogge, und anfängt, lästige Fragen zu stellen. Wohl oder übel muss ich bis morgen warten, um die Suche nach Mr Appleby fortzusetzen.

16

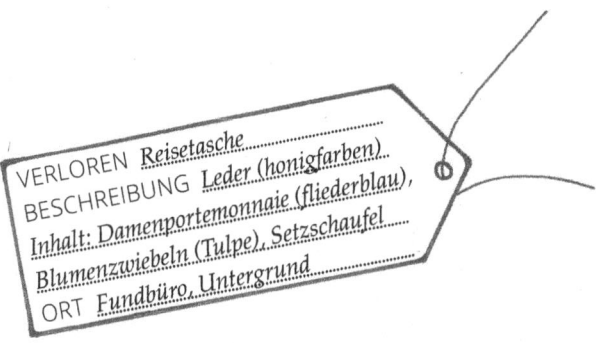

Ich schrecke aus dem Schlaf hoch. Es ist Montag – Big Jims Tag im Untergrund. Hat Anita nicht gesagt, er kommt extrafrüh, um mit der beschleunigten Fluktuation Schritt zu halten? Hastig ziehe ich mich an, verwische meine Spuren, lasse den Kittel und die inzwischen fast leere Absinthflasche unter dem Sofa verschwinden.

Draußen ist es bitterkalt. Ich mache einen strammen Spaziergang die Baker Street hinauf zum Regent's Park. So früh am Morgen ist der Park dunkel und gespenstisch, als würde man in ein vergangenes, aus der Zeit gefallenes London zurückkreisen. Mir scheint, ich könnte genauso gut einer Bande Wegelagerer aus der Shakespearezeit begegnen, die über das Gras galoppieren, wie einem Börsenmakler, der zum Paternoster Square eilt, um frühe Gebote zu platzieren. Eine Schar edwardianischer Kindermädchen könnte auf dem Weg zum Rosengarten über den Outer Circle marschieren, Kinderwagen mit riesigen Rädern und mondgesichtigen Schützlingen darin vor sich herschiebend. In solchen Momenten entfaltet die Stadt die

Schichten ihrer Geschichte, besonders, wenn man sich beschirmend die Hand über die Augen hält und die bauchigen Monstrositäten der modernen Skyline ausblendet.

Nach einer Runde um den Bootsteich hat sich der Himmel von grüblerischem *Noir* in ein angriffslustiges Business-Blau verwandelt, und zum Glück hat das Café geöffnet.

»Bei uns gibt's keine von diesen komischen Tees«, sagt die Kellnerin, als ich einen Lapsang bestellen will. »Wir haben nur normalen Tee.«

»Aber Lapsang ist mein normaler Tee«, erkläre ich.

Sie zuckt die Schultern.

»Haben Sie Earl Grey?«

Sie schüttelt den Kopf.

Ich nehme also eine Tasse »normalen Tee« und gebutterten Toast, nach all den Dosen eine köstliche Abwechslung, und lenke mich von dem Getöse in meinem Kopf ab, indem ich *Per Anhalter durch Thailand – Top-Tipps zu Hostels an Landstraßen* durchblättere. Das Buch liegt als Mittagspausenlektüre in meinem Spind. Normalerweise ist es wirklich fesselnd, aber heute ertappe ich mich dabei, wie ich den Absatz über die Betten-Pods bei Stamps Backpackers in Chiang Mai schon zum dritten Mal lese. Ich muss ständig an Mum denken. Wie geht es ihr? Wo ist sie? Wieder im Musikzimmer, wo sie singend versucht, sich an einen anderen Ort zu versetzen? War Adison heute schon bei ihr, hat ihre Hände gedrückt? Ich berühre meine eigenen Hände; sie sind rau, mit Spreißeln gespickt von der Arbeit am Schirmschrein. Viel zu rau, um von Adison gedrückt zu werden, so viel ist klar.

Eine Stunde später ist der Park voller Menschen; Angestellte, in einseitige Gespräche am Handy vertieft, Jogger, die tapfer schnaufend den See umrunden. Eine Mutter zieht im Eilschritt einen kleinen Jungen hinter sich her, der moosgrün angezogen ist. Er stemmt sich gegen ihren Griff, hat etwas im Gras entdeckt. Sie zerrt ihn weiter, schließt sich dem unsichtbaren Rhythmus an, der die Londoner durch das Chaos und den Lärm der Stadt schleust. Ich stehe nicht unter diesem Zwang, habe Zeit zu trödeln und zu säumen, kann mich bücken und mich an der morgendlichen Munterkeit eines Gänseblümchens erfreuen. Vielleicht war es das, was die Aufmerksamkeit des kleinen Jungen gefesselt hat, das Gänseblümchen. Wenn wir klein sind, haben wir eine enge Verbindung zur berauschenden Welt der Pflanzen. Ich weiß noch, wie ich im hohen Gras und Gestrüpp unten im Garten lag und stundenlang die perfekte Passform des Hütchens einer Eichel bestaunte oder den Glanz und die Wölbung einer Rosskastanie. Manchmal gesellte sich Dad dazu, und wir dehnten den Tag bis weit nach Bettzeit aus, mit grünen Knien auf der Suche nach vierblättrigen Kleeblättern, fest entschlossen, an ihre Zauberkraft zu glauben.

Ich mache mich pünktlich auf den Rückweg ins Fundbüro, um mit neuer Kraft nach Mr Appleby zu suchen. Auch wenn ich kein vierblättriges Kleeblatt gefunden habe – immerhin habe ich fünf Nächte heimlich im Fundbüro verbracht, mich hauptsächlich von Dosenobst und -gemüse ernährt und einen Schrein für die Schirme gebaut, also kann und werde ich *Das Rätsel der honigfarbenen Tasche* lösen!

Vor Madame Tussauds Wachsfigurenkabinett steht jetzt schon eine Schlange. Ich war noch nie dort, aber Anita hat begeistert davon erzählt. (»Ich hab Nicole Kidman und Posh und Becks gesehen! Es ist, als wären sie es wirklich – weißt du, was ich meine?« Nein, weiß ich nicht.) Vor dem Sherlock-Holmes-Museum um die Ecke in der Baker Street hat sich noch keine vergleichbare Schlange gebildet, stelle ich fest – dabei ist es meines Erachtens die viel sehenswertere Institution.

Als ich entschlossen, wenn auch mit einem Gefühl von

Scheinheiligkeit, im Fundbüro »eintreffe«, sehe ich überrascht, dass Anita schon da ist. »Dachte, ich fange schon mal an mit dem Aussortieren«, sagt sie schnell, als sie mich sieht. »Tässchen Tee?« Sie entbindet das Nilpferd von einer großen Thermosflasche und zwei Tupperware-Bechern. »Ich habe Jim auch gerade eine Tasse gebracht. Er ist seit dem Morgengrauen da«, erläutert sie etwas defensiv.

»Danke, nein, ich hatte einen unterwegs ... zur Arbeit. Du hast nicht zufällig ein Handy-Ladekabel in deiner wunderbaren Tasche, oder?«

Der Vormittag zieht in einem Wirbel aus Mützen, verlorenen Brieftaschen und vergessenen Teddybären vorbei, so dass ich nicht dazu komme, meine detektivischen Anhaltspunkte zusammenzutragen und die Suche auszuweiten. Im Kundenbereich herrscht nicht nur viel Betrieb, sondern auch eine gewisse Anspannung; die Fünf-Pfund-Gebühr sorgt immer noch für Unmut, und eine Dame, die eine Auslandsreise antrat, just als ihre Handtasche abgegeben wurde, protestiert gegen die neue Monatsfrist.

»Tut mir sehr leid, aber wir haben vor kurzem auf ein neues System umgestellt«, sagt Anita, während sie von der Frau über die Theke hinweg beschimpft wird.

»Das ist nicht Ihr Ernst. Sie haben mir einen verdammten Brief geschickt, dass meine Tasche wieder da ist, und ich bin den ganzen Weg von Surrey hergefahren, und jetzt sagen Sie mir, sie ist in Tooting? Was habt ihr eigentlich gelernt? Ihr habt ja offenbar keine Ahnung von eurem Job!«

»Tja«, sagt Anita zu mir, als die Frau gegangen ist, »an ihrer Stelle wäre ich auch stinksauer. Es ist ein Alptraum hier, seit Brian weg ist.« Haltsuchend greift sie in ihr Nilpferd und zieht eine goldene Elnett-Haarspray-Dose heraus. »Verdammter Burrows«, murrt sie zum Zischen der Chemokeule. »Der Penner baut doch nur Mist.«

In der Mittagspause habe ich endlich Gelegenheit, mich um Mr Appleby zu kümmern. Ich schnappe mir mein Telefon, das dank Anita und ihrer Wundertasche wieder voll aufgeladen ist. Zuerst werde ich mir die Tasche und den Kassenbon ein letztes Mal ansehen, vielleicht fällt mir noch was auf, und dann suche ich im Netz. Doch auf dem Weg ins Magazin bleibe ich stehen wie versteinert. Voller Entsetzen schlage ich die Hand vor den Mund. Ich habe die Ledertasche gestern Abend nicht ins Magazin zurückgebracht. Ich hatte sie mit in den Untergrund genommen und bei den unreklamierten Sachen liegen lassen. Bei den unreklamierten Sachen, die in diesem Moment zu Snagsbey's unterwegs sind ...

Mit hämmerndem Herzen laufe ich zur Luke. Daneben wartet schon ein enormer Haufen Kleider und Taschen auf die Rutsche. Ich stecke den Kopf durch die Falltür. *Bitte, lass Mr Applebys Tasche noch da sein, bitte.* Unten hängt Big Jim schlapp auf einem Stuhl und wischt sich mit einer Handvoll Packpapier den Schweiß von der Stirn, während aus dem Toot-a-Loop *Y.M.C.A.* scheppert. Selbst Jims Tätowierungen sehen erschöpft aus. Einen Moment lang kommt mir trotz meiner Panik Big Jims Anblick im Untergrund ganz seltsam vor, als hätte er sich in meinem Wohnzimmer niedergelassen, dabei war es doch immer sein angestammtes Terrain.

Der Boden um ihn herum ist mit Bergen von Fundsachen bedeckt. Es gibt noch Hoffnung!

»Hast du vielleicht eine lederne Reisetasche gesehen?«, rufe ich und versuche dabei ruhig zu klingen. »Sie ist versehentlich unten gelandet, und ich brauche sie dringend zurück.«

Big Jim sieht müde nach oben. Wischt sich noch einmal über die Stirn.

»Hast du sie gesehen?« Verzweifelt suche ich den Umkreis ab.

»Eine Reisetasche? Aus Leder?«, fragt er.

»Ja!« Meine Stimme ist ein hohes Fiepen. Ich hole Luft. »Genau, in so einer Honigfarbe?«

Er nickt. »Die ist weg«, sagt Big Jim.

Ein Schlag in den Magen. »Weg! Sie kann doch nicht weg sein! Ihr Besitzer sucht sie, er braucht sie! Bist du sicher, dass sie nicht da unten ist?«

Big Jim schüttelt den Kopf. »War bei der letzten Fuhre zu Snagsbey's dabei.«

Ich schlucke. »Aber wie ... wie kann ich sie zurückkriegen?«

»Gar nicht. Der Transporter ist vor zwanzig Minuten abgefahren.«

»Hast du die Handynummer des Fahrers?«

Er schüttelt den Kopf.

»Dann rufe ich direkt bei Snagsbey's an.«

»Bis zur Auktion morgen ist niemand da.«

»Aber ich muss die Tasche wiederhaben, sie gehört jemanden. Ich muss sie ihm zurückgeben.« Meine Stimme überschlägt sich.

Resigniert hebt Big Jim die tintengemusterten Hände. »Tut mir leid.«

Anita findet mich später untröstlich in der Damentoilette.

»Dot! Was ist los? Wieder dieser Blödmann Burrows? Warte nur, bis ich dem die Meinung geige.« Sie tätschelt mir den Rücken.

»Der ... war es nicht«, schluchze ich, das Gesicht in den Händen. »Ich bin schuld. Es ist alles meine Schuld. Der arme Mr Appleby, ich habe ... ihn im Stich gelassen, habe seine Tasche verloren. Seine Ledertasche ist unterwegs zu Snagsbey's, und ich kann sie nicht zurückbekommen.« Tränen strömen durch meine Finger.

»Zerbrich dir nicht den Kopf«, sagt Anita. »Weißt du was? Wahrscheinlich hat er die Tasche längst vergessen.«

»Nein. Hat er nicht.«

»Hm, wie wär's, wenn wir ihm eine andere Tasche geben, wenn er das nächste Mal kommt? Da ist eine schöne Armani-Tasche, die in ein, zwei Tagen die Rutsche runter soll. Wie wär's, wenn ich ihm die auf die Seite lege?«

Ich lasse die Hände sinken, starre sie an.

»Anita! Mr Appleby will keine andere Tasche; er will *seine* Tasche! Du kannst seine Tasche nicht ersetzen! Dinge sind wichtig. Sie haben einen Wert. Bedeutung. Sie sind un... unersetzlich.« Mein Gesicht ist tränennass; ich schluchze die Worte heraus.

»Schon gut, beruhig dich, Dots, Schätzchen. Ich versteh dich doch ...«

»Ach, wirklich?« Ich schüttele ihre Hand ab. Trete einen Schritt zurück. »Ich glaube nicht, Anita. Der ›Scheiß anderer Leute‹ – ich glaube, das ist der Ausdruck, den du für verlorene Dinge benutzt?«

»Aber ich hab nicht ... Ich meinte doch nicht ...«

»Nichts hat mehr Bedeutung, oder? Alles ist austauschbar, nichts hat noch einen Wert. Was verloren, das dir wichtig war? Kauf dir was Neues! Oder besser zwei! Besorg dir das neuere Modell und vergiss das alte Ding!«

»Dots, bitte.« Mit gekränktem Blick und Tränen in den Augen kommt Anita auf mich zu, doch ich schiebe sie weg, stürze aus der Toilette und schleppe mich hinunter ins Magazin, wo ich in der Stille des Schirmschreins Schutz suche, bis ich mich wieder gefasst habe.

Irgendwann rücke ich meine Lodenuniform zurecht – *Sicherheitsnadel. Sicherheitsnadel* – und kehre nach oben zurück. Anita und die Nilpferdtasche bleiben in sicherem Abstand am anderen Ende des Tresens.

Ich kanzele mit strenger Stimme einen Mann ab, der hereinkommt, um seine verlorene Jacke abzuholen. »Passen Sie in

Zukunft besser auf Ihre Sachen auf, das nächste Mal haben Sie vielleicht nicht so viel Glück«, ermahne ich ihn.

Verzweifelt das Ende des Arbeitstags herbeisehnend stehe ich mühsam die Stunden und Minuten durch, bis ich mich endlich in den Untergrund zurückziehen kann.

»Ich freue mich schon auf unser Vier-Augen-Gespräch heute Abend«, schnauft mir NB in den Nacken. »Achtzehn Uhr im Dog & Duck, richtig? Ich habe noch ein paar externe Meetings heute Nachmittag, am besten treffen wir uns gleich da. Schön, schön.« Er ist schon weg, bevor mir eine Ausrede einfällt.

Ich lasse den Kopf in die Hände sinken und stöhne laut. Die Verabredung mit NB hatte ich vollkommen vergessen. Kann dieser Tag noch schlimmer werden? Mein Körper dürstet nach den einzigen Dingen, die mir noch sinnvoll erscheinen – der wermutkrautigen Gesellschaft des Absinths und dem Duft der Tabakspfeife.

Aber der Sturm geht weiter, als mich auf dem Weg zum Pub Philippa anruft.

»Geht es Mum gut?«, frage ich und bete zu Gott, dass Philippa nichts von Mums Ausflug gehört hat.

»Wir wäre es mit: ›Hallo, Philippa, schön, dich zu hören, wie geht's dir?‹«

»Hallo, Philippa, geht es Mum gut?«

»Du warst doch am Samstag bei ihr, und ehrlich gesagt dachte ich, *du* würdest *mich* anrufen.«

»Stimmt, tut mir leid.«

»Wie war es denn?«

»Was?«

»Mein Gott, was ist denn los mit dir? Mum, wie ging es Mum, als du bei ihr warst?« Fast kann ich hören, wie sie die Augen verdreht.

»Ach so, ja, gut.«

»Wie hat sie die Nachricht aufgenommen? Wegen Onkel Joe?«

»Gut.«

»Wirklich? Ah, also, das ist ... gut, schätze ich. Danke, dass du es ihr gesagt hast.« Sie holt Luft. »Und da ist noch was. D –«

»Was willst du?«

»Das ist aber nicht sehr nett.«

»Tut mir leid. Aber immer, wenn du mich D nennst, willst du irgendwas.«

»Tue ich nicht.«

»Tust du doch.«

»Tue ich nicht. Jedenfalls habe ich super Neuigkeiten, und da dachte ich, wir treffen uns und reden darüber. Es hat mit der Wohnung zu tun ...«

»Nein ... ich kann nicht. Jetzt nicht ... Ich treffe mich mit jemandem im Pub.«

»Mit wem? Kenne ich ihn?«

»Nein. Mein neuer Chef.«

»Dein neuer Chef lädt dich auf einen Drink ein? Er ist Single, oder?« Ihre Stimme verändert das Timbre. »Das ist ja aufregend. Versuch einfach, nicht so ... *du* zu sein, okay? Dot? Bist du noch da? D? Dot? Hallo ...?«

Ich habe aufgelegt und stecke das Telefon in die Tasche.

Als ich ins Pub komme, ist Neil Burrows schon da. Der Gastraum ist voll, wofür ich dankbar bin. NB hat zwei Plätze an einem klebrigen Tisch für uns beschlagnahmt, neben einem Mann in einem glänzenden Anzug und einer Frau mit hochtoupiertem Haar und vermutlich niedrigen Erwartungen.

Er zieht den Stuhl für mich heraus. Instinktiv lehne ich mich zurück, um seinem Mundgeruch auszuweichen, doch stattdessen rieche ich etwas, das mich an Grandma Mintons Schrankschubladen erinnert, die mit parfümiertem Blumenpapier ausgeschlagen waren. Neil Burrows trägt Aftershave.

»Gin & Tonic? Trockener Weißwein?«, schlägt er vor.

»Nur ein Sprudelwasser bitte.«

»Nein, nein, ein richtiger Drink. Ich bestehe darauf.«

Ich habe nicht mal die Energie zu widersprechen. »Dann ein Glas Wein.«

Er stürzt sich ins Gewimmel an der Bar. Die Klientel besteht zum großen Teil aus Banker-Rudeln, die mit Biergläsern anstoßen und einander auf die Schulter klopfen. Das Paar an unserem Tisch hält Händchen.

»Junge Liebe, hm?«, sagt NB laut, als er unsere Getränke auf Bierdeckel stellt, und zwinkert dem Mann wissend zu, der ihn ignoriert.

Ich nehme einen großen Schluck Wein, froh über seine betäubende Wirkung. Wie bin ich bloß auf die Idee gekommen, ich könnte diese Verabredung nur mit Sprudel überstehen?

»Ich will gleich zur Sache kommen. Bei Transport for London ist gerade einiges in Bewegung. Ich bin mit ein paar Jungs vom Crossrail-Projekt in Kontakt – was da los ist, Sie würden Augen machen.«

Mit großer Geste stößt er mit mir an.

»Auf die Zukunft!«

»Allerdings. – Glückwunsch zur Beförderung.«

Er trinkt einen Schluck von seinem Pint und grinst mich verschwörerisch an. »Danke, danke, aber hier geht es nicht bloß um meine Wenigkeit. Sie und ich, wir wären ein gutes Team, Dot. Übrigens habe ich was für Sie.« Er kramt in der Plastiktüte, die an seinem Stuhl hängt, fördert eine in Zellophan gewickelte Schachtel zu Tage und präsentiert sie stolz.

Ein Geschenkset mit einer rosa Seife, einer Dose Körperpuder und einer Duftkerze. Maiglöckchen. Kurz frage ich mich, ob er die Schachtel im Fundbüro hat mitgehen lassen.

»Ein kleines Zeichen meiner Wertschätzung.«

»Danke.« Ich will kein Geschenk von NB. Ich will auch keine Pflegeprodukte, die besser in die Schattige Pinie passen würden.

»Wir haben viel gemeinsam, Dot.«

Ich versuche mir nicht anmerken zu lassen, wie verstörend ich die Vorstellung finde, mit NB irgendwas gemeinsam zu haben, abgesehen von unserem Arbeitsplatz. Bevor ich daraufkomme, was er meinen könnte, greift er über den Tisch, und plötzlich hält er meine Hand, eine widerwärtige Spiegelung des turtelnden Paars neben uns. Ich will die Hand wegziehen, aber sein Griff wird fester.

»Ich habe Ihre Arbeitsethik immer bewundert. Doch der Mensch lebt nicht vom Brot allein!« Sein dünner Daumen reibt über mein Handgelenk. Ich winde die Hand aus seinem Griff, lege sie fest um mein Glas und nehme mehrere tiefe Schlucke.

»Wollten Sie nicht über etwas Geschäftliches mit mir reden?«

»Geschäftliches? Sehen Sie, das meine ich – hervorragende Arbeitsethik.« Er lehnt sich mit seinem Bierglas zurück. »Ich will nicht so tun, als wäre es ein Kinderspiel, der Chef zu sein.«

Ich nicke.

»Eigentlich wollte ich immer im Bereich Sport arbeiten. Man sieht es mir vielleicht nicht mehr an, aber in meiner Jugend war ich ein ziemlich guter Athlet.«

Ich nicke weiter und verbiete meiner Fantasie, ein Bild von NB in kurzen Hosen heraufzubeschwören.

»Aber so ist das eben – wir können nicht alles haben, oder?«

»Na ja, ich wünsche Ihnen alles Gute.« Mit einem preiswürdigen Riesenschluck leere ich mein Glas, verlagere mein Gewicht und mache mich bereit zur Flucht. Ich muss unbedingt in den Untergrund zurück und einen Plan entwerfen, wie ich die Ledertasche zurückerlangen kann.

»Ja, ich bin ganz zufrieden mit dem, was ich erreicht habe. Der Durchlauf ist deutlich schneller, und die neue Gebühr deckt jetzt schon die Kosten der neuen Archivierungssoftware ...«

Soll ich Anita anrufen? Mich entschuldigen? Was wollte Philippa mir erzählen? Gibt es etwa schon Angebote für die Maisonette? Wie konnte ich nur so gemein zu Anita sein! Aber wie kann sie so oberflächlich über Mr Applebys Ledertasche reden? Dinge haben eine Bedeutung. *Sicherheitsnadel.* Dinge sind nicht austauschbar. Sie sind nicht nur Plunder. Ich klammere mich an der klebrigen Tischkante fest.

»... *Work hard, play hard,* das ist mein Motto. Ja, es läuft gut, sage ich Ihnen ... Den Jungs vom TfL habe ich erzählt ...«

Ich muss weg hier. Ich habe Probleme zu lösen, Scherben aufzusammeln, die ich selbst produziert habe.

»Noch eine Runde?« NB steht so schnell auf, dass er gegen den Tisch stößt und das Bier im Pint des glänzenden Anzugs überschwappt.

»Hey, pass doch auf, Mann«, bellt er.

»'tschuldigung, Kumpel.« NB lässt ein Lächeln aufblitzen.

»Ich muss los«, sage ich.

»Was ist mit dem Essen? Sie machen hier ziemlich gute Lammfrikadellen ...«

»Ich muss nach Hause. Meine Mutter ist krank.« Wenigstens ein Körnchen Wahrheit. Er nickt, doch ich spüre, wie der Wind wechselt, und ich entdecke einen Schimmer von Kälte in seinen Augen, als die Zurückweisung bei ihm ankommt.

Ich bin völlig erschöpft, als ich ins Fundbüro zurückkomme, und sehne mich nach der freundschaftlichen Gesellschaft des Absinths und meines Detektivkollegen. Er wird bestimmt einen Plan wegen der Ledertasche haben. Vielleicht weiß er sogar Rat wegen Anita. Ich putze mir am Waschbecken der Damentoilette die Zähne, verstaue die Zahnbürste in meinem Spind und schiebe meine Tasche und das Telefon hinterher; ich will keine Anrufe von Philippa mehr. Dann begebe ich mich in mein Untergrundlager und lege mich noch in Uniform aufs orange Fünfzigerjahre-Sofa, wo ich in einen kurzen unruhigen Schlaf sinke.

Ich träume, ich bin zehn Jahre alt und wandere mit Dad durch einen Wald. Der Pfad steigt vom dunklen, kühlen, nach Kiefern duftenden Waldesgrund steil an. Die Route verläuft im Zickzack, der Aufstieg ist beschwerlich. Ab und zu kommen uns Wanderer entgegen, die auf dem Rückweg sind. »Durchhalten«, ermutigen sie uns, »die Aussicht oben ist es wert!« Dad ist mir immer ein paar Meter voraus, und sein schwerer grauer Rucksack schwankt bei jedem Schritt von einer Seite zur anderen. Egal wie sehr ich mich anstrenge, ich schaffe es nie, aufzuholen. Ein paarmal sieht er sich um, lächelt, dann geht er weiter – immer weiter und höher. Endlich lassen wir einen Hain schmächtiger Bäume hinter uns und erreichen das Licht auf dem Gipfel.

»Sieh dir das an.« Dad dreht sich strahlend um. Hält mir die Hand hin.

Von da, wo wir stehen, können wir kilometerweit blicken – dunkelgrüne Wälder in der Ferne und dahinter der blaue Streifen des Meeres.

Ich habe Durst, und meine Beine tun weh. »Picknicken wir jetzt?«, frage ich und sehe gierig auf Dads Rucksack mit den Domino-Sandwiches, den zwei runden Zuckerwecken, dem kühlen Saft.

»Einen Moment noch, mein Schätzchen«, sagt Dad, der immer noch die Aussicht genießt.

Ich warte. Seufze theatralisch. Dann: »Dad, ich verhungere.« Ich ziehe an seinem Rucksack, und plötzlich taumelt er seitwärts. Rutscht mit dem linken Fuß ab, sucht Halt auf einem

Felsvorsprung, der unter ihm nachgibt, eine Lawine von Steinen und Erde prasselt die Klippe hinunter, und er kippt nach vorn, hat keinen Boden mehr unter den Füßen. Einen Moment lang sehe ich den Ausdruck in seinem Gesicht, als ihm klar wird, was passiert, noch halb im Moment davor verfangen, als er das Panorama genoss – sein Blick verzückt, der Mund entsetzt aufgerissen. Ich bin wie versteinert.

Sein Arm schlägt aus. Er packt meine Hand, und wir stürzen zusammen – in den Abgrund.

Schweißgebadet schrecke ich aus dem Schlaf. Die Picknickdecke hat sich um meine Brust gewickelt; mein Herz trommelt eine hohle Klage: *Ich bin schuld, ich bin schuld, ich bin schuld*. Einatmen, ausatmen. *Tesafilm*. Ich starre die Absinthflasche an. Sie ist fast leer, außerdem sollte ich meinen Konsum reduzieren, aber ich brauche nur einen Tropfen auf den Lippen, eben genug, um ihn wiederzusehen, eine Weile neben ihm zu sitzen, wenn er seine Pfeife pafft.

Ich kann und will nicht wieder einschlafen, also nehme ich den Absinth mit nach oben zu meinem schönen neuen Schirmschrein, meinem schlafenden Taubenschlag. Vielleicht besucht er mich hier; ich glaube, es würde ihm gefallen. Meinen Kollegen scheint die Verbesserung noch nicht aufgefallen zu sein, aber er wird sie zu schätzen wissen. Ich lege mich auf den Boden, betrachte die Umrisse der hölzernen Griffe – Äste, an denen ich emporklettern könnte, um eine andere Aussicht zu sehen, eine andere Perspektive. Langsam entspanne ich mich wieder.

Ein Geräusch.

Stille. Habe ich es mir nur eingebildet? Dann ein anderes Geräusch. Ein Schlurfen, näher. *Da ist jemand*. Ganz nah. Ein Rumpeln aus dem Verschlag mit den Wertsachen. Ein Dieb? Ich höre, wie Kisten geöffnet werden. Wie Gegenstände entnommen werden. Eingesteckt werden. Tatsächlich ein Einbrecher, der das Fundbüro ausraubt. Mir läuft es eiskalt über den Rücken.

Plötzlich bemerke ich einen süßlichen Geruch und erstarre.

»Ah, was haben wir denn da?« Noch ein Geruch, stechend und sauer – Whisky? –, und dahinter etwas anderes, dickflüssig, stinkend. Ich muss würgen. Ich krabbele nach hinten, spüre die Schirmgriffe im Rücken. Ein Hecheln, wild, animalisch. Er knipst die Neonröhren an, und dann sehe ich ihn. Ich kriege keine Luft. *Tesa–*

Er macht einen Satz auf mich zu.

Die Absinthflasche zerschellt am Boden, der Mann liegt auf mir, sein Gewicht und seine Hitze drücken mich nach unten. Bevor ich weiß, was passiert, presst er den Mund auf meinen, schiebt seine dicke nasse Zunge zwischen meine Lippen. Eine heiße Hand fummelt an meiner Jacke, nestelt an den Uniformknöpfen, zerrt an meinem Rock.

Ich schreie, stoße ihn weg. Er holt aus, und mit einem Getöse wie Artilleriefeuer poltern die Schirme aus dem Schrank.

»Nein!«, schreie ich wieder, aber er knebelt mich mit seinem Mund. Panik schnürt mir die Kehle zu. Er krallt sich in meine Brust, zieht, mit einem schrecklichen Reißen gibt der Stoff nach. Unter mir rollen Schirme, ein scharfes Knacken, als ein Stock zerbricht. Hektisch, blind greife ich hinter mich. Er drückt mich nach unten, walzt die Hüften gegen meine, saugt an meinem Hals.

Ich schreie wieder, doch er hält mir den Mund zu, drückt meinen Kopf zurück. Blut in meinem Mund. Ich strampele mit den Beinen. Reiße einen Arm los, taste, diesmal erwische ich etwas Festes. Die robuste Rundung eines Knaufs aus massivem Schlehdorn-Wurzelholz. Ich ziehe ihn aus dem Haufen und lasse ihn auf Neil Burrows' Kopf krachen.

Ein Schrei, hässlich, guttural. Er weicht zurück, dann stürzt er sich wieder auf mich, packt mich. Ich hebe meinen Degen und schlage noch einmal zu, diesmal fester. Er ächzt. Fällt vornüber und heult auf. Er rappelt sich hoch, hebt entsetzt die Hand, Blut zwischen den Fingern. In seiner Handfläche steckt eine Scherbe der zerbrochenen Flasche.

»Scheiße ... Scheiße ... du miese Schlampe. Du solltest mir dankbar sein ... verdammte Scheiße.« Er hält sich die Hand. »Aber jetzt bist du dran. Unbefugtes Betreten. Einbruch und Diebstahl. Trunkenheit am Arbeitsplatz. Da kommt einiges zusammen. Sieht nicht gut aus für dich, he? Gar nicht gut. Scheiße, tut das weh ...« Er starrt seine blutüberströmte Hand an, dann grinst er hässlich. »Du kannst nur hoffen, dass ich dich nicht auch noch wegen schwerer Körperverletzung drankriege.«

»Gestehen Sie dann auch Ihre Verbrechen?«, frage ich mit leiser, klarer Stimme. »Tätlicher Angriff? Diebstahl von Wertgegenständen?«

Ein dicker Speichelbatzen landet auf meiner Wange.

»Du bist gefeuert«, zischt er. Er steht noch einen Moment da und starrt mich an. Meine Finger schließen sich um den Schlehdorn. Galle im Mund. *Te...sa...film*. Er spuckt wieder, vorbei, die Spucke landet auf seinem eigenen Schuh. Dann dreht er sich um und geht.

Zitternd stehe ich da, lausche seinen Schritten, dem Rattern und Ächzen des Lastenaufzugs, warte, bis ich ganz sicher bin, dass er das Gebäude verlassen hat.

Dann wische ich mir das Gesicht ab und sinke zu Boden. Meine Hand hält immer noch den treuen Schlehdorn umklammert. Überall liegen zerrissene, verbogene, gebrochene Schirmleichen herum. Ein paar baumeln halb erdrosselt von ihren Fächern. Andere blieben verschont und liegen bang in ihren Nestern, still und verängstigt.

Ich atme den stechenden Geruch der Absinthpfütze am Boden ein und wünschte, er käme, rettete mich – *nil desperandum, lieber Watson* –, sagte mir, dass alles gut wird. Aber er kommt nicht. Er lässt mich wieder einmal im Stich.

Ich muss mich selbst trösten. Ich weiß sogar, wie; ich habe viel Übung. Und so schließe ich die Augen und stelle mir vor, ich würde eine wunderschöne silberne Schere aus meiner zerrissenen Brusttasche ziehen und würde jeden einzelnen Schirm von seinem Dijon-Anhänger befreien.

»Fliegt fort!«, flüstere ich.

Erst passiert nichts.

»Fliegt fort!«, flüstere ich lauter.

Nichts. Kein ... Ein Rascheln.

Dann ein Seufzen, und die sachteste Brise, als sich Flügel strecken. Seidiges Knistern und ... ein violett bezogener Standardschirm für Damen ist der erste, der abhebt, mit einem Luftzug, der hinter sich den Duft von Parmaveilchen und das Flüstern der Hoffnung verteilt. Der nächste ist ein geschwungener Ahorngriff, dann folgt ein Birdcage-Schirm mit transparenter Kuppel. Inzwischen trägt eine Phalanx schwarzer Faltschirme die Verletzten und die Gebrochenen zusammen und erzeugt genug Auftrieb mit seinem Flattern, um die Invaliden mitzutragen. Sie schwärmen durchs Magazin, die Treppe hinauf, kapriolen durch den Flur in den Kundenbereich, den sie mit Bewegung, Farbe, Leben füllen. Auf dem Weg zum Ausgang hallt das Fächeln ihrer Speichen von den Wänden wider, und die Tür öffnet sich ins rußige Nass der Stadt. Ein kurzes Innehalten, nicht mehr als die Fermata vor dem Crescendo – und dann erheben sie sich in einem einzigen großen wilden Rauschen hinaus in die Dunkelheit, plustern ihre seidigen Körper, strecken die Speichen aus, die so lange geschlossen, zugebunden waren, aber jetzt sind sie offen, jetzt sind sie frei.

Mir strömen Tränen über die Wangen, als ich das Bild in mir halte, als ich mir vorstelle, wie die Schirme über Dächer und

Schornsteine davonfliegen, ins Mitternachtsblau der Stadt. Ein prachtvoller Vogelzug.

Und dann bin ich an der Reihe.

Langsam, mühevoll stehe ich auf. Ich taumele ein bisschen; meine Füße kribbeln. Ich entdecke meinen Sheaffer, der in eine Ecke geflogen ist, zucke zusammen, als ich mich nach ihm bücke, ich habe überall blaue Flecke. Doch schlimmer ist die lädierte Uniform, verrutscht, zerknittert, misshandelt, und an der Brust ist etwas lose, abgerissen. Ich wage gar nicht hinzusehen.

Ich stolpere aus dem Schirmschrein, schleppe mich zu dem Kleiderhaufen, der vor der Luke liegt. Schiebe die Hand hinein, suche etwas Weiches, Freundliches. Ein dünnes weißes Hemd, an den Ellbogen fadenscheinig, ja, das tut es. Ich greife noch einmal hinein: eine Hose, weit, dunkelblau. Gut. Es fehlt noch etwas, eine Jacke oder ein Mantel. Zwischen den verknoteten Pullovern, Hemden, Schals ein Schimmer. Ich greife danach und ziehe. In einem silbernen Bogen kommt sie zum Vorschein.

Eine glänzende Bomberjacke.

Ich knöpfe meinen Loden auf, schlüpfe aus dem Faltenrock. Dann streiche ich die zerrissene Brusttasche glatt, falte die Ärmel eng um den Rock und verstecke das Bündel tief in dem Haufen nicht abgeholter Kleider. Schließlich schiebe ich alles die Rutsche hinunter. »Es tut mir leid«, flüstere ich.

Ich hole meine Sachen aus dem Spind in der Damentoilette und werfe einen Blick in den Spiegel. Erkenne nicht, was ich dort sehe. Die Augen groß, verängstigt, Kratzer auf Gesicht und Hals, die Haut bleich. In der silbernen Bomberjacke mit den weiten Ärmeln sehe ich aus wie eine Astronautin. Der Besitzer hat mit seinen Händen die Taschen ausgebeult. Jetzt schiebe ich die Fäuste hinein, imitiere die Geste, versuche mich etwas weniger allein zu fühlen. Die Hose ist mit Schlag und riesig. Ich krempele den Bund ein paarmal um, bis er sich anfühlt wie ein Rettungsring, der mich hält.

An der Tür sehe ich mich noch einmal im Kundenbereich um: der Schalter mit dem langen Tresen, die ordentlichen Stapel der Dijon-Anhänger, die auf die Verluste von morgen warten, von übermorgen und dem Tag danach.

Dann trete ich hinaus in die Nacht.

Der Himmel ist verhangen, die Luft feucht und kalt, aber unter der silbernen Bomberjacke ist mein Körper taub. Ich habe kein Ziel, setze einen Fuß vor den anderen, gehe nur, um mich zu bewegen. Denn ich fürchte, wenn ich einmal stehen bleibe, kann ich nicht mehr weitergehen; ich stünde einfach hier, verloren, mitten auf der Baker Street.

Irgendwann merke ich, dass ich nach Süden gehe, in Richtung Fluss. Am tintenschwarzen Ufer wende ich mich nach links, gehe bis zur nächsten Brücke, steige die abgetretenen Stufen hoch. Blackfriars Bridge. Ich habe den rosa Stein der Säulen immer gemocht.

An der Brücke hängt ein Schild – IMMER DA, TAG UND NACHT – mit der Telefonnummer der Samariter. Wie fürsorglich. Aber was könnte ich sagen? Ich lehne mich an die Brüstung, starre hinunter in den dunklen Fluss, in dem die Jahrhunderte schwappen, in jeder wässrigen Zelle eine andere Geschichte. Wünscht er sich manchmal, er könnte alles abschütteln, könnte sich reinwaschen von allem, was er trägt? Von all den Erinnerungen?

Ich überquere die Brücke, folge dem Albert Embankment in Richtung Battersea. Hin und wieder bleibe ich stehen, starre in das wirbelnde Wasser, bis das Licht sich endlich ändert, bis die Möglichkeit des Morgens ihren Schatten über den Fluss schickt.

Und ich finde ein hellerleuchtetes, durchgehend geöffnetes Café mit grellorangen Tischen und Stühlen und bestelle einen »normalen Tee«.

Danach nehme ich den Bus Nummer 44 nach Tooting.

17

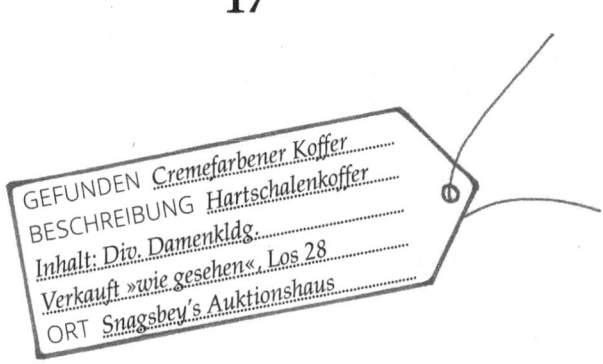

Snagsbey's ist genauso zwielichtig, wie der Name klingt. Das Auktionshaus in Tooting steht als letztes Gebäude an einer langen Straße, die sich in ihrem Verlauf immer weiter aufzulösen scheint. Läden hocken bucklig am Straßenrand, heruntergekommen, im Verfall begriffen. Überall blättert die Farbe ab wie gelbgrauer Schorf; in den eingesunkenen roten Dächern gähnen Lochmuster.

Auf den ersten Blick sieht Snagsbey's aus wie ein Bestattungsinstitut, das seine besten Tage hinter sich hat. Auf einem windschiefen schwarzen Schild steht in goldener Prägeschrift: *Gegründet 1896, Mr A. P. Snagsbey, Esq.* Die Architektur des Gebäudes ist ein Frankenstein'sches Monster – die Neo-Tudor-Fassade zur Hälfte von Metallrollläden verdeckt, die Seitenmauern mit graubeigem Rauputz bedeckt, der an Körperverletzung grenzt. Zum Eingang an der Seite führt ein halb aus den Angeln hängendes schwarzes Eisentor. In der Einfahrt steht mit laufendem Motor ein schmutziger weißer Transporter mit offener Schiebetür. Ich sehe Stapel von Pappkartons, eine kaputte Emaille-Wanne und zugebundene Plastiksäcke, in denen Kinderspielzeug erstickt. Ein Mann lehnt an der Fahrertür, eine selbstgedrehte Zigarette zwischen den Fingern.

»Alles klar?«, fragt er. Und erschrickt, als ich über die Ironie seiner Frage unwillkürlich lachen muss.

Ich bin so zerbeult und unbrauchbar wie seine alte Emaille-Wanne. Ich bin obdachlos, arbeitslos und von innen wie außen geschunden. Ich habe alle Menschen, die mir nahestanden, verloren oder weggestoßen und befinde mich auf einer wahrscheinlich hoffnungslosen Mission.

Ich nicke kurz und haste an ihm vorbei. Bloß nicht stehen bleiben, denn wenn ich es tue, schmecke ich Burrows' Mund, rieche seinen Atem, spüre den Riss an meiner Brust. Bloß nicht stehen bleiben, denn wenn ich es tue, falle ich vornüber und zerspringe in tausend Teile.

Blind stolpere ich in den Vorraum. Ein laminiertes Schild schreit die Anwesenheit von Überwachungskameras heraus, und ich starre ins Auge der plumpen Linse, die von der Decke hängt. Meine Spiegelung darin erkenne ich nicht wieder.

Offenbar soll der Auktionssaal wohnlich wirken, denn neben mehreren Spiegeln in schweren Rahmen hängen Bilder an den Wänden, hauptsächlich Poster von griechischen Inseln und Pastellgemälde von englischen Landschaften. Dazwischen stehen Kommoden, Anrichten und Schränke, übervolle Regale mit Koffern, Spielzeug und Kleidung. Eine bunte Mischung von Stühlen ist wie im Theater vor einer Bühne aufgereiht, die von verschlossenen Vitrinen flankiert ist. In der Mitte ist ein hölzernes Stehpult, auf dem ein kleiner Hammer liegt. Von der Decke hängen Klarsichtbeutel mit Damenschuhpaaren, wie Goldfische auf dem Jahrmarkt.

Alles hier ist mit einer Losnummer versehen. Alles steht zum Verkauf.

Die Auktion beginnt erst um neun, und in der verbleibenden halben Stunde kann noch besichtigt werden. Ich schließe mich ein paar Männern an, die durch die Gänge schlendern, die meisten tragen das, was offenbar die inoffizielle Uniform hier ist – graues Sweatshirt, in den Bund einer ausgeleierten Jogginghose gesteckt.

Nach und nach füllen sich die Reihen. Man sieht, dass die Stammgäste ihren Bereich haben und die letzte Reihe tabu ist.

Ein Mann mit frühstücksfleischrosa Wangen sitzt breitbeinig auf einem blauen Plastikstuhl am Rand. Er redet laut mit einem Typen ein paar Stühle weiter, der den besten Platz hat, letzte Reihe Mitte, im vorschriftsmäßigen Jogginganzug.

»Wie iss'n das Publikum hier? Sieht nach'm Kessel Buntes aus. Nich alle aus der Branche, was?« Frühstücksfleisch spricht mit einem starken südafrikanischen Akzent.

Jogginganzug lehnt sich zurück, spreizt die Knie noch weiter als sein Gesprächspartner. »Na ja, es is' so. Die Leute, die kommen – und ich bin seit Jahren dabei, Alter, ich weiß Bescheid –, das sind hauptsächlich Händler. Und paar Zivilisten, die nach 'nem billigen iPad für Weihnachten suchen.« Sein Kopf zuckt in Richtung eines blonden Paars, das ein paar Reihen weiter vorn zwei Polstersessel besetzt. Sie tragen kuschelige Duffelcoats und stechen aus der Menge heraus. Ihr weiches goldenes Haar sieht aus, als würde es nach Apfelblüten duften. Sie teilen sich einen Katalog, in dem sie emsig lesen, und nicken, wenn der andere spricht. Sie wirken so innig, dass ich die Hand ausstrecken und sie streicheln will, sie versprechen lassen will, dass sie für immer zusammenbleiben.

»Ich hab 'n Stand in Notting Hill unten«, sagt Jogginganzug. »Nix Ausgefallenes, aber 'ne Goldgrube, sag ich dir, 'ne verdammte Goldgrube. Von dem Zeug hier«, er zeigt im Saal herum, »würd ich ehrlich gesagt nicht viel in Notting Hill verkaufen, aber vielleicht finde ich was, das ich 'nem Kumpel von mir weitergebe, der seinen Stand in der Petticoat Lane hat – verstehst du?«

Frühstücksfleisch zuckt die Achseln und ordnet den Schritt seiner Jeans.

»Andererseits«, fährt Jogginganzug fort, der sich offenbar in der Rolle als Experte gefällt, »hab ich hier auch schon Sachen abgestaubt – bisschen Spode-Porzellan, Erstausgaben, hochwertige Ledertaschen«, er schnalzt mit den dicken Fingern, »die hab ich in Notting Hill fürs Zehnfache verkloppt.« Er verschränkt die Arme und nickt weise. »An 'nem Ort wie dem hier musst du dich auskennen, musst die Spreu vom Weizen trennen können. Du musst erkennen können, wenn's was Besonderes ist, wovon die Trottel hier«, er zeigt in den Saal, »keine Ahnung haben.«

Der Raum füllt sich. Ich habe Mr Applebys Ledertasche noch nicht entdeckt und suche nervös die Regalfächer ab. Ein paar Leute sehen ebenfalls noch die Regale durch, aber das wirkliche Getümmel spielt sich vor den Vitrinen ab, wo die Wertsachen unter Verschluss gehalten werden. Dort hat sich ein rein männlicher Kundenkreis versammelt. Sie tragen einen anderen Look – Männer in langen Ledermänteln, Männer in Kufiya und Thawb, Männer in Tweedjacketts, die aussehen, als kämen sie gerade aus einer schicken West-Londoner Altbauwohnung, Männer in schmalen Hosen, die nackte, kostspielige Knöchel freilegen.

Einige kennen sich und rufen einander Begrüßungen zu. Der einzige Mensch, der hier verantwortlich zu sein scheint, ist ein blasser dünner Junge, der nicht älter als fünfzehn sein kann, mit fusseligem Flaum auf der Oberlippe.

»Wenn ich Ihren Namen aufrufe und die Vitrine aufschließe, haben Sie zwei Minuten«, erklärt er. »Nur zwei Minuten, okay? Sobald die Auktion beginnt, ist keine Besichtigung mehr möglich.«

Die Männer nicken, den Blick fest auf die Vitrinen geheftet, wachsam, den Moment abpassend.

Außer mit unreklamierten Fundsachen handelt Snagsbey's mit Gerümpel aus Trödelläden und stillgelegten Möbellagern und mit nicht abgeholtem Gepäck aus Bahnhofsschließfächern. Wie im Fundbüro gibt es bei der Gepäckaufbewahrung ein Verfallsdatum. Die Koffer und Taschen werden »wie gesehen« versteigert, was bedeutet, mit dem gesamten nicht gezeigten Inhalt. Es ist reine Glückssache, ob man eine Tasche ergattert, die für zwei Jet-Set-Wochen in Monte Carlo gepackt wurde, oder eine für ein verregnetes Wanderwochenende in Wales.

Auch von der Polizei konfisziertes Diebesgut kommt bei Snagsbey's zur Auktion. Vielleicht erklärt das den finsteren, halbseidenen Eindruck, den ein Teil der Klientel hier macht. Außerdem werden Haushaltsauflösungen und Nachlassschätzungen durchgeführt. Das Ganze riecht mehr als ein bisschen nach Fegefeuer.

Mit wachsender Sorge überfliege ich die Regale. Die Ordnung, wenn man es so nennen kann, hat etwas Brachiales. Hier ist nichts von den Feinheiten unseres Magazins zu spüren. Die Gegenstände werden zusammengeworfen, in kaputte Kisten gestopft, in zu kleine Fächer gequetscht. Snagsbey's ist der dunkle Zwilling des Fundbüros. Ich erkenne die gleichen Objekte – Taschen, Mäntel, Schirme –, viele davon haben einst unsere Regale bevölkert. Doch während das Fundbüro eine hoffnungsvolle Zufluchtsstätte ist, die eine zweite Chance verspricht, die Möglichkeit eines Happy Ends für die kleinen Tragödien des Lebens, herrscht an diesem Ort reiner Opportunismus, profitorientiertes Business. Welches Happy End könnte man hier schon finden?

»Die Besichtigung endet in einer Minute, meine Damen und Herren, nur noch eine Minute«, ruft der pubertierende Junge.

Ich fahre mit der Hand über Los 28, einen cremefarbenen

Hartschalenkoffer, der von der Gepäckaufbewahrung Paddington kommt. Auf dem Anhänger steht »Div. Damenkldg.«, und ich frage mich, was sich wohl in einem so eleganten Behältnis befindet. Und dann sehe ich sie – Mr Applebys Ledertasche! Trotz allem, was passiert ist, schlägt mein Herz höher. Da ist sie, eingezwängt zwischen einem ausgebeulten Segeltuch-Trolley und einem papageiengrünen Plastikkoffer mit kaputtem Reißverschluss, aus dem etwas gelbes Synthetisches quillt.

Mr Applebys Ledertasche ist Los Nummer 26.

»Bitte setzen Sie sich, meine Damen und Herren, die Auktion beginnt jetzt«, ruft Flaumbart.

Als ich den Katalog konsultiere, erfahre ich, dass Los 26 zur Kategorie »Sackware und Gepäckaufbewahrung« gehört. Der Inhalt ist mit »Dmn-Geldbö., Schaufel, Gemüse« deklariert. Gemüse! Offenbar hat hier niemand je davon gehört, dass es so etwas wie Blumenzwiebeln gibt.

Inzwischen sind die Reihen gut gefüllt; tatsächlich ist nur noch ein Platz frei, in einer Reihe weiter hinten. Ich zwänge mich hinein. Hinter mir höre ich Frühstücksfleisch sagen: »Jeder Frau, egal wie hässlich sie ist, kann man für irgendwas ein Kompliment machen.«

Jogginganzug bellt ein verächtliches Lachen. »Ja, so was wie: ›Schicke Schuhe.‹«

Ich schiebe die Füße unter den Stuhl, verkrieche mich in der silbernen Rüstung meiner Bomberjacke. Der Schlafmangel steckt mir in den Gliedern.

Durch den bunten Haufen läuft ein gespanntes Murmeln, als mit klackernden Pumps die Auktionatorin die Bühne betritt. Sie ist um die sechzig, eckig wie ein Kleiderbügel, das nikotingefleckte blonde Haar zu einem straffen Pferdeschwanz zurückgebunden. Die Hälfte ihres schmalen Gesichts ist von einer Brille mit schwarzem Gestell bedeckt. Sie wirkt irgendwie zeitlos, als wäre sie hier, seit Snagsbey's 1896 seine Pforten geöffnet hat. Wie der Rest von ihr hat auch ihre Stimme scharfe Kanten – lupenreines London.

»Guten Morgen, Herrschaften. Bevor wir anfangen, ein paar Worte an die Bieterinnen und Bieter, die erstmals bei uns sind.«

Das Duffelcoat-Paar tauscht ein schüchternes Lächeln, als hätte die Auktionatorin ihnen beiden ein romantisches Gelöbnis abgenommen. Alle anderen starren ungeduldig in die Kataloge.

»Der Mindesteinsatz beträgt bei allen Artikeln acht Pfund«, sagt die schneidende Stimme der Auktionatorin. »Kontrollieren Sie Ihre Lose, bevor Sie das Gelände verlassen, Irrtümer können nicht behoben werden. Rob, beweg die erste Reihe etwas vor, damit die Leute in der zweiten ihre Beine unterkriegen.« Gehorsam bringt ein Mann in grauem Kapuzensweatshirt die vorn Sitzenden dazu, aufzustehen und ihre Stühle weiter vorzuziehen. Dann setzt die Auktionatorin ihre Litanei fort: »Kein Aufstehen, wenn der Hammer in Aktion ist, keine Erwerbung von mehr als 200 Pfund pro Person. Das war's. Herrschaften, legen wir los.«

Hängende Schultern richten sich auf, Zungen lecken an Bleistiftstummeln. Eine Welle der Energie schwappt durch den Saal. Und los geht's.

»Los 1, Bose QuietComfort-Noise-Cancelling-Kopfhörer mit Audiokabel. Wir beginnen mit einem Mindestgebot von fünfzehn Pfund.«

Bieterkarten steigen und fallen wie Laub im Herbstwind, und ich fange an zu verstehen, warum die hinteren Reihen so beliebt sind. Von hier aus hat man freie Sicht, wer auf was und wie viel bietet. Manche Karten flattern hektisch – die Anfänger. Die Profis scheinen sich kaum zu rühren. Dem scharfen Eulenblick der Auktionatorin entgeht nichts. Sie ist schnell und bedient beidhändig Stift und Hammer, während wir durch die ersten Lose pflügen.

Bei jedem Los, das sie aufruft, hechtet der pubertierende Junge, der auf den Namen Alfie hört, durch den Saal und führt den betreffenden Artikel vor. Ein Paar Armbanduhren »Für Sie und Ihn« gleiten durch seine dünnen Finger; im nächsten Moment führt er auf der anderen Seite der Halle einen Kindle in einer roten Stoffhülle vor. Eine Zaubershow voller Tricks und Kunststückchen.

»Los 11 – wer beginnt mit zwölf Pfund für diesen schönen Herrenanzug, den Sie hinten sehen?«

Wir drehen uns zum anderen Ende des Saals, wo der flinke Alfie einen Gainsboro-grauen Anzug hochhält.

Die Auktionatorin blickt durch ihre riesige Brille auf uns herab.

Nichts regt sich.

»Wir gehen runter auf zehn. Das ist praktisch geschenkt.«

Nichts.

»Ein Herrenanzug von der Piccadilly. Kommen Sie, nicht mal acht Pfund?«

Ein kurzer weißer Wink des indischen Gentleman neben mir, peng, saust der Hammer nieder, wusch, tanzt der Stift über das Papier.

»Einen Zehner für diese Etagere? Acht für einen Minimixer, neu und originalverpackt – hübsches kleines Weihnachtsgeschenk«, klirrt ihre Stimme. »Ein Paar Hochzeitsschuhe, Größe 40, ungetragen?« Alfie hält sie hoch. Der Anblick der hochhackigen silbernen Damenschuhe in seinen knochigen Jungenhänden hat etwas Verstörendes, als hätte hier jemand seine Unschuld verloren.

»Schwarze Tragetasche mit Carbonfaser-Airchannel-Dual-Torsion-Skiern und Skistöcken – die Skisaison steht kurz bevor, wer gibt mir dreißig?« Die Skier gehen an Frühstücksfleisch.

»Schöner Pedalmülleimer?«

Alfie saust zur hinteren Ecke des Saals. Im Vorbeigehen murmelt er: »Das Ding fasse ich nicht an.«

»Braucht bloß eine Grundreinigung«, sagt die Auktionatorin, die ihn ganz sicher nicht gehört haben kann. Verdrossen hält Alfie den Eimer auf Armeslänge.

Sie hat den Saal im Griff und sieht aus, als wüsste sie, wer welche Leichen im Keller liegen hat. Das Duffelcoat-Paar hält sich aneinander fest. Meine Hände sind schweißnass. Ich wische sie am unvertrauten Gewebe meiner Hose ab, dann bekomme ich Angst, die Auktionatorin könnte denken, ich würde auf den Mülleimer bieten. Aber der Eimer ist schon weg, und Alfie steht in der Mitte des Saals und hält eine Tüte mit gemischten Damensandalen hoch. Sein Flaum ist von Schweißperlen benetzt.

»Los 25.«

Mein Herz rast.

»Trolley mit Kinderkleidung, drei Geschirrtüchern und zwei Gürteln. Acht Pfund Mindestgebot.«

Der Mann, der Rob heißt, bietet acht; jemand erhöht auf zehn. Das Duffelcoat-Paar sieht sich an, nickt, und die Auktionatorin ruft zwölf. Ich warte so verzweifelt auf die Ledertasche, dass ich beinahe auf den Trolley mitbiete, nur um es hinter uns zu bringen, aber er geht an die Duffelcoats, die überglücklich wirken.

»Los 26, Ledertasche ...«, beginnt die Auktionatorin. Meine Karte schnellt hoch, bevor sie ausgeredet hat.

»Bitte warten Sie, bis das Los aufgerufen ist«, tadelt sie mich. Ich senke den Kopf.

»Ledertasche mit Setzschaufel und Damen-Geldbörse. Ich beginne mit vierzehn, allein wegen der Lederqualität.«

Mein indischer Nachbar hält die Karte hoch.

»Sechzehn?«, sagt die Auktionatorin.

Ich strecke meine hoch, und dann, aus Angst, dass sie mich nicht gesehen hat, wedele ich damit.

Sie nickt knapp in meine Richtung.

Mein Nachbar erhöht auf achtzehn, und ein grauer Jogginganzugträger mit schwerer Goldkette bietet umgehend zwanzig.

Ich wedele mit der Karte, als wollte ich ein Feuer anfachen, und bei zweiundzwanzig bin ich wieder dran, aber sofort spüre ich den Luftzug hinter mir, und Jogginganzug bietet vierundzwanzig. Mein Nachbar gibt auf, aber Goldkette erhöht auf sechsundzwanzig. Bei achtundzwanzig bin ich wieder dran. Mein Herz schlägt Purzelbäume; Schweiß kitzelt unter meinen Achseln. Jogginganzug bietet weiter mit. Ich sehe ihn aus dem Augenwinkel, wie er vorgebeugt dasitzt. Er will mich mit Absicht überbieten. Aber ich lasse nicht locker – wie auch? Ich winke wieder mit der Karte, halte den Atem an. Es herrscht Ruhe. Der Hammer schwebt in der Luft.

»Verkauft für 32 Pfund?«

Ich starre die Zentimeter zwischen dem Hammer und dem Tisch an, will, dass sie schrumpfen, dass der Hammer fällt. *Bitte, bitte.*

Peng.

»Das nächste Los mit der Nummer 27 ...«

Ich schließe die Augen, atme aus. Komme wackelig auf die Beine. Versuche nicht in Richtung Jogginganzug zu sehen, als ich mir den Weg hinaus bahne.

»Los 28, cremefarbener Hartschalenkoffer, gekauft wie gesehen.«

Ich drehe mich um und halte meine Karte hoch.

In einem anderen Café, dessen Dekor glücklicherweise etwas dezenter ist als das im letzten, wiege ich die kostbare Ledertasche auf dem Schoß, während mein neuer cremefarbener

Koffer zu meinen Füßen steht. Wie alle anderen Gäste starre ich in mein Smartphone. Ich tippe auf das Wort »Seilbahn« und bekomme eine riesige Auswahl an Standseilbahnen in Ländern von Südafrika bis zur Ukraine. Ich muss die Suche einschränken.

Was hat Mr Appleby noch gesagt? Mit Aussicht auf ...?
Die Kellnerin steht an meinem Tisch.
Verwirrt blicke ich auf.
»Frühstück oder Mittagessen? Mittagessen geht gerade erst los, aber Frühstück gibt es den ganzen Tag, also wie Sie wollen.«
Mein Magen revoltiert beim Gedanken an Nahrung.
»Nur eine Tasse Tee, bitte.« Ich sehe wieder auf das Display.
»Welche Sorte?«
»Welche Sorte was?«
»Welche Sorte Tee hätten Sie gern?«
»Ich nehme nicht an, dass Sie Lapsang haben?«
»Kommt sofort.«

Ich strahle sie an. Die Ledertasche, mein cremefarbener Überraschungskoffer und eine Tasse Lapsang. Es sind die kleinen Freuden, die die Dunkelheit aufhellen.

»Verreisen Sie wohin, wo es schön ist?«, fragt sie mit Blick auf mein Gepäck.

»Ich, also ... ich weiß es noch nicht genau.«

Sie legt den Kopf zur Seite. »Spontanreise, was? Klingt toll. Ich bringe Ihnen den Tee.«

Ich kehre zu meiner Suche zurück und beschränke die Parameter auf Großbritannien. Das Ergebnis sind nicht weniger als siebzehn Seilbahnen in alphabetischer Reihenfolge. Ganz oben auf der Liste steht Bournemouth mit gleich drei davon. Ich nehme den Sheaffer aus der Handtasche und schreibe »Bournemouth« auf meine Papierserviette. Daneben mache ich ein kleines Fragezeichen. Bournemouth ist auf jeden Fall ein guter Kandidat. Ich war zwar noch nie da, aber ich habe mit großem Vergnügen *Entdecke Dorset!* gelesen. Kurz denke ich an den Reiseführer im Regal der leeren Maisonette und stelle mir vor, wie Mums bescheidenes Heim – Mums und mein Heim – von Fremden taxiert wird, wie sie Maß nehmen, sich unsere Sachen ansehen. Arme Mum. Ich wünschte, ich könnte mit ihr reden, hören, wie es ihr geht, aber ich glaube nicht, dass ich im Moment zu einem Anruf in der Lage bin. Ich weiß nicht, ob ich meine Stimme beherrschen könnte. Ich will Mum nicht aufregen.

Zurück zur Sache. Falls Bournemouth das Ziel meiner Spontanreise ist, wäre *Entdecke Dorset!* jetzt sehr praktisch, aber wie die Dinge liegen, wende ich mich wieder der Nemesis aller Reiseführer zu – Wikipedia – und lese weiter.

Der nächste Ort ist Bridgnorth mit der steilsten Seilbahn, aber ist Bridgnorth nicht am Severn statt am Meer? Damit fällt Bridgnorth aus; gut, dass ich wenigstens einen Ort streichen kann. Dann kommt Brighton – eindeutig eine Möglichkeit. Ich schreibe es unter Bournemouth auf die Serviette. Was kommt als Nächstes? Bristol. Mr Appleby hat vom Blick über den Kanal gesprochen – ich war davon ausgegangen, dass er den Ärmelkanal meint, aber könnte er vom Bristol Channel geredet haben? Ich will gerade »Bristol« auf die Serviette schreiben, als ich mich plötzlich erinnere, wie Mr Appleby sagte, sein Enkel habe ihn *runter* an die Küste eingeladen. Ich schließe die Augen, sehe sein freundliches Gesicht ... Ja, ich bin mir sicher. Runter. Bristol wäre *rauf* gewesen oder wenigstens *rüber*, keinesfalls *runter*. Noch eine Seilbahn, die ich streichen kann.

»Ich kann Ihnen auch einen Zettel geben, wenn Sie möchten.« Die Kellnerin stellt mir den Tee hin und zeigt auf die vollgekritzelte Serviette. Ich nicke dankbar. Ich brauche auf jeden Fall mehr Platz, wenn ich alle siebzehn Seilbahnen durchgehen will. Sie reißt mir ein paar Zettel von ihrem Block ab. Ich fange die Liste von vorn an. Oje, das dauert alles sehr lange. Ich trinke einen Schluck Tee, und sein vertrauter rauchiger Geschmack tröstet mich.

Die Kellnerin bringt dem Mann am Nebentisch einen Teller gebutterten Räucherhering. Ich atme den salzigen Fischgeruch ein ... Moment, hat Mr Appleby nicht irgendwas von Fischerhütten gesagt?

Aufgeregt tippe ich »Fischerhütten« und »Südküste Seilbahn« ein. Als Erstes erscheint eine Anzeige für ein Bed&Breakfast namens Cherry Blossom. »*Dieses familienfreundliche Gästehaus unweit der Strandpromenade liegt in nächster Nähe der hübschen Altstadt.*«

Altstadt! Ich hatte die Altstadt ganz vergessen – ich habe das Gefühl, ich bin auf der richtigen Fährte. Ich lese weiter. »*Leicht erreichbar sind alle historischen und modernen Sehenswürdigkeiten der 1066-Küstenlinie, darunter das Rettungsboot-Museum, der Flamingo-Freizeitpark, die berühmten Fischerhütten und die Seilbahn.*«

Ich bin ganz nah dran! Ich fische die verblasste Quittung aus der Ledertasche und versuche noch einmal, sie zu entziffern. Ganz oben steht das Wort »Judges«. Die Quittung muss von einem Laden ausgestellt worden sein, oder? Mit zitternden Fingern tippe ich die Wörter »Judges Shop«, »Altstadt«, »Fischerhütten«, »Seilbahn« und »Cherry Blossom B&B« und klicke auf Suche.

Ich habe ihn gefunden!

Hastig stürze ich den letzten Schluck meines köstlichen Tees hinunter.

»Ich weiß jetzt, wo es hingeht«, sage ich der Kellnerin beim Bezahlen. »Nach Hastings!«

18

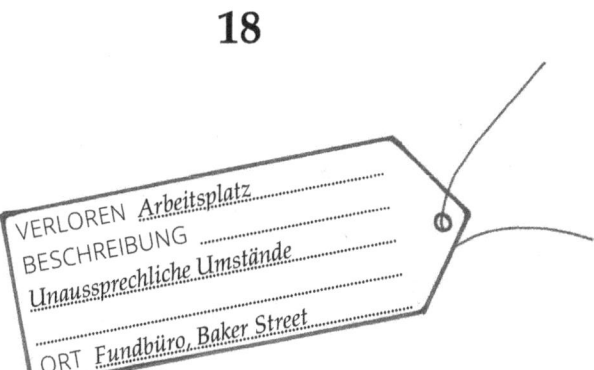

VERLOREN Arbeitsplatz
BESCHREIBUNG Unaussprechliche Umstände
ORT Fundbüro, Baker Street

Die Zugfahrt durch die Landschaft von Kent erinnert mich an meinen Schulweg. Es ist ein paar Jahre her, aber das Ruckeln und Schwanken der Waggons, wenn der Zug durch Dörfer, Höfe und Kleinstädte rattert, ist mir noch sehr vertraut. Von draußen ein vorbeirasendes Zischen und Kreischen. Wie der Wind. Auf dem Sprung, schneller, schneller, keine Zeit! Drinnen dagegen ein sanftes Schaukeln, leichter Wellengang, das schlingernde Wiegenlied der Haltestellen: Maidstone-Bearsted-Ashford-Sturry-Minster.

Die Taschentuchquadrate der Felder von Kent gleiten unter einem Himmel wie ein Tupperware-Deckel vorbei, zeitlos, versiegelt. Die Landschaft hier riecht säuerlich, fruchtbar, wie etwas, das langsam verrottet. Hopfen natürlich, das weiß ich heute. Aber als Schülerin hat mich der Geruch entsetzt und fasziniert. Wenn ich das Fenster öffne, wird es genauso riechen wie damals.

Doch das ist ein ganzes Leben her.

Ich sehe sie, jene Dot, ihr erwartungsvolles Gesicht, immer

bereit für ein Spiel, voller Sehnsucht nach Abenteuern. In ihrem Kragen steht mein Name, aber sie ist nicht ich. Diese Offenheit, dieses strahlende Lächeln gehören einer anderen. Was macht diese andere heute? Hat sie Mann und Kinder? Umsegelt sie mit einem schnittigen Schoner die Welt? Teilt sie sich mit einem Freund einen Flammkuchen in Straßburg? Denn das hier ist sie nicht, diese zerschrammte vogelfreie Frau in der weiten silbernen Jacke, die niemanden hat, der auf sie wartet, der sie auffängt, der sie hält.

Ich schiebe das kleine Fenster auf, strecke die Nase hinaus, und ja, da ist er, der Geruch von Hopfen. Windböen nehmen mir den Atem, lassen meine Augen tränen, als der Zug weiter in Richtung Küste rast. Orpington: *Au revoir*, liebes Fundbüro. Sevenoaks: *Arrivederci*, besudelte Uniform. Tonbridge: *Bonne chance*, Philippa, Greenridge, Cooper & Price, mögt ihr zusammen glücklich werden. Robertsbridge: *Adieu*, Maisonette. Battle: *Ti maledico*, Neil Burrows. Crowhurst: *Goodbye*, Holmes und Watson. St Leonards Warrior Square: Mach's gut, liebe Anita.

Eine Aufgabe habe ich noch. Zum Glück bin ich gut darin, Dinge beiseitezuschieben, unter den Teppich zu kehren. Eine Familientradition, in der ich viel Übung habe.

An der unappetitlich klingenden Station Wadhurst steigt eine Putzkolonne ein, »Train Presentation Team« auf die lila Uniform gestickt, als wären sie hier, um eine Show aufzuführen.

Ich blicke nach oben durch die Stangen des Gepäckfachs und bin beruhigt, als ich die robusten, wie mit dem Lineal gezogenen Streifen der Ledertasche ausmache und daneben den cremefarbenen Koffer, »wie gesehen«. Nach außen wirke ich wie eine gewöhnliche Reisende mit exklusivem Gepäck für die Grand Tour – bis auf die kleine Tatsache, dass ich keine Ahnung habe, was sich in meinem Koffer verbirgt, und dass meine Ledertasche einem Mann gehört, dessen Aufenthaltsort ich nicht kenne. Leider besitze ich in meiner Reiseführer-Sammlung keinen Band über Hastings, aber Wikipedia informiert mich, dass die Stadt 92 855 Einwohner hat. Eine Herausforderung also. Aber eine Unterkunft habe ich zumindest schon – während der Wartezeit auf den Zug habe ich drei Nächte im Cherry Blossom B&B gebucht. Und ich habe Hinweise. Vielleicht ist die Bäckerei Judges ein guter Ausgangspunkt? Ich bin zwar nicht mehr bei Transport for London/Abteilung Fundbüro angestellt, aber es befindet sich noch eine Fundsache in meiner Obhut, und ich werde mein Äußerstes tun, Eigentümer und Eigentum wiederzuvereinigen. Dies ist mein letzter offizieller Dienst.

Zwei Teenager in meinem Waggon sehen mich an und kichern. Zweifellos biete ich einen merkwürdigen Anblick. Als sie an der nächsten Haltestelle aussteigen, ruft die eine mir zu: »Schicke Jacke, voll Ryan Gosling«, und dann rennen sie vor Lachen kreischend den Bahnsteig hinunter. Ich habe keinen blassen Schimmer, was sie meinen, aber ich schätze, sie sind die heutige Entsprechung zu den Mädchen auf dem Schulhof, wenn ich allein auf der Bank saß und mein Sandwich aß. Der Platz, der für die Außenseiter reserviert war. Früher dachte ich, eines Tages würde ich das Mobbing einfach hinter mir lassen, aber heute weiß ich, dass es nicht am Schultor aufhört. Ich dachte, nur ich hätte es mit fiesen Kommentaren über unmodische Schuhe, komische Sandwiches und schlechte Würfe beim Netzball zu tun. Ich wusste nicht, dass meinem Vater ähnliche Wunden geschlagen wurden. Wunden, die am Ende tödlich waren.

Einmal war ich mit Dad unterwegs, und wir hielten an einer Tankstelle. Ich durfte das Benzin einfüllen; ich liebte seinen feurigen Geruch. Im Auto lief das Radio. Dad stand vorn am Wagen und legte seine langen, ausdrucksvollen Finger auf die Motorhaube. Ich sah seinen Händen so gern zu; sie waren so elegant, immer in Bewegung, erweckten die Luft zwischen den Fingern zum Leben, als erschüfen sie Welten. Im Radio lief eine Arie. Vielleicht aus *La bohème*. Dad schloss die Augen, seine Hände tanzten, sein Ausdruck war entrückt.

»Hey, beweg dich mal!« Eine Männerstimme, abfällig.

Dad zuckte zusammen, öffnete die Augen, sah sich um, wusste nicht, wo die Stimme herkam. Ein Mann lehnte sich aus einem Transporter. Er sah mich nicht, weil ich auf der anderen Seite des Wagens stand. Für ihn sah es so aus, als wäre Dad allein.

»Tunte.« Raues Gelächter. Mehr als einer. Eine ganze Meute.

Dad lief zu mir rüber. Stolperte.

»Steig ein«, sagte er.

»Wir sind aber noch nicht fertig, Daddy«, protestierte ich. Ich hatte mich auf den Zähler konzentriert, freute mich auf die runden Nuller, wenn er die Zwanzig-Pfund-Marke erreichte.

»Es reicht. Steig ein!«, schrie er mich an. Dad schrie sonst nie. Nie. Meine Wangen brannten, als hätte er mir eine Ohrfeige gegeben. Ich stieg ein, verschränkte die Arme, presste die Lippen zusammen und sagte auf dem Heimweg kein Wort mehr.

Zu Hause lief ich in mein Zimmer und schlug die Tür hinter mir zu. Nach einer Weile kam er nach oben.

»Watson, ich brauche deinen Rat.«

Er spähte um die Tür, die Pfeife zwischen den Zähnen. Ich vergrub den Kopf in der Schultasche, verteilte Bücher auf dem Bett.

»Keine Zeit.«

»Ah, du arbeitest am *Fall der verschwundenen Perle von Platto Heath*?«

Ich schüttele den Kopf.

»Am *Rätsel des verrutschten Haarreifs*?«

Ich schüttele wieder den Kopf. Er kommt näher, streicht sich übers Kinn.

»Ich erkenne an diesem giftigen Gelbton«, er greift nach meiner Hausaufgabenmappe, tut so, als hielte er eine Lupe in der Hand, »dass es sich um nichts Geringeres handelt als um den *Fall des törichten Vaters*.« Dann drückt er die Stirn an meine Stirn. »Hmmm, da ist irgendwas faul, alter Knabe.«

»›Alter Knabe‹ sage *ich* immer!«

»Richtig, richtig!« Er nimmt meine Hand. »Nun, mir ist ein überaus spannender Hinweis im *Rätsel der unteren Flurgarderobe* in die Hände gefallen. Wärst du bereit, ihn dir einmal anzusehen?«

Natürlich war ich bereit. Immer.

Später dachte ich darüber nach, was an der Tankstelle passiert war. *Tunte.* Was meinte der Mann? Hatte es etwas mit *Tante* zu tun? Warum sagte er nicht Unkel? Wie albern. Doch tief im Innern wusste ich, dass es nicht um Verwandtschaftsgrade ging. Ich wusste, dass sie Dad hatten wehtun wollen. Ich wollte nicht darüber nachdenken, wollte den Gedanken wegschieben, aber er kam immer wieder.

Schließlich fragte ich Philippa.

Sie saß in ihrem Zimmer und frisierte sich mit dem Lockenstab.

Sie sah mich genervt an, als ich hereinkam. »Was ist?«

»Kann ich dich was fragen?«

»Wenn du schnell machst – ich bin verabredet.«

»Was heißt Tunte?«

»Was?« Sie hielt mitten in der Locke inne, bis ein brenzliger Geruch sie alarmierte. Dann riss sie sich die Zange aus dem Haar, das leicht knusprig, aber nicht allzu schlimm aussah, und japste vorwurfsvoll: »Jetzt schau dir das an!«

»Tut mir leid.«

»Warum stellst du solche Fragen? Du bist echt schräg.«

»Nur so … Ich hab gehört, wie jemand es zu jemand gesagt hat.«

Sie bürstete sich die versengte Locke aus. Wich meinem Blick aus. »Es heißt ... du weißt schon ...«

Ich schüttelte den Kopf. Unten klingelte es.

»O Gott, das ist Lisa, und ich bin noch nicht fertig, und schau dir meine Haare an! Das ist alles deine Schuld.«

»Bitte, Philippa, sag schon.«

»Himmel, es heißt schwul! Das heißt Tunte. Kapiert? Und jetzt hau ab.«

Aber ich hatte natürlich überhaupt nichts kapiert.

Philippa war es auch, die mir sagte, dass unsere Eltern nach ihr keine Kinder mehr gewollt hatten. Sie lernte für die Prüfungen in der zehnten Klasse und hatte ständig schlechte Laune. Ich hatte mal wieder irgendetwas falsch gemacht – mir etwas geborgt, etwas kaputtgemacht oder zu laut geatmet –, und sie hatte mich angeschrien, und das Ganze war zu einem Streit eskaliert. »Ich weiß nicht, warum ich überhaupt eine Schwester haben muss, noch dazu so eine Nervensäge. Eigentlich bist du sowieso ein Fehler gewesen.«

»Was heißt das?«, rief ich. »Das stimmt doch gar nicht. Ich bin kein Fehler!«

»Da wäre ich mir nicht so sicher«, giftete sie zurück. »Oder vielleicht warst du eine unbefleckte Empfängnis. Ist dir nie aufgefallen, dass Dad im Gästezimmer schläft? Natürlich nicht, du bist ja genau wie er, beide vollkommen ... inkompetent.«

Ich saß stundenlang unter dem Goldregen und heulte, und ich schwor mir, dass ich Philippa nie verzeihen würde, nicht nur, weil sie mich einen Fehler genannt hatte, sondern auch, weil sie gemein zu Dad war, denn ich hatte nachgeschlagen, was *inkompetent* hieß. *Untauglich, unfähig, unwirksam.* Dabei war er nichts von alledem; er war genau das Gegenteil. Dad war schlau, talentiert, maßgeblich für alles, was ich von der Welt wusste.

Ein Fehler zu sein setzte mir zu. War das der Grund, warum Mum manchmal so weit entfernt wirkte? Warum Dad so viel Zeit mit mir verbrachte? Aus schlechtem Gewissen, weil er etwas auszubügeln versuchte? War ich sein Fehler gewesen?

Als Philippa auszog und ich fleißig für meinen Schulabschluss lernte, weil ich unbedingt einen guten Uniplatz wollte, schien Dad sich immer mehr aufzugeben. Die hängenden Schultern, wenn er im Sessel saß. Ich roch seine Traurigkeit wie ein Aftershave. Ich tat so, als hätte er sich nicht verändert. Als wären wir immer noch Dad und Dot, für jeden Spaß, jedes Abenteuer zu haben. Aber das waren wir nicht.

Am schlimmsten waren die Nächte. Sein Schluchzen, ihre Versuche, ihm zu helfen, die so hoffnungslos klangen. Ich versuchte sie auszublenden, setzte den Kopfhörer auf, hörte Sprachlektionen.

»David, bitte, was kann ich tun?«
Per una ragione o per un'altra.
Visto che.
»Bitte, Liebling.«
Je n'ai jamais eu d'accident.
Quelle sorte de films aimes-tu?
Où voudrais-tu habiter à l'avenir?
»Ich schaffe es nicht mehr, Liebling, du brauchst Hilfe.«
Que yo sepa.
Habría querido.
Estaría estudiando. Estaría estudiando. Estaría estudiando.

Immer öfter, wenn ich abends ins Wohnzimmer kam, um gute Nacht zu sagen, saß er im Dunkeln, und der Plattenspieler lief, aber die Nadel kratzte nur leise auf der inneren Rille.

Ich erinnere mich an einen Abend, als Mum schon oben war. Dad starrte den Plattenspieler an. Es war still bis auf das *Kratz, Kratz, Kratz* der Nadel. Neben ihm stand ein verschmiertes Glas Wein. Er hob den Kopf, als ich kam. Lächelte. In seinen

Mundwinkeln maulbeerfarbene Tanninflecken. Ich schämte mich. Für ihn.

»Ich habe alles falsch gemacht. Ich habe nur Chaos angerichtet.«

»Nein, Dad! Du bist doch wunderbar!« Ich wusste nicht, was er meinte. Ich wollte einfach nur hochgehen und für meine Prüfungen lernen. Aber Dad redete weiter.

»O nein.« Er griff nach dem Glas, und als er merkte, dass es leer war, stand er auf und ging schwankend zur Hausbar, um sich nachzuschenken. »Ich hab euch alle enttäuscht.«

»Du hast niemanden enttäuscht«, widersprach ich.

Er sah mich an. »Meine liebste Dot, du hast immer zu mir gehalten. Wie werde ich dich vermissen, wenn du an die Uni gehst. Aber du wirst es bestimmt großartig haben. Eine prima Clique ...« Er goss sein Glas fast randvoll und starrte in die dunkle Flüssigkeit. »Ich hab nie irgendwo reingepasst. Sie mögen es nicht, wenn man anders ist ...«

Er ging schwankend zum Sessel zurück, doch am Fenster blieb er plötzlich stehen und spähte angstvoll in die Dunkelheit. Dann zog er die Vorhänge fest zu, um auszusperren, was ihm Angst machte.

Aber sie waren bereits drinnen, seine Ängste, seine Geheimnisse, in den dunklen Windungen der Gedanken, die ihn quälten.

Er sank in den Sessel. Zögernd stand ich an der Tür. Das Schweigen zwischen uns blähte sich auf. Ich wollte etwas sagen, hatte aber keine Worte, wusste nicht, wie ich ihn erreichen konnte. Außerdem wollte ich weg. Einfach raus.

»Genug Trübsal geblasen! Wie wär's mit einem Sherlock Holmes, um der guten alten Zeiten willen? ... *Der Mann mit der entstellten Lippe*?«

»Hm ...« Ich kämmte die Teppichfransen mit den Zehen.

»Ich hab's!« Er strahlte, und die Weinflecken verliehen ihm

ein doppelrandiges Joker-Grinsen. »*Ein Skandal in Böhmen* – unser Lieblingsfall! Soll ich vorlesen?«

»Das Problem ist ...«

»Nein – *du*, natürlich musst du lesen! Ich mache die alte Jolle startklar, und dann stechen wir in See.« Er schlurfte zum Bücherregal, der Wein in seinem Glas schwappte.

»Ich kann nicht.«

Er sah mich an. »Was?«

»Ich kann heute nicht lesen, Dad, ich muss lernen ... ich würde ja gerne, aber ... tut mir leid, ich ...«

»Natürlich, natürlich.«

»Ein andermal.«

»Prima ... natürlich.«

Ich gab ihm einen Kuss auf die Wange, hatte ein schlechtes Gewissen, ihn im Stich zu lassen, aber ich war froh, dass ich nach oben in die ruhige Beständigkeit meiner Bücher entfliehen konnte. Klar, geradeheraus, schwarz auf weiß.

Doch er konnte nicht entfliehen. Am Ende besiegten ihn die Angst, die Schuldgefühle, alles, was ihn quälte. Sie hetzten ihn an jenem Tag zur U-Bahn, auf die Rolltreppe, an die Bahnsteigkante, und hinunter.

Aber es gab noch eine Person, die mit dafür verantwortlich war. Deren Handlungen dazu führten, dass Dads Blut auf das Werbeplakat der Algarve jenseits der Gleise spritzte und rote Spuren auf dem Schenkel des lächelnden Bikini-Models hinterließ. Eine Person, deren Verrat erst beweisbar wurde, wenn man der Spur der Indizien aufmerksam folgte.

Diese Person war ich.

»Endstation«, sagt die Lautsprecherstimme überflüssigerweise, als der Zug ins Ziel einläuft und ruckelnd zum Halten kommt.

Als ich im Nachmittagslicht auf den Bahnsteig hinaustrete,

nehme ich gleichzeitig den Lärm und die Stille wahr. Weit weg sind das endlose Brausen des Londoner Verkehrs, die Sirenen, die Busse, das Quietschen und Kreischen. Stattdessen das Geschrei und Gezeter der orangeschnäbeligen Möwen, die neugierig über meinem Kopf kreisen. *Wer ist das? Eine Fremde in der Stadt! Was ist in dem Koffer? Keiner weiß es. Wo will sie hin? Keiner weiß es.*

Ich folge der Straße, die sanft zum Meer abfällt, überquere knirschend den Kiesstrand und setze mich an den Rand des Wassers. Die Ledertasche und der Koffer stehen neben mir – zwei treue Labradore, einer braun, einer hell.

Das Meer. Im Fundbüro wurde einmal ein Kunstkatalog abgegeben mit Fotos von Menschen, die zum ersten Mal das Meer sahen – abgelichtet im Moment der epischen Begegnung. Ich blieb lange im Magazin, um mir die Fotos anzusehen, die Spiegelung des Lichts in den Augen, das Staunen. Die Porträtierten wirkten irgendwie fassungslos, unbeherrscht, es war wie die unkontrollierten Bewegungen von Kindern, die noch nicht gelernt haben, ihre Gefühle unter Verschluss zu halten. So sahen die Menschen aus, als sich das Meer in ihren Augen spiegelte, der Mund offen, das Gesicht schlaff, als hätten sie einen Moment lang alles losgelassen und sich der Unfassbarkeit des Meeres hingegeben.

So lange habe ich nur London vor Augen gehabt, die immer gleiche Strecke zur Arbeit, von der nichtssagenden Maisonette zur Kathedrale des Verlusts. Hier, am Rand des Landes, ist nichts, was sortiert und eingeräumt werden muss. Hier ist nur Weite. So viel Weite.

Die versilberte Haut des Wassers spannt sich in die Unendlichkeit, spiegelt mein Verlustgefühl. Ohne den Loden bin ich schutzlos, entblößt. Ich wende mich nach Westen; dort erhebt sich Beachy Head wie ein richtungsloser Arm, der ins Leere greift.

Genau wie Dad klammere ich mich an die Vergangenheit, weil ich mich nach einem sicheren Hafen sehne, aber ich fühle mich zunehmend steuerlos. Ich wünschte, ich hätte einen Dijon-Anhänger dabei. Ich würde ihn mir mit einem Doppelknoten ums Handgelenk binden, um einen Halt zu haben. Doch irgendwo hier in diesem Küstenstädtchen, das sich hinter mir an die schroffen Klippen schmiegt, ist Mr Appleby. Ich muss ihn nur noch finden. Dann kann ich ihm seine Tasche zurückgeben. Dann wird alles gut.

19

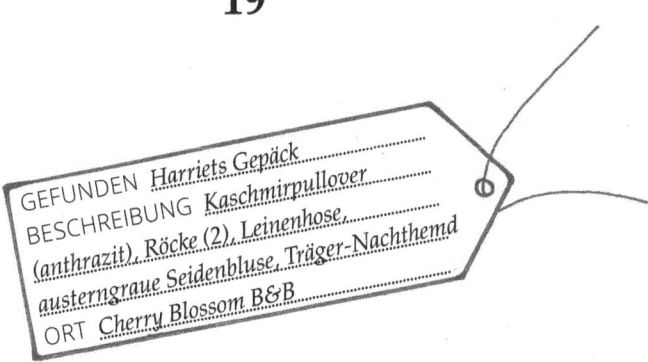

GEFUNDEN Harriets Gepäck
BESCHREIBUNG Kaschmirpullover (anthrazit), Röcke (2), Leinenhose, austerngraue Seidenbluse, Träger-Nachthemd
ORT Cherry Blossom B&B

Das Cherry Blossom B&B ist japanisch dekoriert. Offenbar ist Mrs Trosley, die Inhaberin, einmal in Japan gewesen und hat seitdem eine große Schwäche für das Land. Sie begrüßt mich in einem Paar *Geta*, die sie über wollenen Strumpfhosen trägt, und zeigt auf eine ganze Sammlung dieser Holzsandalen, die im Flur für die Gäste bereitstehen. Da ich mich nie mit Zehentrennern anfreunden konnte, lehne ich höflich ab.

Nach dem *Geta*-Fauxpas trete ich mit der Ledertasche gleich ins nächste Fettnäpfchen. Als Mrs Trosley sie mir abnehmen will, lasse ich einfach nicht los. Es verstößt gegen meine Prinzipien, Fundsachen Dritten zu überlassen. Wir haben strenge Regeln. Oder eher, hatten. Als Trostpreis reiche ich ihr den Auktionskoffer. Man muss es ihr lassen, falls sie irritiert ist, lässt sie es sich bei der ausführlichen Hausbegehung nicht anmerken.

»Sumire und Trubaki sind unsere Familienzimmer.« Sie zeigt mit großer Geste auf zwei Türen im Erdgeschoss; an der einen hängt ein Aquarell, das vielleicht eine Iris darstellen soll, an der anderen eine ziemlich aufgedonnerte Kamelie.

Ich folge ihr ins obere Stockwerk, halte mich am Geländer fest. Ich fühle mich ein bisschen benommen.

»Hier oben haben wir Kiku.« An der Tür rechts, auf die sie zeigt, prangt eine leuchtendgelbe detailgetreue ... Badekappe? Da ich nicht im vollen Besitz meiner geistigen Fähigkeiten bin, behalte ich diese Interpretation für mich, was sich als kluger Schachzug erweist, denn Mrs Trosley übersetzt stolz: »Chrysantheme! Ich bin ja nur Hobbymalerin, aber hier war ich mit dem Ergebnis recht zufrieden.« Am Ende des Flurs ist eine Tür mit einem Kirschblütenzweig, vor der sie stehen bleibt. »Und das sind Sie«, verkündet sie. »Willkommen in Sakura.« Mit weitausholender Geste öffnet sie die Tür und bittet mich herein.

Mrs Trosleys Geste zum Trotz ist Sakura eher klein, aber dafür gibt es ein perfekt gemachtes Tatami-Bett.

»Ich weise Sie kurz ein«, fährt Mrs Trosley fort und zwängt sich zu mir in die kleine Kammer. »Hier ist Ihr Wasserkessel.« Sie zeigt auf den Wasserkocher. Daneben steht ein Weidenkorb mit einzeln verpackten Jasmintee-Beuteln und Matcha-Keksen. »Da drüben ist Ihr Fernseher!« Sie zeigt verdeutlichend auf den Fernseher. »Es gibt zwei Nachttischlampen, auf jeder Seite eine« – sie gestikuliert wie eine Flugbegleiterin –, »und im Schrank finden Sie einen Gäste-Kimono, der Ihnen während Ihres Aufenthalts zur freien Verfügung steht.«

Sie sieht mich erwartungsvoll an.

»Das ist so ... aufmerksam.«

Ihr Lächeln strahlt. »Ach, es sind doch die kleinen Details, nicht wahr? Die den Unterschied machen. Ob man sich zu Hause fühlt. Frühstück wird ab acht unten im Esszimmer serviert. Abendessen gibt es nicht, aber an der Strandpromenade finden Sie viele nette Lokale, wenn Sie später noch Hunger haben.«

Als sie endlich geht, tue ich, wonach ich mich sehne, seit ich das Fundbüro verlassen habe: Ich gehe unter die Dusche. Zum

Glück herrscht kein Mangel an heißem Wasser im Cherry Blossom B&B, und ich stelle mich unter den dampfenden Wasserfall, seife mich ein und spüle mich ab, seife mich ein und spüle mich ab, immer wieder. Ich versuche, nicht auf das Mosaik der blauen Flecken an meinen Handgelenken und Armen und die schlammgrüne Beule an meinem Oberschenkel zu achten. Am liebsten würde ich mich mit einem harten Luffa-Schwamm abrubbeln, um auch den letzten Partikel Neil Burrows von meiner Haut zu entfernen, stattdessen reibe ich mich energisch mit dem kirschrosa Gästewaschlappen ab und harre unter der reinigenden Hitze des Wassers aus, bis ich purpurrot bin und das Bad so dampfig wie der Feuchtwald auf Yakushima.

Schließlich trete ich in Handtücher gewickelt aus dem Bad und hieve den cremefarbenen Hartschalenkoffer auf das niedrige Tatami-Bett. Bevor ich die Chromschieber öffne, schließe ich die Augen und wünsche mir, dass der Koffer nicht für August an der Costa del Sol gepackt ist. Ich habe Glück. Wie es aussieht, bin ich perfekt ausgestattet für ein nettes Wochenende in einem komfortablen Vier-Sterne-Hotel in den Cotswolds: zwei hübsche, schlichte Röcke, eine blaue Leinenhose, eine Seidenbluse in einem sehr schönen Austernton und ein anthrazitgrauer Kaschmirpullover. Außerdem ist da ein kompliziertes Nachthemd aus Satin mit vielen Bändern, das ich lieber zurück zu der seidigen Unterwäsche im Koffer lege, doch den Rest hänge ich auf.

Weitere Schätze des Koffers sind ein Fläschchen Designer-Parfum und eine luxuriöse Tagescreme, die ich zu meiner Zahnbürste ins Bad stelle. Ich entdecke ein zerlesenes Exemplar von *Stolz und Vorurteil*, auf der Cover-Innenseite vernünftig beschriftet mit: »Dieses Buch gehört Harriet.« Ja, Harriet passt, Bänder-Nachthemd hin oder her. *Danke, Harriet.* Der äußeren Erscheinung nach bin ich jetzt eine berufstätige Frau, die ein paar Tage an der Küste verbringt, um Seeluft zu schnuppern und bei Kaffee und Kuchen an der Strandpromenade den Klassiker aller romantischen Komödien zu lesen. Wie herrlich.

Ich nehme Joanies Portemonnaie aus Mr Applebys Tasche und setze mich hin. Ich betaste die kleinen goldenen Kugeln des Schnappverschlusses, umkreise sie mit den Fingerspitzen, wie Adison es mit meiner Hand getan hat, versuche sie zu überreden, sich zu öffnen und mir zu sagen, wo Mr Appleby ist.

»Wo ist er?« In den Falten und Wölbungen des weichen Leders suche ich nach Hinweisen. *Konzentriere dich auf die Details ... blicke hinter das Offensichtliche.* Doch ich bin von den jüngsten Ereignissen so erschöpft, dass ich mit dem Portemonnaie in der Hand einschlafe.

Schweißgebadet wache ich um drei Uhr morgens aus einem Alptraum auf, in dem ich in Mrs Trosleys japanischen Holzpantinen durch das Magazin im Fundbüro renne und ständig auf dem glatten Steinboden ausrutsche. Neil Burrows ist mir auf den Fersen, flattert mit rosa Schuppenflügeln und rasselt mit dem Schlüsselbund. »Keiner holt dich ab!«, kräht er, sein Mundgeruch heiß in meinem Nacken. »Keiner will dich! Dein Verfallsdatum ist abgelaufen. Du bist ein Ladenhüter! Dein Vater hat dich verlassen! Krah! Deine Mutter hat dich vergessen! Krah! Deine Schwester will keine fünf Pfund für dich zahlen! Jetzt geht es die Rutsche runter, und dann ab zu Snagsbey's!«

Im rosa Sakura-Bad halte ich Gesicht und Nacken unter kaltes Wasser und blicke in den Spiegel. Ich sehe fix und fertig aus. Die braunen Augen wirken verloren in dem bleichen Gesicht; dunkle Blutergüsse zeichnen sich am Hals und an den Armen ab. Ich putze mir die Zähne, trage Harriets Creme auf Schläfen, Wangen und Hals auf, massiere sie mit sanften kleinen Liebkosungen ein. Vielleicht kann ich alle Spuren von mir verwischen, kann mich in Harriets Kleider und Besitztümer flüchten und eine andere Person werden, kann die quälenden Gedanken hinter mir lassen. Denn wer bin ich jetzt noch? Ohne Job, ohne

Zuhause, ohne Mutter, die an mich denkt? *Die Rutsche runter, und ab zu Snagsbey's!* Neil Burrows' Gesicht lauert in meiner Erinnerung. Ich kann ihn riechen. Ich muss würgen.

Weil ich mehr Geborgenheit brauche, als Harriets Negligé zu bieten hat, wickele ich mich in den Gäste-Kimono und lege mich ins Bett. Die Bettwäsche riecht nach Weichspüler – natürlich Kirsche. Vom Bett aus stelle ich den Wasserkessel an, mache mir eine Tasse Jasmintee und esse drei Päckchen Matcha-Kekse dazu. Ich bin dankbar für den kleinen Trost, den mir diese Dinge spenden.

Doch ich kann nicht mehr einschlafen, weil ich Angst habe, dass ich wieder von Neil Burrows träume. Also liege ich wach da, mit unruhig klopfendem Herzen und schnellem Atem, bis Licht durch die Bambusjalousien sickert und der Duft von gebratenem Speck heraufzieht. Dann schlüpfe ich in einen von Harriets Röcken und ihren Kaschmirpullover und schließe mich den Frühstückenden an.

Im Cherry Blossom logiert offenbar nur eine Handvoll Gäste: ein älteres Paar, das schweigend eine riesige Portion Eier mit Speck und etwas Algenähnlichem verdrückt, und am anderen Tisch eine Mutter mit zwei kleinen Kindern. Zum Glück hat Mrs Trosley das Japan-Thema nicht auf die Spitze getrieben, es wird nicht verlangt, dass wir auf Tatami-Matten sitzen. Unter normalen Umständen hätte mich nichts mehr entzückt, als auf dem Boden um einen niedrigen japanischen *horigotatsu* zu sitzen, aber heute fühlt sich mein Körper zu geschunden und gepeinigt für solche Übungen an. Die handgeschriebene Speisekarte bietet neben dem englischen Frühstück auch die Tamagoyaki-Option, die ich mit einem Anflug von Stolz als komplexe Omelette-Variante erkenne (aus meiner bewährten Ausgabe von *Japan für Kulturkenner!*).

»Iss deinen Teller leer, bevor du dir mehr nimmst!«, sagt die Mutter und klopft dem kleinen Mädchen auf die dicken Finger.

Sie trägt einen braunen Mohairpullover, und mit jeder Bewegung verteilt sie winzige Mohair-Sporen im Raum. Ihr Sohn konzentriert sich darauf, eine Schale Rice Krispies einzeln mit den Fingern zu essen.

»Kinder«, seufzt sie mit einem Blick zu mir und zuckt die mohairigen Schultern.

Ich beuge mich vor, studiere die Speisekarte, hoffe, dass sie nicht weiter mit mir redet. Ich weiß nicht mehr, wann ich das letzte Mal etwas Gehaltvolles gegessen habe, das nicht aus der Dose kam. Eier? Mein Magen verknotet sich. Vielleicht lieber einen Toast und eine Tasse Tee. Wie ich sehe, gibt es Earl Grey.

In der Baker Street kommen sie jetzt zur Arbeit. Es ist nach neun, also hievt Anita wahrscheinlich gerade das klirrende Nilpferd von der Schulter. Werden sie mich vermissen? Was wird Neil Burrows ihnen sagen? Welchen Ausdruck wird er benutzen? Einbruch? Veruntreuung? Diebstahl?

Tesafilm.

»Wir fahren weiter nach Eastbourne«, sagt der ältere Herr zur Mohair-Mutter. »Wir wollen den South Downs Way wandern. Wahrscheinlich regnet es ein bisschen, aber dafür ist es viel ruhiger zu dieser Jahreszeit.«

Normale Gespräche, normales Leben. Gesunde Ferien, gesunder Smalltalk. Nur ich schaffe es kaum, am Tisch zu sitzen und zu frühstücken.

Sekundenkleber.

Als Toast und Tee kommen, verkrieche ich mich damit wieder in meinem Zimmer, atemlos, mit klopfendem Herzen.

Ich setze mich aufs Bett, konzentriere mich auf meine Atmung, halte den Tee in beiden Händen und labe mich an seiner Wärme, seinem tröstlichen Bergamotte-Duft. Ich lasse mir Zeit.

Nach dem Frühstück ziehe ich die silberne Bomberjacke an, nehme die Ledertasche und mache mich auf den Weg.

Auf dem Weg zur Haustür komme ich an dem Perlenvorhang vorbei, der die Privaträume der Trosleys vom Gästebereich trennt. Geschirr klappert, das Radio kündigt einen kalten Tag und später starke Regenfälle an. Was ist die Etikette bei Perlenvorhängen? Ich klimpere kurz mit den Schnüren, bevor ich den Kopf durchstecke. Die Küche und das kleine Wohnzimmer backstage wirken ganz gewöhnlich. Mit dem Japan-Design hat sich Mrs Trosley offenbar nur in den Gästezimmern ausgetobt. Sie steht an der Spüle, die Arme bis zu den Ellbogen im Schaum.

»Was kann ich für Sie tun?«, fragt sie.

»Haben Sie vielleicht einen Stadtplan? Tut mir leid, vorn habe ich keine gesehen.«

»Aber natürlich.« Sie wischt sich die Hände an der Schürze ab, wobei sie kleine Schaumschneebälle auf dem Stoff hinterlässt, und nimmt einen Stapel Stadtpläne von der Kommode. »Ich vergesse immer, sie rauszulegen – heute benutzen die meisten Leute ihre Smartphones.«

»Danke.« Ich ziehe mich durch die Perlen zurück.

»Haben Sie Pläne?«

»Oh ... ich bin auf dem Weg zu Judges.«

»Die besten Käsestangen in ganz Sussex. Sind Sie zufrieden mit Ihrem Zimmer? Sakura ist mein Lieblingszimmer.«

Ich habe das Gefühl, das ist gewissermaßen ein Kompliment für mich. »Sie haben ... ein ganz besonderes Gästehaus geschaffen.«

Mrs Trosley strahlt. »Davon habe ich immer geträumt, ein B&B an der Küste. Und ich liebe Japan. Und meine Pompoms natürlich.« Sie zeigt auf ein paar flauschige cremefarbene Wollknäuel in einem Korb, die sich als zwei tief schlafende Zwergspitz-Welpen entpuppen. »Wir sind jetzt 27 Jahre hier, Mr T. und ich, und es gibt keinen besseren Ort auf der Welt.«

»Vielleicht könnten Sie mir doch noch bei etwas helfen?«

»Aber gern, wenn ich kann.«

»Kennen Sie zufällig jemanden namens Appleby? John Appleby?«

»Appleby?« Die Zwergspitze wachen auf, purzeln aus dem Korb und kläffen mich schrill wie zwei kleine Wecker an.

»Taro, Takeshi, zurück ins Bett mit euch, ihr Rowdys! Die spielen sich immer auf. Appleby … nein, nicht, dass ich wüsste, tut mir leid.«

»Macht nichts.« Ich flüchte vor dem Gebell. »Einen schönen Tag!«

»Den werde ich haben! Jeden Morgen wache ich auf und sage zu Mr T., haben wir nicht Glück auf der ganzen Linie?«

Der Vorgarten bibbert im Frost. Die dünne blaue Linie des Meeres am Horizont sieht aus wie der Rand eines Schulhefts.

Haben wir nicht Glück auf der ganzen Linie?

Glück auf der ganzen Linie.

Kann es das überhaupt geben, ein solches Glück? Die Trosleys scheinen es gefunden zu haben. Wer noch? Meine Eltern nicht. Philippa und Gerald? Ja, auf ihre Art. Anita nicht, noch nicht. Mr Appleby und Joanie – auf jeden Fall. Und ich?

Ich gehe wieder vor ans Wasser, unwiderstehlich angezogen, und beobachte das endlose Schäumen und Schlürfen der Brandung. Stürmische Wellen, die im letzten Moment einen Rückzieher machen, als hätten sie aufregende Neuigkeiten, schafften es aber einfach nicht, sie zu überbringen.

Mein Telefon summt vorwurfsvoll. Als ich es herausnehme, sehe ich eine Reihe von Nachrichten und versäumten Anrufen von Philippa und Anita. Aber ich habe nicht die Kraft, sie zu lesen und abzuhören. Ich kann mich nicht damit auseinandersetzen, was Anita vielleicht über mich gehört hat. Und was Philippa über den Hausverkauf zu sagen hat, will ich auch nicht wissen. Ich kann darüber nicht nachdenken. Nicht jetzt.

Konzentriere dich auf den Fall, Watson. Man muss wissen, wie man sucht, sonst übersieht man wichtige Hinweise.

Ich sehe mir den Stadtplan an, orientiere mich, dann folge ich der Strandpromenade ins Zentrum.

Das kopfsteingepflasterte Hauptsträßchen ist von Läden und Cottages aus dem siebzehnten Jahrhundert gesäumt – an einem Haus erinnert eine blaue Plakette an den Besuch von Dante Gabriel Rossetti und seiner Muse Lizzie Siddal. Zwischen zahlreichen Antiquitätengeschäften und Kunstgewerbeläden hat die Bäckerei Judges ihrer nautischen Vergangenheit zu Ehren eine blau-weiß gestreifte Markise geflaggt. Durchs Schaufenster sehe ich, dass sich drinnen die Kundschaft drängt. Hinter dem Tresen hantieren zwei Frauen mit geübten Bewegungen, greifen nach den runden, länglichen und hohen Brotlaiben in den Regalen, strecken die Arme ins Schaufenster, um Knoblauch-, Fenchel- und Parmesanwurstbrötchen herauszuholen. Ein Schild erklärt stolz, dass Judges *Seit 1826 für die Fischer und ihre Familien da* ist. Eine wundersame, endlose Vermehrung von Brot und Fisch, um die Bevölkerung von Hastings satt zu bekommen, von damals bis heute, eine Jüngerschaft, die lauthals ihr tägliches Brot verlangt.

Ich öffne die Tür und trete ein. Der köstliche, tröstliche Duft von frisch gebackenem Brot treibt mir Tränen in die Augen. Ich weiß nicht, ob ich Hunger habe oder ob ich einfach nur einen warmen Roggenlaib im Arm halten will. Die ältere der beiden Frauen am Tresen hat einen kurzen Pferdeschwanz und einen hellen Mehlstreifen auf der Stirn. Ihre Hände bewegen sich ununterbrochen, setzen flink und fleißig Bestellungen um – »Das Übliche, Susie?« – »Geschnitten?« – »Das letzte Dinkel ist gerade weg, aber wir haben noch ein schönes Walnussbrot, wäre das auch recht?«

Ich warte, bis ich an der Reihe bin, bestaune das Regal mit den Räuchermakrelen-Quiches, den Limetten-und-Meersalz-Brownies, den Rosen-Pistazien-Baisers. Mum wäre sehr angetan von den Baisers. Hinten im Laden stehen ein paar Tische, die alle besetzt sind. In einer Ecke teilen sich vier Frauen drei Stühle, trinken Tee aus dampfenden Bechern und beißen in Krapfen, aus denen Marmelade quillt. Sie reden durcheinander, leichte, zuckersüße Unterhaltung. Ein Teil von mir wünscht sich, zu ihnen zu gehen, mich dazuzusetzen.

»Sonst noch etwas?«, fragt die Frau mit dem Pferdeschwanz, als ich eine kurze Flaute im morgendlichen Ansturm ausnutze, um eine Miniquiche zu erstehen.

»Kennen Sie zufälligerweise einen Mr Appleby? Ich glaube, er ist bei Ihnen Kunde.«

Sie hält einen Moment inne, mein Wechselgeld in der Hand.

»Älterer Herr, Tweedmütze«, sage ich weiter und dann hoffnungsvoll: »Sehr liebenswürdig.«

Sie reicht mir die Münzen und schiebt mir die kleine Quiche über den Tresen. »Ich glaube nicht ...«

»Macht nichts. Es wäre wirklich ein Zufall gewesen.«

»Warten Sie mal. Oben am West Hill wohnt ein Paar. Leila, heißen die nicht Appleby? Die Frau mit dem glutenfreien Leinsamen? Künstlerin oder so was.«

Leila nickt. »Ja, ich glaube.«

»Wissen Sie, wo genau sie wohnen?« Hoffnung keimt in meinem Herzen auf.

»Ich glaube, in einem von den viktorianischen Reihenhäusern oben am Hang.« Sie zeigt nach Westen. »Genau weiß ich es leider auch nicht, aber es muss da oben sein, weil sie immer, wenn sie reinkommt, sagt, dass sie für unser Brot sogar den schweißtreibenden Rückweg den Berg hoch in Kauf nimmt. Mehr weiß ich auch nicht, tut mir leid.«

»Aber nein, Sie sind großartig!«, rufe ich. Pferdeschwanz und Leila tauschen einen Blick, als ich sie anstrahle und von der Information beflügelt aus dem Laden stürme.

Draußen trotzen Tagesausflügler der Kälte und essen ihre Fritten am Strand. Möwen schweben über ihnen, beobachten sie gierig und lauern auf ihre Chance, sich einen Snack zu rauben. Über mir erhebt sich eine felsige Klippe, an der zwei hölzerne Kabinen auf und ab gleiten. *Von West Hill überblickt man die Fischerhütten … es gibt auch eine Seilbahn …*

Ich mache Fortschritte! Ich werde mit der Seilbahn den Berg hinaufschweben, und vielleicht hält meine Glückssträhne an und ich finde dort Mr Appleby. In einem schmucken Fahrkartenhäuschen erwerbe ich einen Fahrschein und passiere ein altmodisches Drehkreuz. Es ist, als würde ich in der Zeit zurückreisen.

Als ich mein Wechselgeld in den Geldbeutel fallen lasse, frage ich mich, wie lange es wohl noch dauert, bis mir das Geld ausgeht. Burrows wird mir mein Gehalt ab sofort streichen. Ich habe ein wenig gespart, aber wie lange wird es reichen? Jahrelang im Fundbüro zu arbeiten hat mich nicht gerade in die oberste Steuerklasse katapultiert. Egal, darüber kann ich mir jetzt nicht den Kopf zerbrechen. Immer weiter und nach Höherem streben, Watson. Und zwar buchstäblich: Die Holzkabine klettert fast senkrecht den Hang hinauf, durchquert einen Tunnel und taucht oben auf der Klippe wieder auf.

Beim Aussteigen zerrt der Wind an meiner Jacke und nimmt mir den Atem. Die Aussicht aufs Meer ist dramatisch. Ein Drahtzaun an der Felskante warnt die Spaziergänger, nicht zu dicht an den Abgrund zu treten. In der Ferne blinkt ein Leuchtturm und verspricht Sicherheit, ein Fixpunkt.

Mir ist ganz schwindelig von der frischen Luft. Ich setze mich auf eine windgepeitschte Bank vor der Burgruine. Vielleicht wäre es klug, etwas zu essen, bevor ich meine Mission fortsetze. Es ist eine Weile her, seit ich feste Nahrung zu mir genommen habe, und falls ich Mr Appleby wirklich bald finde und ihm die Ledertasche überreichen kann, möchte ich einen guten, professionellen Eindruck machen. Die Makrelenquiche schmeckt köstlich: rauchig, salzig und scharf.

Eine Frau und ihr kleines Kind spielen und stemmen sich gegen den Wind. Das Kind hat einen leuchtendgelben Regenanzug an und rutscht immer wieder im matschigen Gras aus. Die Mutter lacht und zieht es hoch. Das Mädchen wird immer schlammiger, aber je mehr es sich im Matsch wälzt, desto mehr müssen die beiden lachen. Dann läuft die Mutter hinter einen Burgwall, und einen Moment lang steht das Mädchen allein da, mit ausgestreckten Armen in seinem gelben Anzug. Es hat zwei rote Schleifen im Haar, die sich wie Propeller in der steifen Brise drehen. Es steht wie angewurzelt da und sieht sich um, verarbeitet die Abwesenheit. Das Nicht-Dasein. Der Mund zittert, bebt, klappt auf.

Dann taucht das Gesicht der Mutter wieder auf. »Guckguck!«

Das Mädchen rennt auf sie zu, das Gesicht verschmiert von Freudentränen.

»Hast du gedacht, Mama ist weg? Aber ich bin doch da!«

Es dauert einen Moment, dann hat das Kind die Fassung wiedergewonnen und trabt davon, um sich nun seinerseits hinter der Steinmauer zu verstecken. Ein gelber Arm ragt hervor.

Du warst so gut im Verschwinden, Dad – am Ende des Gartens im langen Gras und Gestrüpp, in der Garage hinter der alten Kommode. Einmal hast du dich sogar im Kohlenkeller versteckt. Ich habe ewig nach dir gesucht, und am Schluss gab ich auf und saß heulend im Gras. Untröstlich.

»Tut mir leid, altes Haus«, sagtest du, glitzernder Kohlestaub in den Härchen auf deinen Händen.

»Ich dachte, du wärst weg.«

»Ich werde dich nie allein lassen, liebstes Dotchen«, hast du versprochen.

So lange habe ich geglaubt, es wäre nur ein Spiel, das wir spielten.

»Wo ist sie bloß?« Die Mutter tut so, als suchte sie ihr gelbes Kind hinter dem Schild, das Informationen über die Burg enthält und dessen Schrift halb von der salzigen Luft zerfressen ist. Als sie an mir vorbeikommt, zwinkert sie mir zu, als spielte ich mit, als wäre ich mit im Team, müsste das Geheimnis hüten.

»Wo kann sie nur sein?«, ruft die Mutter. »Hier unter der Bank? Sie ist bestimmt hier unter der Bank.«

Ein gedämpftes Prusten hinter der Befestigungsmauer aus dem dreizehnten Jahrhundert.

»Sie ist dort drüben«, sage ich, stehe auf und zeige auf die Mauer. Der Rest der Quiche fällt mir vom Schoß. Eine Möwe mit bernsteinfarbenen Augen stürzt herab und holt ihn sich.

Das Mädchen schiebt die Unterlippe vor und weint.

Dot Watson, wie konntest du nur? Du Schurkin. Du Spielverderberin.

Ich wische mir heftig über die Augen und gehe zum Rand der Klippe. Unten stehen die merkwürdigen hohen tintenschwarzen Netzhütten der Fischer, flankiert von blauen, orangen, grauen Booten. Im Hintergrund greift der einsame Arm von Beachy Head immer noch hinaus ins Meer.

Ich bin schon ganz nah dran.

20

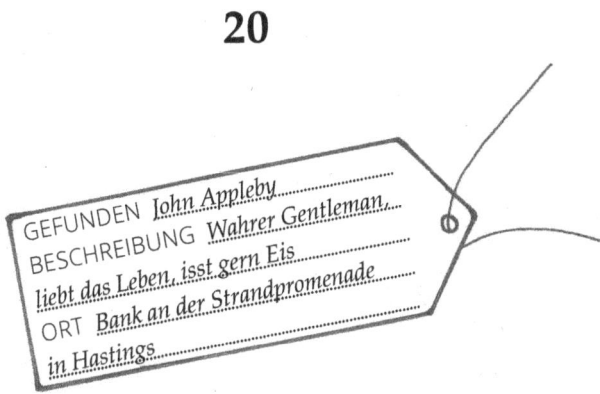

GEFUNDEN John Appleby
BESCHREIBUNG Wahrer Gentleman, liebt das Leben, isst gern Eis
ORT Bank an der Strandpromenade in Hastings

Ich umarme die Ledertasche fest, wende mich von der Felskante ab und gehe zu Fuß weiter, bis ich auf eine Straße mit rosa, gelben und weißen viktorianischen Reihenhäusern stoße. Hier muss es sein. Nur, welches Haus? Das letzte in der Reihe ist mit Brettern vernagelt, verwahrlost, die Farbe blättert ab. Das rosenrote Nachbarhaus hat ein Zu-verkaufen-Schild im Vorgarten. Weiter hinten stehen zwei schicke Häuser, eins cremeweiß, das andere hellgelb, und dann kommt eins in Marzipanrosa, das an einer Seite eingerüstet ist. Die Frau in der Bäckerei hat etwas von Bauarbeiten gesagt ... könnte es das sein? Das nächste ist porzellanweiß, im Fenster putzt sich eine gescheckte Katze. Das dahinter ist in zwei Wohnungen aufgeteilt. Auf der anderen Seite schließt sich ein weiterer Halbmond pastellfarbener viktorianischer Häuschen an. Ich überquere die Straße, gehe bis zum Ende, prüfe die Aussicht. Von hier aus ist Beachy Head zwar auch zu sehen, aber die Fischerhütten nicht. Ich gehe zurück.

Das marzipanrosa Haus ist mit den grauen verholzten Armen von Winter-Blauregen bewachsen. Mum hat Blauregen immer geliebt. »Man muss loyal zu ihm sein«, sagte sie. Ich folge einer Spur weißem Pulver zur Eingangstür. Und drücke auf die Klingel.

Eine junge Frau macht auf, einen winzigen zappelnden Dackelwelpen unter einem Arm, ein strampelndes Baby auf dem anderen. Sie hat hellblonde Locken, an der Seite ausrasiert, was mich ein bisschen bestürzt. Alle drei sind mit irgendetwas bestäubt. Mehl?

Sie lächelt.

Ich öffne den Mund. Kann nicht sprechen, ein stummer Tölpel in einer silbernen Jacke. Mir fehlt mein Loden, die Sicherheit der Uniform, das Gefühl von Bestimmung, die sie mir gab.

Drei Augenpaare starren mich an.

Ich hole tief Luft und versuche es noch einmal.

»Entschuldigen Sie bitte die Störung. Ich suche nach Mr Appleby. Ich habe etwas, das ihm gehört.« Ich zeige auf die Ledertasche.

Die Frau zieht die Nase kraus. An ihrem Nasenflügel glitzert ein silberner Stecker.

»John?«

»Ja, John, das ist sein ...«

Im Hintergrund ein lautes Schrillen.

»Verdammt, was ist denn das jetzt wieder? Kommen Sie doch rein.«

Ich folge ihr in eine Küche, die von dottergelben Einbauschränken beherrscht wird. Auf dem Tisch aus gebürsteter Kiefer steht ein aufgeklappter Laptop, der, wie alles andere in der Küche, großzügig mit weißem Pulver bestäubt ist.

»Entschuldigen Sie das Chaos. Ich bin mit meiner Deadline in Verzug, aber irgendein gestörter Teil von mir war überzeugt, meine Kolumne würde besser, wenn ich vorher mit dem Verputzen fertig werde.« Damit wäre schon mal ein Rätsel gelöst.

Es piept und schrillt weiter.

Das Baby greift nach einem Stück Butter auf dem Tisch. Die Frau zieht es weg.

»Nein, Flora! Sie hat den ganzen Morgen geheult. Wer hat den Stinkie gemacht? Gibt's einer zu?« Sie ruckelt den Hund und das Kind in den Armen, die beide mit Unschuldsmiene zu ihr aufblicken.

Dann verschwindet sie im Flur, und ich höre, wie sie die Treppe hochbrüllt. »John ...!«

Sie kommt ohne den Hund zurück, greift nach einem Besen und versetzt mit dem Stiel dem Rauchmelder einen festen Stoß.

»So ist es besser! Tee? Setzen Sie sich doch.«

Ich setze mich auf die Kante eines staubigen Stuhls. Prüfend schwenkt sie die braune Teekanne. »Hmm, ich mache frischen.«

Schritte auf der Treppe. Ich stehe auf, drücke die Tasche ans klopfende Herz. Meine Chance, Eigentum und Eigentümer zu vereinen, ein letztes Mal. Hoffnung zu belohnen, wenn die Hoffnung vergebens schien.

Ein junger Mann in einem T-Shirt mit der Aufschrift *Es gibt keinen Planet B* kommt herein.

»Hi ...?«, sagt er.

Mir wird plötzlich schwindelig, ich schwanke.

»Becks!« Der Mann hält mich am Ellbogen fest und führt mich zu einem Sessel.

»Ich tu Ihnen Zucker in den Tee. Sie sehen aus, als bräuchten Sie Zucker«, sagt Becks.

»Ich ... Entschuldigung. Wie peinlich.« Ich schnappe nach Luft. »Ich wollte Ihnen keine Mühe machen. Ich suche nach John Appleby – senior?«

»Großvater? Oh. Tut mir leid, er ist nicht mehr da.«

Ich fühle mich wie betäubt. »Aber ich bin so schnell gekommen, wie ich konnte ... ich wäre schneller gewesen, aber ... seine Datei wurde gelöscht ... und dann musste ich zu Snagsbey's ...« Mit dem silbernen Ärmel will ich mir eine desertierte

Träne wegwischen, aber es klappt nicht, weil dem Ärmel gänzlich die Saugkraft meines Lodens fehlt. »Es tut mir schrecklich leid.«

»Hier, trinken Sie.« Becks schiebt mir eine Tasse mit süßem Tee in die zitternden Hände.

»Ich kann nicht glauben ... dass ich ... zu spät komme.« Jetzt strömen die Tränen, und ich lasse ihnen freien Lauf. Ich habe wieder einmal versagt, alles falsch gemacht, ihn im Stich gelassen.

Plötzlich umfängt mich eine blonde Wolke aus Wärme und Gipsstaub.

»Du liebes bisschen, nicht weinen! Er ist doch bloß spazieren. Wahrscheinlich sitzt er unten beim Pier auf der Promenade.«

Schon von der anderen Straßenseite erkenne ich seine Tweedmütze. Mr Appleby sitzt auf einer gusseisernen blauen Bank an der Promenade und sieht hinaus aufs Meer. Es herrscht dichter Verkehr; weiter vorn ist ein Fußgängerüberweg, aber ich kann jetzt keinen Umweg mehr ertragen. Ich sehe in beide Richtungen. Autos und Motorräder donnern vorbei.

Ich setze einen Fuß auf die Straße, doch da rast ein Bus heran und jagt mich zurück auf den Bürgersteig.

O bitte!

Plötzlich tut sich eine Lücke auf – ich reagiere blitzschnell und renne hinüber.

Kurz stehe ich hinter ihm, dankbar für die Möglichkeit, etwas Verlorenes zurückzugeben. Etwas wiedergutzumachen. »Mr Appleby?«

Er dreht sich um, sieht mich verwirrt an. Dann hellt sich sein Gesicht auf und er lächelt. »Aber das ist ja die Dame vom Fundbüro!«

»Ich bin gekommen, um Ihnen Ihre Ledertasche wiederzubringen, Sir.« Ich bin noch etwas außer Atem von meinem

Sprint über die Straße. Als ich ihm die Ledertasche in die Arme lege, fühlen sich meine leer an.

»Das ist doch nicht möglich!« Er hält sie einen Moment fest, dann öffnet er langsam den Reißverschluss. »Sehen Sie sich das an«, haucht er. »Die Tulpen sprießen.« Er greift hinein. »Ah.« Und ich weiß, er hat es wieder.

Mein Körper atmet auf.

Es ist vollbracht.

Joanies Portemonnaie liegt in seiner Hand, ein blasslila Herz. Die Schließe glänzt im Licht. Er öffnet sie, drückt sie wieder zu. Ein zwitscherndes Geräusch. Wir erfreuen uns gemeinsam daran.

Nach einem Moment sagt er leise: »Ich darf die Motten nicht rausfliegen lassen.« Und schmunzelt in sich hinein.

»Wie bitte?«

»Das hat Joanie immer gesagt, wenn sie das Portemonnaie zugemacht hat. Ein kleiner Scherz – ich weiß nicht mehr, wann es angefangen hat, oder warum, weil sie immer so großzügig war …« Eine Träne glänzt in seinem Augenwinkel, aber er lächelt. »Es war so eine Angewohnheit von ihr. Wenn sie etwas kaufte und das Wechselgeld ins Portemonnaie steckte, klappte sie es ganz schnell zu und sagte: ›Darf die Motten nicht rausfliegen lassen!‹ Und dann zwinkerte sie mir zu.«

Mr Appleby wird still, betrachtet das Portemonnaie in seiner Hand. Nickt langsam – dieses weiche, traurige Lächeln –, und die Träne aus dem Augenwinkel entwischt und rollt ihm übers Gesicht. Für ihn ist sie wieder hier, seine Joanie. Er sieht das Portemonnaie in ihrer Hand, ihr lächelndes Gesicht. Er hört ihre Stimme, sieht ihr schalkhaftes Zwinkern.

Dann schiebt er das Portemonnaie in die Jackentasche, nimmt die Ledertasche und sieht mich an.

»Ich habe gerade eine kleine Pause bei meinem Spaziergang eingelegt. Hätten Sie Lust, mich auf der zweiten Hälfte meiner

Runde zu begleiten? Sie sehen aus, als könnten Sie Gesellschaft gebrauchen, wenn ich das sagen darf.«

Wir gehen am Strand entlang. Es ist beißend kalt, das Wasser ist kabbelig. Am Horizont schaukeln kleine Boote.

»Fischer«, erklärt er, meinem Blick folgend. »Weiter vorn gibt es noch die originalen Fischernetzhütten. Hastings hat den größten Fischerei-Strandhafen Europas. Wirklich sehenswert ... hoppla!« Er strauchelt ein wenig auf dem Kies, und ich nehme seinen Arm, und zusammen gehen wir schweigend weiter.

»Dass Sie den ganzen Weg hierhergekommen sind!«, sagt er irgendwann. »Kann man denn im Fundbüro auf Sie verzichten?«

»Ich ... ich arbeite nicht mehr für das Fundbüro.« Die Worte schmecken wie Essig.

Er antwortet nicht. Wir bleiben stehen, sehen einen Moment hinaus aufs Meer. Noch ein Boot, näher an der Küste – zwei Männer, einer mit einer dunklen Wollmütze und ein junger Kerl mit leuchtendrotem Pullover. Möwen kreisen hoffnungsvoll über dem Boot.

»Nun ja, Veränderungen können belebend sein«, sagt Mr Appleby. »John und Becks – mein Enkel und seine Frau – wollen, dass ich meine Wohnung verkaufe und hier runterziehe.«

»Werden Sie es tun?«

»Ich glaube schon. Wir müssen uns alle weiterbewegen, oder?« Er sieht mich an, dann wieder zum Horizont. »Als uns klar wurde, dass Joanie sterben würde, war ich untröstlich. Ich wäre am liebsten mit ihr gegangen. Aber sie nahm meine Hände, sah mir in die Augen und sagte: ›Lebe, mein Liebling. Wähle immer das Leben.‹«

Wir gehen weiter.

Unsere Schritte knirschen im Kies. Das Licht auf dem Wasser verändert sich von Grün zu Silber zu Blaugrau. Ich sehe das Boot nicht mehr; vielleicht ist es gelandet, hat das Abendessen mitgebracht. Als ich neben Mr Appleby hergehe, an seinem Arm, in seiner tröstlichen Gegenwart, ist mir zum ersten Mal seit Tagen seltsam leicht zumute. In seiner anderen Hand schwingt die Ledertasche, endlich da, wo sie hingehört.

Zwei Mädchen rennen an uns vorbei, laufen zum Wasser, weichen kreischend den Wellen aus. Eins nimmt eine Handvoll Algen vom Strand, jagt dem anderen hinterher, beide lachen und quietschen vor Vergnügen.

»Das Leben hat so viel zu bieten«, sagt Mr Appleby, »glückliche Zufälle, Aufregendes, Hoffnung. Doch durch alles zieht sich auch der Verlust. Wollte man diesen einen Faden herausziehen, würde sich das ganze Gewebe auflösen. Verlust ... ist der Preis, den wir für die Liebe zahlen.«

Unter dem grauen Himmel färbt sich das Meer dunkler, jeansblau. Von weißem Schaum gesäumte Wellen überstürzen sich, dann weichen sie langsam zurück. Wieder und wieder.

Mr Appleby wendet sich zu mir und lächelt. »Wie wäre es mit einem Eis? Ich lade Sie ein.« Dem Wetter zum Trotz steht ein rosa und gelb gestrichener Eiswagen an der Promenade und brummt vor sich hin. Wir steuern ihn an. »Zwei Eis mit Schokostäbchen bitte.«

Wir setzen uns mit unserem Eis auf eine Bank mit Blick aufs Meer.

»Joanie war ein Stadtmensch, sie wollte immer mittendrin sein. Sie liebte die Museen, die Galerien. Aber ich bin eigentlich immer eher ein Landbursche gewesen.«

»Meinen Sie, Sie werden hier glücklich sein?«

Er leckt genießerisch an seinem Eis, tupft sich den Mund mit dem Taschentuch ab.

»Ich glaube schon.«

Ich begleite Mr Appleby zurück zu dem Haus mit dem Blauregen.

»Bitte bleiben Sie doch zum Tee. Becks wird Ihnen gefallen, und John macht großartige Flapjacks.« Ein Teil von mir würde nur zu gern mitgehen, sich in die Wärme der dottergelben Küche setzen, einen Flapjack essen und meine eigene Gipsstaubwolke abbekommen.

»Nein, ich muss gehen. Aber vielen Dank.«

»Ich kann immer noch nicht glauben, dass Sie den ganzen Weg hierhergekommen sind, um mir meine Tasche zurückzubringen. Ich wusste gar nicht, dass die Londoner Verkehrsgesellschaft so gründlich ist. In Zukunft werde ich nicht mehr über die Preise meckern!« Er zwinkert mir zu und drückt meinen silbernen Arm. »Danke, liebe Dame vom Fundbüro. Danke, dass Sie mir Joanies Portemonnaie zurückgebracht haben.«

»Ach, das ist nur … mein Job.« Plötzlich merke ich, dass meine Mission vorbei ist. Ich wünschte, ich hätte mich auf den Flapjack eingelassen, nur um den Moment noch etwas hinauszuzögern. Aber ich glaube, er wollte nur höflich sein. Es bleibt nichts zu sagen als Lebewohl.

Ich schlage den Weg den Hang hinauf ein, ohne zu wissen, wo ich hinwill.

»Miss Watson? Dot!«

Als ich mich umdrehe, hat Mr Appleby die Ledertasche im Arm und winkt.

»Wählen Sie immer das Leben.«

21

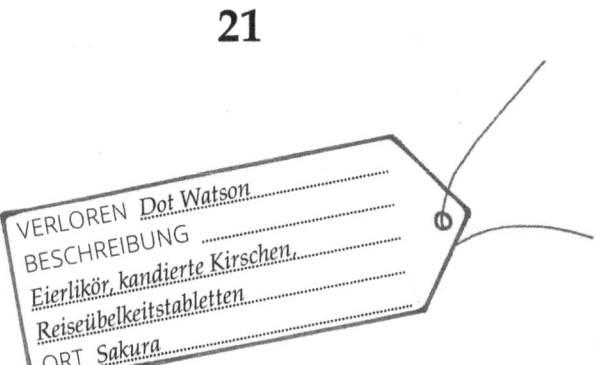

Ich folge einem steilen Pfad, der mich irgendwann auf den Gipfel der Klippe führt. Dort setze ich mich auf eine Bank und blicke hinaus aufs Meer. Über mir fliegt eine Schar Brent-Gänse in perfekter Formation. Wahrscheinlich kommen sie aus Sibirien, haben gerade die Ostsee überquert. Hallo, da oben! In der V-Formation können sie viel weiter fliegen als allein, weil sie sich abwechselnd im Windschatten der anderen ausruhen können. Ich sehe ihnen nach, bis der Pfeil am Horizont verschwindet. Was ist meine Flugbahn, meine Route? Ich habe keine Ahnung.

Ich spüre nichts von dem Hochgefühl, das sich sonst bei mir einstellt, wenn ich jemandem einen besonders wichtigen Gegenstand zurückgeben konnte. Mein Job ist erledigt. Es ist vorbei. Ich muss keine Anhänger mehr ausfüllen, keine Regale mehr sortieren. Mein Schirmschrein hat keine Wächterin mehr. Hat ihn überhaupt irgendjemand bemerkt? Hat jemand die Unordnung gesehen, oder hat Neil Burrows alle Spuren verwischt? Wird die Frau kommen, der die Handtasche mit dem unpassenden Lippenstift gehört? Wird der Handschuh der briefkastenroten Dame abgegeben, bevor sie die Suche aufgibt? Was denkt Anita von mir? Hat Big Jim erraten, dass ich im Untergrund gehaust habe? Wessen beschuldigt mich Neil Burrows? Einbruch, unbefugtes Betreten? Mein Ruf ist so ruiniert wie meine Uniform. Vielleicht bin ich schon von einer Smart-Choice-Aushilfe ersetzt worden.

Ich habe nichts mehr.

Hier bin ich am äußersten Rand, der Außenkante des Landes. Der Himmel hat die Farbe eines Hämatoms, verspricht Regen, aber ich bringe es nicht über mich, ins B&B zurückzugehen. Tief über dem Horizont hängt ein dunkler Wolkenstreifen wie die Trauerbinden, die man früher um den Arm getragen hat. Dahinter ist Europa. Mein geliebtes Frankreich. Vom Strand frischt der Wind auf, und ich öffne den Mund weit und atme ihn ein, halte die Luft in den Lungen, stelle mir vor, dass sie von den Stränden in Nizza durch die Zedernwälder der Dordogne, über die schneebedeckten Gipfel in Grenoble und die Dächer von Paris bis hierher zu mir gekommen ist. Ich lecke mir über die Lippen, schmecke die Möglichkeiten. Reiseführer schreiben in einer zitronengelben Küche in Avignon, Englisch unterrichten in Madrid, in Rom eine Ausstellung verlorener Schätze im etruskischen Museum kuratieren. Eines Nachts, kurz nachdem Mum in die Schattige Pinie gezogen war, habe ich Émile im Internet gesucht. Er lebt jetzt mit Frau und Kindern in Grenoble. Und ich? Ich sitze auf einer windgepeitschten Klippe, und kein Mensch wartet auf mich.

Der Schmerz, der tief in mir steckt, schießt herauf wie ein Peitschenschlag, legt sich würgend um Lunge und Herz, bricht aus meiner Kehle hervor.

»Warum?«

Das Wort schallt über die Klippe. »Warum!«, schreie ich noch einmal. Ich stehe auf und schreie aufs Meer hinaus. »Warum,

Dad? Hast du nicht gewusst, dass du mich mitreißt, wenn du springst?«

Auf dem steilen Weg scheucht eine Frau ihre zwei Kinder weiter. »Kommt, schnell. Nicht starren.«

Mit Einbruch der Dunkelheit gibt das düstere Grauschwarz des Himmels sich als aufziehender Sturm zu erkennen. Meine Bomberjacke bläht sich; vielleicht wird mich der Wind mitreißen und aufs Meer hinauswehen. Ich wünschte, er täte es. Aber ich bleibe am Boden und frage mich plötzlich, warum ich hier oben stehe und ins Leere starre.

Nach deinem Tod wollte Mum unbedingt, dass wir eine Therapie machten, alle drei. Aber wir wussten nicht, wie man Dinge zu dritt tut; wir waren aus dem Gleichgewicht geraten, hatten Schlagseite bekommen. Bis dahin waren wir immer zwei Duos gewesen: Philippa und Mum, du und ich. Dr. Scott, die Psychiaterin, war spitzknochig und trug eine maulwurfsgraue Strumpfhose. Sie sagte, du seist eine verlorene Seele gewesen, benutzte Wörter wie »Neurose«, »Krise« und »Paranoia«. Mum nickte und weinte; Philippa rutschte auf dem Stuhl hin und her und drehte an ihrem Ehering. Ich dazwischen starrte mit trockenen Augen auf Dr. Scotts Tisch, betrachtete ihren schwarz-gelben Bleistift, wie eine Wespe gestreift, ihren Taschentuchspender, eine Rolle Tesafilm. Konzentrierte mich auf meine Atmung, den verlässlichen glänzenden Ring des Klebebands, seine fest aneinanderhaftenden goldgelben Lagen. Wie vollständig er in sich war – ein goldener Armreif, eine Schablone der Sonne, der Ring des Saturn. Indem ich mich auf diese Sonne, diesen Ring konzentrierte, schaffte ich es, Dr. Scott auszublenden, schaffte es, zu verdrängen, wie du zermalmt auf den Gleisen lagst, wie all die schönen Träume aus dir herausquollen. Immer, wenn sie verstörende Wörter wie »Depression« oder »Repression« oder »Obsession« sagte, dachte ich *Tesafilm*. Später fügte ich *Sicherheitsnadel* hinzu, und *Sekunden-*

kleber – sichere Wörter, feste Wörter, Wörter, die alles zusammenhielten.

Ich wollte dich so vieles fragen, Dad.

Aber alles war undurchdringlich. In jenen letzten Jahren, bevor ich zur Uni ging und danach, hatten wir uns voneinander entfernt. Ich war zu alt, als dass wir uns in unseren Fantasiewelten hätten verstecken können, und ohne sie waren wir ungeschützt. Wir redeten, als würden wir an einem komplizierten Kreuzworträtsel mit kryptischen Fragen arbeiten, und die Antworten kämen erst in der Ausgabe nächste Woche.

Fünf waagerecht, zehn Buchstaben. Traurigkeit oder tektonische Senke.

D..R.S.ION.

Schwarz-weißer Morsecode. Gib mir einen Tipp, Dad. Gib mir einen verdammten Tipp.

Ich war bereit, dich zu verteidigen, für dich zu kämpfen. Aber du wolltest nicht kämpfen. Du hattest aufgegeben. Ich bin immer noch hier, Dad, ich warte, passe auf, bin wachsam wie immer. Nur gibt es keinen, den ich retten könnte.

Guter alter Watson! Der Fixpunkt. Der Leuchtturm, immer da, das Signal des sicheren Hafens. Doch wie sich herausstellte, war ich gar nicht dein stützender Sidekick, oder? Das war die falsche Fährte! Ah! Hast du es nicht bemerkt?

Ich schiebe die Hände tief in die Taschen, trotte an der Felskante entlang, blicke in den Abgrund.

Du bist genau wie Dad!

Vielleicht hat Philippa recht; vielleicht liegt es in der DNA. Vielleicht soll es so sein.

Ich gehe bis zur äußersten Kante. Der Wind ist kräftig hier vorn, peitscht mir das Haar in die Augen.

Unter meinen Füßen löst sich Geröll. Ich sehe zu, wie die Steine – so schnell! – in die schäumende Brandung unten fallen, und dann sehe ich den Weg, der vor mir liegt. Endlich erkenne ich die Flugbahn, auf der ich mich befinde, und es ist eine Erleichterung.

Ich wende mich von der Felskante ab und marschiere mit wachsender Entschlossenheit zur Promenade hinunter.

Die einzigen Medikamente, die es im Laden an der Ecke gibt, sind: Fiebersaft für Kinder, Erkältungsbalsam und Tabletten gegen Reiseübelkeit.

Auf der Packung ist ein Flugzeug an einem mittelmeerblauen Himmel mit molligen Wolken abgebildet. Unter dem Flugzeug schippert ein weißes Segelboot durch die Gischt. Was für ein Abenteuer auf einer so kleinen Schachtel – bestimmt ein gutes Vorzeichen. Ich werfe sie in meinen Korb.

Nächster Punkt – Erwachsenengetränke. Der Cider wird in unattraktiven bauchigen Plastikflaschen verkauft. Ich zeige ihm die kalte Schulter und liebäugele mit einem Sixpack Bier in sirupfarbenen Glasflaschen, das mich an das »Hopfenernte in Kent«-Puzzle erinnert, das ich Mum in die Schattige Pinie mitgebracht habe. Ich frage mich, wie es ihr geht. Ich hätte mich verabschieden sollen. Meine Augen werden feucht. Ich schüttele den Kopf. Nein, jetzt nicht daran denken. Konzentrier dich auf deine Aufgabe. Etwas Leuchtendes sticht mir ins Auge – Eierlikör. Perfekt. Ich nehme eine gelbe Flasche und finde bei den überraschend gut sortierten Backzutaten eine Dose leuchtender Cocktailkirschen. Zusammen in meinem Korb sehen die beiden aus wie der Sonnenuntergang in einem romantischen Film aus den Siebzigern.

»Hallo!«, ruft Mrs Trosley, als ich das Cherry Blossom betrete. »Mr T. und ich sind gerade im Gehen. Brauchen Sie noch irgendwas?«

Segen, Absolution, Vergebung?

»Haben Sie zufälligerweise Cocktail-Stäbchen?«, frage ich.

»Gäste-Lounge, oberste Kommodenschublade, bei den Spielkarten und dem *Shogi*-Brett. Bedienen Sie sich.« Mrs Trosley kommt durch den Perlenvorhang. Ihr Haar türmt sich zu einem Chignon, den sie mit schwarzen Stäbchen festgesteckt hat, und um den Hals trägt sie einen Mikado-gelben Seidenschal. »Wir gehen zu einer Party.« Auf ihrer Nasenspitze ist ein Pudertupfen. »Die Verlobung meiner Nichte. Machen Sie es sich gemütlich. Die anderen Gäste sind heute Morgen abgereist, Sie haben das Haus ganz für sich allein.«

Ganz allein. Die Worte folgen mir vorwurfsvoll nach oben.

In meinem Zimmer setze ich mich an den winzigen Frisiertisch und mache klar Schiff. Mit Hilfe des von den Trosleys gestellten Gäste-Wi-Fi (Passwort: Ikebana) finde ich die Musik, die ich brauche. Aber ich stelle sie noch nicht an; ich weiß nicht genau, warum, aber ich will, dass die Dinge ihre Ordnung haben.

Ich schenke mir ein Glas Eierlikör ein, spieße zwei Cocktailkirschen auf ein Stäbchen und lasse es in den Drink fallen. Kurz taucht es noch einmal an der schaumigen Oberfläche auf, ein Rettungsboot kurz vor dem Sinken.

Die Bambusjalousie klopft einen melancholischen Trommelwirbel ans Fenster. Ich nehme meinen Cocktail mit und sehe hinaus in den Nachbargarten. Ein Grill kauert unter einer grünen Plane, in der Mitte des handtuchgroßen Rasens steht ein Swingball-Gestell. Die müden Plastikschläger liegen achtlos hingeworfen am Boden, durch ihr Gitter schiebt sich schon gelbes Gras. Kreosot bröckelt von dem kleinen Gartenschuppen.

Mrs Trosley hat sich so viel Mühe gegeben, eine Welt zu erschaffen, die weit weg ist von den gesichtslosen Doppelhaushälften rechts und links. Man muss sie bewundern – eine Frau, die mit einer Bambusjalousie hier, einem Gäste-Kimono da ein Leben, ein Heim erschafft, ein Manifest ihrer Fantasie. Ich hebe das Glas auf die Seelenstärke meiner Gastgeberin. *Glück auf der ganzen Linie!*

Der erste Schluck Eierlikör erinnert mich an die Freitagabende, wenn sich in Dads abgenutzter lederner Aktentasche aufregende Formen abzeichneten – kleine Ovale, die knisterten, wenn man mit neugierigen Fingern drückte. Cadbury's Creme-Eier.

Wenn Dads knirschende Schritte die Auffahrt heraufkamen, stürzten Philippa und ich drängelnd und schiebend zur Haustür, stürmten in die frische Abendluft hinaus, wollten ihn umarmen, ihm die Aktentasche abnehmen.

Erstaunlich, welche Glücksgefühle das Eintauchen der Zungenspitze in zuckrige Creme auslösen konnte.

Ich setze mich an den Frisiertisch. Öffne die Schachtel mit den Tabletten gegen Reiseübelkeit. Die Pillen sehen aus wie kleine weiße Knöpfe.

Reiseübelkeitstabletten können eine Stunde vor Reiseantritt eingenommen werden.

Ich knöpfe eine Reihe auf. Halte sie kurz in der hohlen Hand. Dann werfe ich sie mir in den Mund und schlucke.

Ich gieße mir wieder ein. Lege Kirschen nach. Knöpfe eine weitere Reihe auf.

Nicht einnehmen bei Überempfindlichkeit gegen Meclozin.
Nicht einnehmen bei Überempfindlichkeit gegen Hydrochloride.
Nicht einnehmen bei Überempfindlichkeit gegen Lactose.

Was ist, wenn man einfach nur überempfindlich ist? Überempfindlich und traurig und erschöpft, die Lodenuniform besudelt und über Big Jims Rutsche entsorgt, und man nichts mehr hat, das einen hält?

Es gibt Verluste, die man nicht registrieren und wegsortieren kann. Sie bleiben. Heulen und schreien.

Verlust ist mein ständiger Begleiter. Am Tag klebt er an mir; in der Nacht schlingt er seine langen Glieder um mich. Was soll ich tun, außer ihn festzuhalten? Seine Treue verankert und entwurzelt mich.

Und so verliere ich dich jeden Tag von neuem.

Aufknöpfen. Schlucken.

Aufknöpfen. Schlucken.

Aufknöpfen. Schlucken.

Die Einnahme von Reiseübelkeitstabletten kann die Fahrtüchtigkeit beeinträchtigen.

Ich sollte einen Brief schreiben ... wie nachlässig von mir ... Ich greife nach meinem Sheaffer, nehme ein hellrosa Blatt Cherry-Blossom-Briefpapier und schreibe ... was? Was noch zu sagen wäre, würde eine ganze Bibliothek füllen. Was noch zu sagen wäre, füllt nicht mal einen Fundbüro-Anhänger.

Ich denke wieder an Mr Appleby und schreibe nur zwei Wörter –

Lieben

Verlieren

– und sehe, wie ein Wort das andere schon zur Hälfte in sich birgt, verzwillingt in einem ewigen Duett.

Es ist Zeit. Ich drücke auf dem Telefon auf Play.

»*Beautiful dreamer, wake unto me.*«

Eure Musik erfüllt den Raum. Sie gehört euch. Hat immer euch gehört. Das weiß ich jetzt.

Die Musik kommt aus der Vergangenheit, um mir dein Geheimnis anzuvertrauen, um mir zu verraten, dass unsere Abende im Esszimmer mit den orangen Vorhängen, das unser Ballsaal war, gar nicht unsere Abende waren. Es waren eure, es war deine Art, dich an einen anderen Ort zu träumen, in eine andere mögliche Welt, zu einem anderen Menschen.

Kein Dad-und-Dot-Abenteuer.

Nur Dad.

Oder besser, Dad und Joe.

Wusstest du, dass ich euch an jenem Abend gesehen habe?

Nachdem du mir das Haar verwuschelt und mich ins Bett geschickt hast. Ich war da, habe mich hinter den orangen Vorhängen versteckt, habe dich mit ihm beobachtet.

Ich habe gesehen, wie du unsere Platte auflegtest und ihn fragtest: »Weißt du noch?«

Ich habe das Klingen eurer Cocktailgläser gehört, das vertraute Rauschen und Zischen, als die Platte sich zu drehen anfing, das ernste Klicken und Rattern, als der Arm langsam hinüberschwenkte, das Knistern, als die Nadel ihren Platz suchte.

»*Beautiful dreamer, wake unto me.*«

Ich sah, wie du den Kopf gedreht hast, ihn angesehen hast.

»*List' while I woo thee with soft melody.*«

Sah die langsame Bewegung deines Arms. Auf der Suche nach seinem Platz. Und dann fand er ihn.

»*Beautiful dreamer, awake unto me!*«

Damals dachte ich gar nicht daran, dass du Mum untreu warst. Als ich hinter den Vorhängen stand, die kalte Luft der Terrassentür im Rücken, die Türklinke im Kreuz, dachte ich nur daran, dass du *mir* untreu warst. Denn an jedem unserer Dad-und-Dot-Abende, wenn ich bei dir saß, mit dir sang, mich beim Walzer, beim Cha-Cha-Cha, beim Tango mit dir drehte, hast du in Wirklichkeit von jemand anderem geträumt. Ich war nur da, damit Mum dich nicht löchern konnte: »Warum sitzt du allein im Dunkeln und hörst alte Platten?« Ich war da, damit du sagen konntest: »Wir sind's, Liebling, Dad und Dot, wir tanzen ein bisschen.« Um sie loszuwerden, damit du in Ruhe von ihm träumen konntest.

Aufknöpfen. Schlucken. Beine schwer. Kopf wirr. Auf den Lippen der Geschmack von süßem Eierlikör. Und etwas Salziges, nasse Wangen. Salzig und süß und traurig und schwer. Und am nächsten Tag deine zitternden Hände, als du im Garten versucht hast, die Erbsen zurückzuschneiden. Onkel Joe im Flugzeug zurück nach Kanada und dein gebrochenes Herz.

Und ich, wie ich mich ins Esszimmer schlich, deine Platten durchging, *Beautiful Dreamer* aus der weichen weißen Hülle nahm, ganz vorsichtig, wie du es mir gezeigt hast.

Ich hielt sie sachte am Rand, hob sie langsam ans Licht, blies achtsam darüber, legte sie auf den Plattenteller, setzte den Tonarm auf, ließ die Nadel so sanft herunter, dass der Diamant die Platte wie ein gehauchter Kuss berührte. Und dann drückte ich fest zu und riss den Arm quer über die Platte. Ein langer, tiefer Kratzer, der jede Note verdarb.

Ich sah dir zu, als du beim nächsten Mal die Platte vorsichtig aus der Hülle nahmst und sanft auf den Plattenteller legtest. Sah dein Gesicht, als der Tonarm über den Kratzer stolperte. Schlimmer als kaputt, weil du die Platte behalten hast, aber nie wieder abspielen konntest. Die ständige Erinnerung an das, was verloren war. Wie all diese verdammten einzelnen Handschuhe. Wie all deine schönen Träume.

Das war das erste Mal, dass ich dich verriet.

Das zweite Mal war viel, viel schlimmer. Ich hatte es nicht vor, und als es passiert war, konnte ich es nicht mehr rückgängig machen. Wie oft wollte ich die Zeit zurückdrehen bis zu jenem Moment – dem Moment davor –, wollte die Geschichte verändern. Ich habe es mir so sehnlich gewünscht, dass ich mit zusammengebissenen Zähnen und geballten Fäusten vom Trommeln meines eigenen Herzschlags aufwachte.

Aufknöpfen. Hoppla, fallen gelassen, Reisetablette im Flor von Mrs Trosleys Teppich versenkt. Macht nichts, hier ist noch eine. Schlucken. Sakura dreht sich.

Ich kam für ein Wochenende aus Frankreich, und die Familie war bei Philippa zum Sonntagsbraten versammelt, um euren Hochzeitstag zu feiern. Geschmackvolle Girlanden und Luftballons schmückten das Wohnzimmer, und Philippa hatte eine zweistöckige Torte mit euren Namen gebacken. Wir setzten uns an den Tisch, und Gerald öffnete eine Flasche Bordeaux.

»Ein ziemlich guter Jahrgang, wenn auch nicht billig«, smalltalkte er. »Ich wette, dir werden die guten französischen Weine fehlen, wenn du wieder hier bist, was, Dot? Wann ist es so weit, bald, oder?«

Es war gerade eine Gesprächspause entstanden, und alle Augen waren auf mich gerichtet. Eigentlich wollte ich das Thema vermeiden, es bei der Feier nicht aufs Tapet bringen, lieber später damit herausrücken, wenn meine Pläne konkreter waren, aber jetzt war es angesprochen ...

»Na ja, ich denke darüber nach, ob ich ... noch bleibe ... ein bisschen reise ...«

»Das solltest du«, sagte Mum. »Warum nicht? Du wolltest immer reisen.«

»Schaut mal, meine Prinzessinnenkrone!«, quiekte die kleine Melanie, die mit einem Nest aus Girlanden auf dem blonden Lockenkopf herumrannte.

»Setz dich hin und sei ein großes Mädchen«, ermahnte sie Philippa.

»Sprechen wir einen Toast aus«, dröhnte Gerald. »Auf Dave und Gail und all die glücklichen Ehejahre. Auf viele weitere ebensolche!« Er beugte sich hinüber und klopfte dir auf den Rücken. Kernige Klopfer. Was in Geralds Welt einer Ganzkörperumarmung gleichkam.

Wir hoben die Gläser. Mum lächelte, nahm deine Hand. Deine Lippen zitterten.

»Kannst du bitte den Braten schneiden, Gerald?«, sagte Philippa.

Später, während die anderen noch bei Kaffee und Kuchen im Wohnzimmer saßen, folgte ich Philippa in die Küche, um ihr beim Abwasch zu helfen, bevor ich zum Bahnhof musste. Natürlich war alles schon gespült und in Reih und Glied aufgestellt, blitzblanke Truppen.

»Schöne Feier«, sagte ich.

»Hmm.« Sie fing zu sprühen und feudeln an.

»Was ist?«

»Nichts, nur, Dad kommt mir sehr ... emotional vor.« Sie bleckte die Zähne, als sie das Wort aussprach.

»Ist doch nichts dabei, wenn er ...«

»Psst.« Sie legte wie eine Lehrerin den Finger an den Mund. Ich flüsterte: »Ist doch nichts dabei, wenn er Gefühle zeigt«, sage ich.

»Ich mag es nicht, wenn Melanie ihn betrunken sieht.«

Melanie hatte die meiste Zeit glücklich auf dem Sofa gesessen und auch der Katze eine Krone gebastelt.

»Es ist eine Party, Philippa. Da darf er mal ein Glas mehr trinken, oder? Außerdem macht Melanie einen ziemlich robusten Eindruck.«

»Immer verteidigst du Dad. Das war schon früher so.«

»Tu ich nicht. Hab ich nicht. Ich meine nur, mit Dad ist alles in Ordnung. Du kennst ihn nicht so gut wie ich.«

»Ich kenne ihn gut genug.«

»Was meinst du damit?«

Sie hielt inne. Rieb an einem unsichtbaren Fleck auf der Edelstahlplatte herum, während sie sich ihre Worte zurechtlegte. »Ich weiß, dass er zu viel trinkt, ich weiß, dass Mum ratlos ist, was sie wegen seiner Stimmungsschwankungen machen soll, und ich weiß, dass die Nachbarn denken, er hätte eine Schraube locker.«

»Und ich weiß, dass alles in Ordnung ist.« Meine Stimme wurde lauter, als ich dich verteidigte. »Er ist eben sensibel. Und wen kümmert's, was die Nachbarn denken!« Der letzte Kommentar war natürlich in den Wind gesprochen, denn die Meinung der Nachbarn hat für Philippa ungefähr solche Bedeutung wie das Weihwasser für Katholiken.

»Typisch.« Sie verdrehte die Augen, schüttelte den Kopf. Trillerte ihr »Was sollen wir bloß mit dir machen«-Lachen, das sie für mich reserviert hat. »Geh du einfach zurück nach Frankreich, D, und lebe dein Künstlerleben.«

Sie fegte durch die Küche, und ich sah ihre Spiegelung im Glanz der Geräte. Immer die Oberhand, das letzte Wort, die Quittung. Und plötzlich stand ich wieder auf der Zuschauerterrasse im Freibad vor all den Jahren, als der bescheuerte Toby Jackson im tiefen Ende schwamm und Philippa in ihrem Fisch-Badeanzug auf mich zeigte und mich lächerlich machte und die Mädchen aus der Schule mich auslachten. Dieser Moment. Dieser blöde, kindische, alberne Moment stieg in mir auf. Ich spürte die Scham, die Verletzung von damals, und ich wollte zurückschlagen. Ich hatte selber einen über den Durst getrunken; das hatten wir alle. Aber nichts entschuldigt, was ich dann tat.

»Ich weiß Dinge über Dad, von denen du keine Ahnung hast.«

»Sei nicht so eine Drama-Queen.«

»Stimmt aber.«

»Ach, D, mach dich nicht lächerlich.« Sie schüttelte den Kopf, nahm einen Teller mit Resten und öffnete die riesige amerikanische Kühl-Gefrier-Kombination. »Du weißt überhaupt nichts, was ich nicht auch weiß.«

»Doch.«

»Nein. Du hast keine Ahnung.«

»Ich weiß, dass er schwul ist. Ich habe ihn gesehen, mit Onkel Joe.«

Philippa schlug die Kühlschranktür zu, und da standest du, in der Küchentür, und du sahst mich an.

Meine Knie wurden weich; ein glitschiger Schweißfilm überzog meinen Körper. Eine jähe Hitze füllte meine Eingeweide, und mir wurde schlecht.

Dann tauchte Mum mit den Mänteln neben dir auf.

»Wir brechen auf, Mädchen. Vielen Dank für das schöne Essen, Philippa.« Sie kam in die Küche, um uns zum Abschied in den Arm zu nehmen. Du folgtest ihr. »Gute Rückreise nach Paris heute Abend«, sagte sie zu mir.

»Dad, ich ...«

Ein Schrei aus dem anderen Zimmer, Melanie kam heulend in die Küche gerannt, ein tiefer Kratzer am Arm, Blut, hellrot, das auf Philippas makellose Bodenfliesen tropfte. Philippa schrie Gerald an, die Desinfektionslösung zu holen, und mich, ihr einen Waschlappen zu bringen. Melanie, überzuckert und unter Schock, kreischte noch lauter, alle verabschiedeten sich hastig, und schon warst du weg.

Im Zug nach Frankreich an jenem Abend grübelte ich ununterbrochen über den Augenblick nach. Wann bist du in die Küche gekommen? Was hast du gehört?

Doch es dauerte nicht lang, und ich war wieder völlig in mein eigenes Leben verstrickt, arbeitete an meiner Magisterarbeit, schmiedete Pläne, den folgenden Sommer in Italien zu verbringen. Wenn ich daran dachte, hatte ich wieder die gleichen übelkeiterregenden Schuldgefühle, verabscheute mich wie in dem Moment, als es geschah. Aber ich redete mir ein, dass du nichts gehört hättest.

Als ich das nächste Mal anrief, klang meine Mutter so aufgeräumt wie immer, aber sie sagte, du könnest nicht ans Telefon kommen. »Er ist ein bisschen angeschlagen, aber er lässt liebe Grüße ausrichten.«

»Ich melde mich in ein paar Tagen wieder.«

»Tu das, Liebes.«

Ich legte auf. Dann rief ich Philippa an.

»Das ist ja eine Überraschung. Was macht *la vie française*?«

»*Vachement superbe*, danke. Hör mal, Philippa, geht es Dad gut?«

»Was? Ich habe ihn seit der Party nicht gesehen, aber ich war heute dort, um Mum eine Kiste mit Mels Babysachen für ihre Nachbarin vorbeizubringen, und ihr ging es gut.«

»Hat sie gesagt, wie es Dad geht?«

Eine Pause. »Ich dachte, du rufst vielleicht meinetwegen an, Dot. Um zu fragen, wie es *mir* geht. Oder vielleicht deiner Nichte Melanie? Sie musste nach der Party übrigens eine Tetanusspritze kriegen. Bei so einer Verletzung kann man sich nämlich eine Blutvergiftung holen.«

»Tut mir leid, das ist ja furchtbar. Ich wollte nur wissen –«

»Es gibt tatsächlich eine Krankheit, die Katzenkratzkrankheit heißt. Hat irgendwas mit Flohkot zu tun.«

»Oje. Arme kleine Melanie.«

»Ja, na ja. Jetzt geht's ihr wieder gut.«

»Gott sei Dank. Richte ihr liebe Grüße aus ... Also hat Dad nicht ...«

»Fängst du schon wieder an. Also wirklich. Ich sag dir was wegen Dad – als ich heute Morgen vorbeikam, sah Mum schrecklich aus, als hätte sie die ganze Nacht nicht geschlafen. Aber ich muss los. War sonst noch was?«

»Nein. Tut mir leid.«

Eine Woche später warst du tot.

Und es war meine Schuld. Ich hatte dich verraten.

Inzwischen bin ich völlig aufgeknöpft und so furchtbar müde. Ich lege den Kopf auf den Tisch, sehe Dads Lippen, die *»Beautiful ...«* singen, und spüre den Verlust wie etwas, das ich vor mir sehe, aber nicht benennen kann. Ich starre die leere Tablettenschachtel an und stelle mir vor, ich säße in dem kleinen Flugzeug und würde durch seine ovalen Fenster blicken. Unter mir funkelt das Meer. Ich bin oben am Himmel und fliege hinein in die weißen Wattewolken, die so weich aussehen, so verzeihend. Immer höher fliege ich in den blauen Himmel. Was für ein Blau? *Mittelmeerblau!* Das ist es ... hoch, hoch hinaus. Es ist so wunderschön ...

22

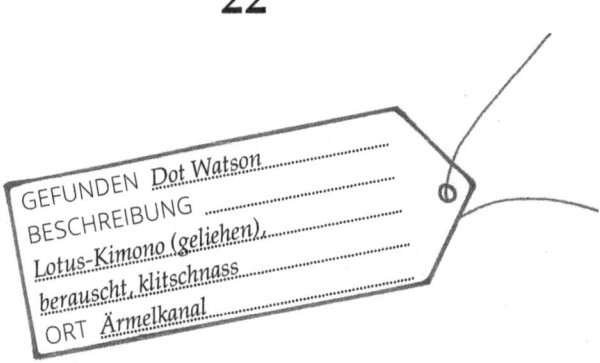

Ich brenne ... heißer Schweiß ... wüstes Würgen ... Klo ... schnell, schnell! Bäh. Mund abwischen ... heiß ... so heiß! ... Kleider aus ... Wasser ... brauche Wasser, sofort! ... Gesicht im Spiegel, bin noch da. Kirschlippen, was klebt denn da an der Wange? Wie lange geschlafen? O nein, noch mal Klo ... heiß, brennend heiß ... muss mich abkühlen ... Sprung ins Kühle ... kühle Nass ... nasse Kühl ... hoppla, lieber was überwerfen ... was ist das? ... so seidig ... ein Kimono?

Unten. Draußen. Das ist besser.

Ahhh. Atmen. Salzige Luft.

Nacht so schneidend wie Glas. Eine Nacht, die dich von deinen Sünden reinwäscht.

Keine Seele unterwegs ... keiner, der mich im Kimono sieht, im Kimonokino ... so gemütlich! So hübsch ... so kimonokinohübsch, lauter Lotusblüten.

Da ist das Meer – ich hab's zuerst gesehen! Den Steinstrand runter ... Psst! Ihr Steine seid so laut!

Meer.

Zehen rein, Füße rein ... aah ... köstliche Kühle. Das ist besser, hm? Alles besser.

Weiter rein.

Fort sind Dads Füße. Fort sind Mums Fesseln.

Weiter rein.

Fort sind meine nicht-gebärenden Hüften. Weiter, weiter, weg.

Einfach.

Warum nicht so, Dad? Das ist viel besser. So macht man das: keine Sauerei, die jemand wegmachen muss, keine Verzögerungen für andere Reisende. Morgen werden die Trosleys einfach denken, ich hätte den frühen Zug genommen. Dann haben sie das Haus für sich allein, kochen Tamagoyaki für zwei.

Und ich? Verschwinde einfach. Keine Spur. Keine Dot.

Jetzt bin ich dran, das ist meine Zeit. Das Wasser geht mir bis zum Bauch, und ich bin splitternackt unter Mrs Trosleys Seidenkimono mit dem Lotusmuster, den sie original in Japan gekauft hat. Ich breite die Arme aus, öffne den Mund, um die Sterne aufzufangen, öffne mich dem Himmel und dem Meer.

Lasse mich nach vorn fallen.

Lasse los.

Klatsch. Hart. Kalt.

Salz im Mund.

Würg, prust, die Wucht des Wassers drückt mich wieder hoch, ich öffne die Arme, versuche es noch einmal, werde verdroschen, Augen brennen, Haut brennt, werfe mich nach vorn, volle Kraft, noch fester, wieder ein Klatscher, der mich rausreißt. Schärfer. Kälter. Härter. Wasser in Augen, Nase, Kehle.

»Bitte, lass mich gehen.«

Ich wate weiter. Tiefer. Bis zur Leber. Bis zur Lunge. Bis zum Herzen. Tief und dunkel und kalt und schwarz.

Versuche es wieder. Diesmal falle ich nach hinten.

Ich schwebe.

Über mir mehr Sterne, als ich mir je hätte vorstellen können: Hydra, Capella, Pegasus – alte Freunde, vielgeliebte Geschichten, Fragmente, Splitter von Gedichten am Himmel.

Der Lotus-Kimono öffnet sich um mich wie eine Blüte. *Am Grund des Sumpfs wartet der Lotussamen im Schlamm.* Woher weiß ich das? Vergessen. *Er wartet Hunderte von Jahren auf seine Zeit, und wenn seine Chance kommt, ergreift er sie und blüht auf.* Ich bin hier draußen bei den verlorenen Seeleuten, den Schiffbrüchigen, den vom Meer Verschlungenen. Ich bin eine Lotusknospe. Ich öffne den Mund und lasse die Sterne hineinfallen.

Wasser läuft mir in Mund und Nase.

Was ist passiert?

Der Kimono, der mir eben noch Auftrieb gab, ist plötzlich bleischwer und zieht mich nach unten. Ich bin wohl ins Tiefere abgetrieben. Wie weit draußen bin ich? Ich strampele mit den Beinen, stoße mich ab in Richtung der trüben Oberfläche, aber es zieht mich wieder nach unten. Auf einmal will ich nicht mehr sterben. Mein Herz hämmert. Mums Gesicht, das zarte Blau ihrer Augen. Philippa in meinen Armen, als Dad gestorben war. Anita beim Tanzen, der Silberstreif auf ihrer Wange. *Du bist ein echter Kumpel, Dots.* Adison Changs Hände, die lang vergessenen Strom durch meinen Körper schicken. Lichtblitze.

Ich strampele fester.

Aber mein Körper ist müde, so schrecklich müde.

Die schwere Decke des Kimonos schlingt sich um meine Beine, zerrt mich nach unten. Prustend komme ich an die Oberfläche, schnappe nach Luft, dann versinke ich wieder. Ich spüre die Strömung, sie ist stärker hier draußen. Es ist so kalt. Wieder unter Wasser, schlage und trete ich um mich. Lungen bersten. Herz hämmert in den Ohren.

Das war es.

Wieder unter Wasser, immer tiefer in die Tiefe. Keine Sterne hier unten.

Ich kämpfe mich bis zur Oberfläche. Schnappe nach Luft.

Ich habe solche Angst. War es bei dir auch so, Dad? Hattest du auch solche Angst?

Ich will nicht gehen.

Wieder unten, Beine strampeln, die Tiefe zieht. Schaffe es zur Oberfläche, sauge Luft in die Lungen, presse die schmerzenden Arme durchs Wasser.

Nein, bitte nicht.

Bitte.

Macht schon, Arme, macht schon, Herz, Lungen, Muskeln. Mach schon, Dot!

Nil desperandum, Watson.

Ich strecke die Arme, ziehe mich voran. Noch mal. Wieder und wieder strecke ich die Arme, ziehe mich voran. Jede Faser meines Körpers kreischt vor Anstrengung, weigert sich aufzugeben. Meine Beine verkrampfen, werden steif, ziehen mich runter.

Streng dich an. Streng dich mehr an. Ich schiebe die Arme durchs Wasser, drücke mich hoch, stemme mich voran, nach oben, nach vorn.

Ich wähle das Leben.

Mr Appleby hatte recht.

In der Ferne eine Kette von Lichtern – Land. Es wird flacher, ruhiger. Ich drehe mich auf den Rücken. Meine Hände rudern mich durchs Wasser. Ich folge der Kurve von Orions Gürtel zum Strand zurück.

Ich bin hungriger und verfrorener als je zuvor in meinem Leben. Ich kämpfe mich auf die Füße. Weiche Knie. Rutsche und stolpere auf den Kies, krieche in Richtung Promenade.

Alles ist dunkel und geschlossen. Wo bin ich? Ich erkenne

nichts. Ich muss die Küste hinuntergetrieben sein. Ich fange zu schlottern an. Wo bin ich?

Dann sehe ich etwas. Einen Lichtschimmer, der mir zu winken scheint ... eine Erscheinung. Ein Leuchtturm? Eine Kirche?

Zeus' Fish & Chips.

Ich schleppe mich darauf zu, eine Hand am Eisengeländer, um mich auf den Beinen zu halten.

»Mann, krass!«, kräht ein Mädchen in Leder.

Jetzt bin ich näher, beschirme die Augen. Der Imbisswagen ist klein, aber wunderschön.

»Die ist ja voll druff!«, keckert ein Junge in Leder.

Die Geräusche tun weh. Ich erreiche den Wagen, halte mich daran fest.

»Ihr beiden, verzieht euch«, donnert Zeus.

Das Lederpaar schiebt sich weiße Päckchen unter die Jacken, stakst zur Promenade, zwei schwarze Krähen.

»Guten Abend«, sage ich.

Heraus kommt: »Gggguuuaaaa.«

»Alles in Ordnung, Lady?«

»Eine Portion Ihrer besten Fritten, bitte.«

Oder vielmehr: »Aaapporribeeffrriiibidde.«

Meine Zähne klappern, als purzelten sie lose durch meinen Mund. Ich versuche mit dem Finger zu zeigen, was ich will. Meine Hand zuckt wild hoch und runter.

»Fritten?«, fragt Zeus.

Ich nicke.

»Salz? Essig?«

Ich nicke wieder. Kann nicht aufhören zu nicken. Nicke von Kopf bis Fuß, schlottere, klappere, während ich zusehe, wie Zeus' Hände über dem brutzelnden, zischenden heißen Öl kreisen.

Er beugte sich von oben herab.

»Hier, Lady.« Drückt mir Feuer in die Hände.

Nehme Fritte. Kann Finger nicht schließen. Versuche noch mal. Hand zittert. Fritte fällt. Bitte, oh, bitte. Kralle Finger. Greife wieder, greife fester. Schnappe eine.
Oh
Goldene Haut
Hitze explodiert
Salzige Lippen
Oh
Fettige Finger
So ... oh
Mehr ... Mehr ...
So. Weich. Kartoffel.
Warme Tränen fließen.
»Ddddanke, ZZZeus.«
»Hier, nehmen Sie das.« Eine Lammfelljacke legt sich um mich. »Ich mache jetzt zu, Lady. Bringe Sie nach Hause.«

23

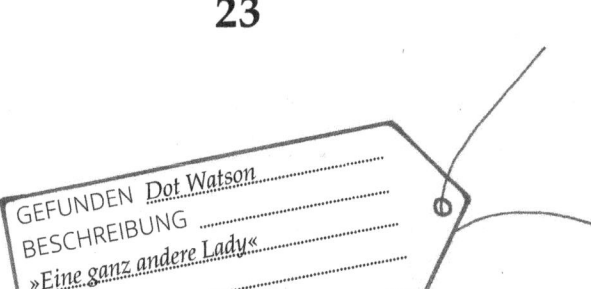

GEFUNDEN Dot Watson
BESCHREIBUNG
»Eine ganz andere Lady«
ORT Küste

Der Duft von Kirschblüten. Gab es je ein himmlischeres Aroma? Das sanfte Trommeln des Regens an die Scheibe. Könnte Bartóks *Musik für Saiteninstrumente, Schlagzeug und Celesta* süßer klingen als diese Tropfen? Ich schwelge in ihrer Pracht, bis andere Wahrnehmungen – weniger angenehme – an mir zu nagen und zu zerren beginnen, mich verschlingen. Die feinen Pauken übertönt von der großen Trommel, die direkt im Zentrum meines Schädels geschlagen wird. Energisch füllt der Trommler jede Windung meiner Hirnschale mit pulsierendem, ohrenbetäubendem, quälendem Lärm.

Ich schlage die Decke zurück. Mein Mund ist salzverkrustet; mein Körper zuckt, mitgenommen von der letzten Nacht. Letzte Nacht. Aus den im Zimmer verstreuten Hinweisen setze ich die Ereignisse zusammen: leere Blister von Reiseübelkeitstabletten, der klitschnasse Kimono, gelbe Eierlikörreste, ein feuchter Berg Lammfelljacke.

Mum, Philippa, die Kinder. Wie konnte ich nur? Nach allem, was passiert ist, wie konnte ich?

Ein Licht pulsiert unter der zerdrückten Knospe des Lotuskimonos. Einen Moment starre ich es an wie hypnotisiert, frage mich, ob sich nun die Blüte öffnet. Dann begreife ich langsam, dass es mein Telefon ist. Ich krieche über die Tatamimatte. Wie ein Tier schleppe ich mich ins Bad, ziehe mich am Waschbecken hoch, trinke vier Gläser Leitungswasser und schlucke zwei Schmerztabletten. Mein Körper erinnert sich an dieselbe Geste gestern Abend, und ich schaudere. Die Vorstellung, dass Mrs Trosley heraufkommt, um Sakura – ihr Lieblingszimmer – für den nächsten Gast vorzubereiten, und einen Selbstmord entdeckt, beschämt mich bis ins Innere.

Als ich das Telefon ausgrabe, begrüßt mich eine Tirade von Text- und Sprachnachrichten. Philippa, Anita, Philippa, Philippa, Anita, Philippa, Anita. Und dann die Schattige Pinie.

Mit klopfendem Herzen höre ich die Nachricht ab.

»Hi, hier ist Adi, Adison Chang, von der Schattigen Pinie.« Ich greife hastig nach dem Bettlaken und bedecke meine Blöße. »Ich war gerade bei Ihrer Mutter, und sie hat nach Ihnen gefragt.« Meine Hand zittert so stark, dass mir das Telefon herunterfällt. Wie nett von ihm, mir Bescheid zu sagen. Ich meine, er macht natürlich bloß seinen Job, das weiß ich. Dann höre ich mir die Nachricht noch einmal an. »… bei Ihrer Mutter, und sie hat nach Ihnen gefragt. Mit Namen.«

Trotz meines jammervollen Zustands dauert es nicht lang, bis ich gewaschen und angezogen bin und Harriets cremefarbenen Koffer gepackt habe.

Mrs Trosley sitzt am Küchentisch und übt Kalligraphie, als ich den Kopf durch den Perlenvorhang strecke.

»Ich reise früher ab«, sage ich. »Ich muss zu meiner Mutter.«

»Geht es ihr nicht gut?«

»Nein. Doch. Ich weiß es nicht.«

Mrs Trosley legt den Stift weg, steht auf und leert eine Schale Orangen in eine Netztasche.

»Nehmen Sie ihr die mit.« Sie drückt mir die Tasche in die Hand. »In Japan heißt es, Orangen bringen Glück. Und essen Sie selbst auch ein paar – Sie sehen ein bisschen blass aus.«

Draußen hat der Regen nachgelassen, und vereinzelte blaue Tupfer am Himmel locken ein paar unerschrockene Hundebesitzer heraus. Ich atme tief ein: Holzfeuer und frische Seeluft. Die Gerüche beruhigen mich, lenken mich ab von meinem brummenden Schädel. Das Meer ist ruhig, azurblau. So anders als die dunkle Gefahr von gestern Nacht.

Ich gehe die ganze Promenade ab, bis ich den kleinen weißen Würfel entdecke: Zeus' Imbisswagen.

Als ich ankomme, öffnet Zeus gerade seine Klappe; ein Schwall von Regentropfen geht auf meine Bomberjacke nieder. Sie funkeln wie Diamanten.

»Fünf Minuten noch. Ich mache gleich auf.«

»Danke«, sage ich und halte ihm seine Lammfelljacke hin.

Er dreht sich um, blinzelt, dann reißt er die Augen auf.

»Ich will gar nicht wissen, was ich gestern Nacht für einen Eindruck gemacht habe. Leider ist die Jacke ein bisschen feucht geworden, auch wenn ich es mit dem Fön versucht habe ...«

»Sie sehen aus ...«, er zeigt auf sein Gesicht, »wie eine ganz andere Lady.«

»Ja? Das ist eine Erleichterung!« Ich halte ihm etwas Geld hin. »Für die Fritten.«

Er nimmt meine Hand, schließt sie und drückt einen Kuss darauf.

»Lady, für Sie gehen Zeus' Fritten aufs Haus. Immer.«

Noch eine halbe Stunde, bis mein Zug fährt. Ich gehe über den Kiesstrand und setze mich ans Wasser. Harriets Koffer steht neben mir. Am Horizont zieht ein gigantisches Containerschiff vorbei, das kostbare Besitztümer an neue Ziele bringt, neue Anfänge. Rechts von mir liegt Beachy Head, nebelverhangen. Ich schaudere, als sich mein Körper an die dunkle Kälte des Wassers erinnert.

Das kratzende Brummen des Telefons reißt mich aus meinen Gedanken. Ich gehe sofort dran, ohne erst nachzusehen, wer es ist. Ist etwas mit Mum?

»Wo zum Teufel steckst du? Ich habe tausendmal angerufen und dir jede Menge Nachrichten hinterlassen.«

»Philippa ...«

»Ich wollte schon zum Fundbüro gehen.«

Mir wird flau bei der Vorstellung, wie Philippa die Baker Street hinaufstürmt, sich Neil Burrows vorknöpft und der ihr erzählt, dass ... was eigentlich? Ich gefeuert wurde? Ins Fundbüro eingebrochen bin? Unbefugt dort kampiert habe? Ich sehe SmartChoice am Schalter stehen, in einem heftpflastergroßen Kleid, wie sie sich mit einem Dijon-Anhänger die Fingernägel säubert und abschätzig nickt, während NB meiner Schwester die Liste meiner Verbrechen vorliest.

»Jedenfalls«, sagt Philippa, »musste ich Sam zum Kieferorthopäden bringen und hab es nicht in die Stadt geschafft, aber ehrlich, Dot, ich habe mir Sorgen gemacht.«

»Wirklich?«

»Hast du meine Nachrichten nicht gesehen?«

»Tut mir leid, ich war ... bei einer Arbeitsexkursion.« Nicht ganz gelogen.

»Mehrere Tage lang?«

»Was?«

»Seit Montag versuche ich dich anzurufen. Heute ist Donnerstag.«

»Im Ernst? Ich meine, ja, natürlich ist heute Donnerstag, was sollte es sonst sein? Also, es war weniger eine Exkursion, mehr eine Art ... Ausflug.« Wieder ein Hauch der Wahrheit.

Über mir schreien die Möwen.

»Wo bist du? Am Meer?« Dem MI5 ist echt etwas entgangen.

»Weißt du, wenn du in Whitstable bist, könnte ich in fünfzig Minuten da sein. Dann könnten wir uns sehen?«

Liebe Güte! Womit habe ich diese neue Tonart verdient?

»Ich hab dir so viel zu erzählen – Sam hat einen Theaterpreis gewonnen, er scheint richtig gut zu sein, und er will dir unbedingt seine Medaille zeigen, ach, und Murray Greenridge sagt, sie haben noch jemanden, der sich die Wohnung ansehen will, junges Paar, sehr interessiert ...«

»Ich will nicht über die Wohnung reden, Philippa.« Ich hätte mir denken können, dass sie mich deswegen sehen will.

»Na gut, aber du musst mir sagen, was los ist.«

»Womit?«

»Mit dir.«

»Mir geht's gut.«

»D, ich war in Mums Wohnung ...«

Verflixt. Was hat sie gesehen? Ungeöffnete Post, kein Lebenszeichen?

»D, ist etwas passiert? Was ist los mit dir?« Wieder verändert sich ihre Stimme. Ihr besorgter Klang entwaffnet mich.

Ich hebe zwei Kiesel auf, schließe die Hand um die glatten, runden Steine, schüttele sie wie Würfel. Was ist los mit mir? Ich blicke aufs Meer – in der Ferne zieht der straffe weiße Flügel eines Segelboots vorbei. Wieder sehe ich mich dort draußen letzte Nacht, in der Dunkelheit, der Kälte, in die Tiefe gezogen von Mrs Trosleys Kimono, wieder und wieder, Wasser über mir, tiefer nach unten, bis ich keine Luft mehr bekam. Bis ich dachte, das war's.

Philippa hätte nichts geahnt, bis sie den Anruf bekommen hätte. *Hallo, Tonbridge, Theodor Otto Nordpol Berta?* Die Polizei am anderen Ende der Leitung mit der traurigen Nachricht, genau wie damals. Meine Schwester in ihrem spiegelblanken Flur, wie sie sich ans Treppengeländer klammert, die Hand schweißnass, während die Stimme am Telefon Worte sagt wie:

»sich vermutlich das Leben genommen«, »nächste Angehörige« und »Trauerhilfe-Hotline«. Philippa, die »Ich verstehe« sagt, »ja« und »danke«, und dann wie gelähmt in ihrem blütenreinen Wohnzimmer sitzt, auf den lackierten Dielen festgefroren, bis die Glasscheibe in der Haustür klirrt und die Kinder von der Schule kommen. Und sie es ihnen sagen muss. Ihre Gesichter. Melanie. Sam.

Meine Kehle wird eng. »Es tut mir so leid, Philippa. Ich wollte nicht ...« Ich umklammere die Steine, drücke sie mir fest ins Fleisch.

»Oh ... ach ... schon gut, Dottie, ich habe mir bloß Sorgen gemacht, das ist alles. Wann kommst du zurück?«

»Genaugenommen bin ich gerade auf dem Weg zur Schattigen Pinie.«

»Warum? Alles in Ordnung bei Mum?«

Hat Mum auch nach ihr gefragt? Was, wenn nicht? Adison hat nur mich erwähnt. Ich will keine falschen Hoffnungen wecken. »Nein, ich meine, ja, alles in Ordnung. Ich wollte nur mal vorbeischauen.«

»Gut, da wird sie sich freuen. Bring ihr irgendwas Hübsches mit, Dot, nicht so ein schreckliches Pu–«

»Ich muss los, der Zug fährt gleich, tschüs!«

Ich werfe die zwei Steine ins Meer; sie verschwinden mit einem Glucksen. Dann schickt die Wintersonne einen heldenhaften Strahl durch die Wolken. Ich schließe die Augen, hebe das Gesicht, nehme ihre Liebkosung entgegen und lausche dem Rauschen und Schwappen des Wassers, seinem Gurgeln und Seufzen.

Mit einem Mal habe ich eine Erkenntnis: Dad ist nicht gesprungen, weil er uns, seine Familie, nicht liebte. Er hat einfach den Schmerz nicht mehr ausgehalten.

Ich nehme eine Orange aus der Tasche, betrachte ihre Farbe, ihre perfekte Form. Dann schäle ich sie in einer einzigen Spirale, esse die saftige Frucht und beobachte die Möwen, die über mir krakeelend ihre Kreise ziehen. Das Silber meiner Bomberjacke glänzt im winterlichen Licht. Ich werfe die letzte Orangenspalte in die Luft; eine Möwe schießt herunter und schnappt sie sich.

»Viel Glück«, sage ich und wende mich dem Rest meines Lebens zu.

24

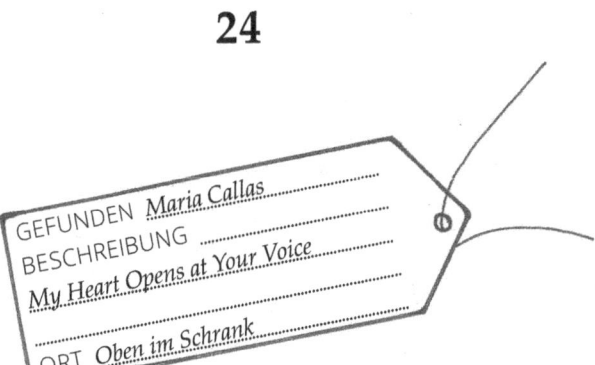

Obwohl die Fahrt zur Schattigen Pinie nur eine gute Stunde dauert, scheint sie nicht enden zu wollen. Vom Bahnhof nehme ich ein Taxi und beiße mir an jeder roten Ampel auf die Lippe. Dann laufe ich die Auffahrt hinauf und zum Lavendel-Flügel, Harriets Koffer schlägt gegen mein Bein. Als ich den Flur erreiche, geht Mums Tür auf und Adison kommt heraus. Er lächelt, als er mich sieht.

»Alles in Ordnung mit ihr?«, keuche ich.

»Es geht ihr gut. Ich war die ganze Zeit bei ihr. Am Anfang hatte sie ein bisschen Angst. Sie wusste nicht, wo sie ist.«

»Ist sie klar? Erinnert sie sich wieder an den Sturz, warum sie hier ist?«

»Nein, es ist zu viel auf einmal. Aber ich bin die wichtigsten Dinge mit ihr durchgegangen, und jetzt ist sie viel ruhiger.«

Ich stelle mir vor, wie er ihre Hände hält, sanft mit ihr spricht.

»Danke.«

»Sie wird froh sein, Sie zu sehen. Sie hat immer wieder nach Ihnen gefragt.«

»Und nach Philippa?«

»Nein, nur nach Ihnen.«

Mit klopfendem Herzen öffne ich die Tür.

Sie steht an der Kommode und geht die Schubladen durch. Als ich hereinkomme, blickt sie auf.

»Mum?«

»Thea?«

»Nein, Mum, ich bin's, Dot.«

»Thea«, sagt sie und lächelt.

Tränen schießen mir in die Augen. »Ich bin's – Dot. Möchtest du, dass ich die Schwester rufe?«

»Dot.«

Ein winziger Lichtstrahl im dämmrigen Zimmer.

»Mum?«

»Meine Dorothea.« Sie sieht mich an. Sie sieht mich.

Dann kommt sie zu mir und nimmt meine Hand. Ihre Berührung ist zart, wie ein Vogel, der auf seinem Lieblingszweig landet, und wie ein Vogel beginnt sie zu singen.

»*Dorothea, my lovely Dorothea, the sweetest girl I know* …« Ich habe sie die Melodie schon früher summen hören, aber ich kannte den Text nicht. Sie hält inne, streichelt meine Hand. »Ich habe mir immer zwei Mädchen gewünscht«, sagt sie lächelnd. »Ich dachte nicht, dass wir noch eins bekämen, aber ich habe die Hoffnung nie aufgegeben. Meine beiden wunderschönen Mädchen.«

Kein Fehler?

»*The sweetest girl I know.*«

Sie hört zu singen auf. Ist sie noch da?

»Mum?«

Sie sieht mich an. »Mein Geschenk des Himmels«, sagt sie.

Draußen in der silbergrauen Kälte zittern die nackten Äste des Apfelbaums. All die Jahre stand er da, ausgestreckt, und spendete seine Gaben – Früchte, Schatten, einen Stamm zum

Anlehnen –, immer im Hintergrund, mit offenen Armen, geduldig wartend, bis ihm jemand Beachtung schenkte.

Jetzt sehe ich meine Mutter an, sehe endlich, wie sie uns gehalten hat, wie sie jeden Tag das tat, was ich mich nicht getraut habe – sie blieb offen für die Liebe, selbst wenn es hoffnungslos schien. Und eines Abends kam er zu ihr und liebte sie auf die Art, die sie brauchte. Nach der sie sich sehnte. Und aus dieser Liebe bin ich entstanden. Dorothea.

Eine Silbe mehr als Philippa.

»Oh, Mum, ich habe dich so vermisst.«

»Bringst du mich nach Hause, Liebes?«

»Ich wünschte, das ginge. Ich wünschte, ich könnte es.«

Sie zeigt auf die Kommodenschublade. »Alle meine Kleider. Warum sind alle meine Kleider hier?«

»Du wohnst hier, Mum, fürs Erste zumindest. Weißt du noch, was Dr. Chang gesagt hat?«

Sie nickt langsam.

»Soll ich Philippa anrufen und ihr sagen, dass sie kommen soll, mit den Kindern?«

»Später, Liebes. Philippa geht es gut. Ich wollte dich sehen.«

Wir sitzen auf dem Bett, Seite an Seite. Ich kann mich nicht sattsehen an ihr, an ihrem Blick, der mich erkennt. Ich will nicht blinzeln, will keine Sekunde verpassen, wie bei einem prachtvollen Sonnenuntergang an einem Tag, der nie enden soll.

Ich will so vieles sagen, will sie so vieles fragen, aber eigentlich will ich nur bei ihr sein, ihre Hand halten, will, dass sie weiß, dass wir zusammen sind.

»Möchtest du irgendwas?«

Sie drückt meine Hand. »Weißt du, worauf ich Lust hätte?«

Ich schlucke, räuspere mich. »Ich wette, auf eine Tasse Tee.«

Sie schüttelt den Kopf, zeigt auf die oberste Kommodenschublade.

Ich stehe auf und entdecke eine Familienpackung Likörpralinen.

»Hast du einen heimlichen Verehrer, Mum?« Vielleicht hat Gerald sie mitgebracht, als er mit den Kindern da war. Ich kann mir nicht vorstellen, dass sie von Philippa sind.

»Und das Puzzle«, sagt sie.

Ich nehme die »Hopfenernte in Kent« aus der Schublade und wir puzzeln zusammen; sie reicht mir die Teile, und ich finde die Stellen, wo sie hingehören. Wir essen uns durch die ganze Schachtel Likörpralinen. Sie mag besonders die mit Bristol Cream. Wir prosten uns mit den Pralinen zu, bevor wir hineinbeißen, kichern, wenn uns die Füllung übers Kinn läuft. Die Puzzleteile werden klebrig, und die Hopfenfelder von Kent bilden ganz neue geologische Formationen.

Ich will nie wieder gehen, aber irgendwann sehe ich, wie blass sie ist und wie müde ihre Augen wirken. Ich weiß, dass sie sich ausruhen sollte. Widerstrebend stehe ich auf, räume das Puzzle und die Papierchen unseres bacchantischen Gelages weg.

Ich gebe ihr einen Abschiedskuss. Sie berührt meine Wange, hält mich fest.

»Ich weiß noch, wie viele Pläne du hattest.«

»Was meinst du?«

»Als kleines Mädchen hattest du lauter wunderbare Pläne.«

Ich lächele. »Das stimmt. Ich wollte alle Bücher in der Bibliothek lesen, mein eigenes Detektivbüro aufmachen ...«

»Um die Welt reisen.« Sie hält mein Gesicht immer noch fest.

»Ja.«

»Vergiss deine Pläne nicht, Liebes.«

Ich nicke, traue meiner Stimme nicht.

»Und achte darauf, dass du richtig isst – du bist zu dünn.«

Die ganz gewöhnliche Ermahnung einer Mutter an ihre Tochter. Und doch so vollkommen außergewöhnlich. Meine

Augen füllen sich mit Tränen. Ich lächele, lege meine Hand auf ihre.

»Das mache ich. Aber du auch! Da fällt mir was ein ...«

Ich lege Mrs Trosleys Orangen in eine Schale. Ihr zitrusfruchtiger Duft hellt das Zimmer auf.

»Bis bald, Mum.« Ich gehe zur Tür.

»Dorothea?«

Die traurigen und frohen Tränen, die mir schon den ganzen Nachmittag in den Augen stehen, rinnen mir jetzt über die Wangen. Ich wische sie weg, drehe mich zu Mum um.

»Ja, Mum?«

»Kannst du mir etwas von zu Hause mitbringen?«

»Alles, was du willst.« *Bitte, lieber Gott, mach, dass es nicht das Kehrblech und der Besen sind.*

»Meine Musik, kannst du mir meine Musik mitbringen? Ich habe sie im Schlafzimmer, im obersten Schrankfach. Wenn es dir nicht zu viel Mühe macht.«

»Mum, wenn du willst, bringe ich dir das ganze Londoner Philharmonie-Orchester mit!« Sie strahlt, gluckst, und dann lacht sie aus voller Kehle. Ich lache mit.

Ich höre sie immer noch lachen, als ich den Lavendel-Flur hinuntergehe.

Der wunderbarste Klang.

Die Maisonette kommt mir unterkühlt und nervös vor, als ich eintrete, wie jemand, der als Letztes in eine Mannschaft gewählt wird. Philippa muss kürzlich da gewesen sein und die Post abgeholt haben, denn es liegen nur zwei Umschläge auf der Matte – die Wasserrechnung und Reklame für einen Treppenlift. Ich frage mich, ob sie gemerkt hat, dass ich länger nicht da war. Vielleicht klang sie deswegen so besorgt, als wir am Strand telefonierten. Was sie wohl sagen würde, wenn sie wüsste, wo ich übernachtet habe? Was ich getan habe.

In der Küche sehe ich die Handschrift meiner Schwester im spiegelnden Glanz der Geräte. Ich öffne den Kühlschrank, werfe einen Blick ins Eisfach, halb hoffe ich, Mums Brille dort zu finden, aber es starrt mich nur die leere Eiswürfelschale an.

Ich stelle den Fernseher im Wohnzimmer an, um nicht so allein zu sein. Eine Frau mit schmerzhaft blondem Haar backt einen Lemon-Meringue-Pie.

»Also, Jenny«, sagt der männliche Moderator, »dein Eischnee ist wirklich eine Wucht – oder sollte ich sagen, *unschlagbar*?« Beide wiehern los. Mum würde sich kringeln vor Lachen, wenn sie hier wäre. Vielleicht erholt sie sich jetzt wieder. Vielleicht kann sie sogar wieder nach Hause.

Ein paar nackte Kleiderbügel rasseln leise, als ich Mums deckenhohen Einbauschrank öffne. Ich stelle mich aufs Bett, um in die obersten Fächer zu spähen. Ich ziehe die Ersatzkissen heraus, werfe sie auf den Boden. Dann taste ich in den Fächern herum, nicht sicher, wonach ich eigentlich suche. Einen Ordner mit ihren alten Noten? Meinte sie das? Ich finde eine weiche pfirsichfarbene Häkeltasche. Keine Musik, dafür ein Familienarchiv aus Babysöckchen, Zeugnissen von Klavierprüfungen, einem Klassensprecher-Anstecker, einem Foto von mir als Gandalf mit einem silbernen Stab aus Pappe von irgendeiner Schulaufführung, Muttertags- und Geburtstagskarten von Philippa und mir. Ich hatte keine Ahnung, dass sie das alles aufbewahrt hat. Ich denke an meine Minelli-Tanzschuhe, Philippas Stulpen und habe einen Kloß im Hals. Mum hat all die Puzzleteile unseres Lebens aufbewahrt. Ihre Häkeltasche, meinen Netley-Rose-Schuhkarton. Es sind täuschend bescheidene Behältnisse, die so kostbare Dinge bergen. Jahrelang kein einziges Mal geöffnet, bis wir sie eines Tages ans Licht holen in dem Bedürfnis, ihre Schätze zu berühren. Dem tiefen Bedürfnis, uns zu erinnern.

Ich setze meine Suche fort. Unter einem Satz Handtücher

finde ich ihr Fotoalbum. Ich glaube, tief im Innern habe ich gewusst, dass Mum es behalten hat, dass sie nicht wirklich alle Andenken an bessere Zeiten weggeworfen hat. Ich wollte in den letzten Jahren immer wieder danach suchen, aber ich wusste nicht, ob ich den Anblick der lächelnden Gesichter aushalten könnte, die noch nichts von dem Verlust, der ihnen bevorstand, ahnen. Jetzt setze ich mich aufs Bett und blättere vorsichtig die aneinanderklebenden Seiten durch. Die alten Fotos von Dad, Joe und Mum, die Theaterprogramme, dann die jüngeren Fotos, die sie irgendwann dazugeklebt hat, verschiedene Gruppierungen von uns vieren: Weihnachten, Sommerferien, beim Spielen im Garten. Wir wirken fröhlich, normal. Aber wenn ich näher hinsehe, erkenne ich, dass Dads Lächeln nicht ganz echt ist.

Ich finde ein Foto von Philippa und mir in einer Schubkarre. Ich erinnere mich zwar nicht an das Foto, aber ich erinnere mich an den Moment, die Fahrt in der silbernen Kutsche. Dad schiebt; man sieht nur seine Hände. Philippa und ich füllen das ganze Bild aus. Ich bin vielleicht drei, und Philippa sitzt zahnlückig grinsend hinter mir. Wir tragen die kanariengelben Kleider, die uns Tante Michelle aus Kanada geschickt hatte. Kratziges Nylon, ein Überfluss an Rüschen mit abstehenden Röckchen. Ich fand sie herrlich.

Ich schließe die Augen, spüre wieder das glatte Metall, die aufregende Sonnenhitze, das Rumpeldipumpel des Reifens über die stoppelige Wiese. Noch ein Gefühl: etwas Enges um meinen Bauch, das mir Sicherheit gibt, mich hält. Ein Gürtel? Ich sehe auf dem Foto nach. Philippa hat die Arme um mich geschlungen, hält mich fest. Rumpeldipumpel. Über den Pfad schaukelnd und holpernd, in der Gewissheit, dass wir jeden Moment umfallen und ins Blumenbeet purzeln konnten, beide kreischend und quietschend in der berauschenden Mischung aus Glück und Angst. Ich wollte, dass es nie mehr aufhört.

»Mehr, Daddy, mehr! Noch mal!« Aber als ich das Foto näher betrachte, sehe ich, dass es Mums Hände sind, die die Griffe halten. Sie ist es, die uns anschiebt, die uns übers Gras fliegen lässt.

Je länger ich den Stoß Familienfotos ansehe, desto klarer wird mir, wie oft Mum unsichtbar bleibt, wie oft sie hinter der Kamera steht, zurücktritt, um uns Raum zu geben. *Meine beiden wunderschönen Mädchen.* Arme Mum – all diese Zeit, all diese Geduld, all das Warten darauf, gesehen zu werden. Im Theater hatten Fremde ihr mehr Aufmerksamkeit geschenkt, als sie von Dad und mir je bekam. Sie hatten geklatscht, waren aufgestanden. Zugabe! Zugabe! Wollten mehr von Mum sehen.

Meine Eltern, gefangen im ungleichen Twostep, er, der sich verlieren wollte, sie, die sich danach sehnte, gefunden zu werden.

Kein Wunder, dass sie jetzt im Bett liegt und vergisst, ausgelaugt vom Aushalten über so lange Zeit. Erschöpft von dem Energieaufwand, uns allen Auftrieb zu geben, das Gewicht des Verlusts dessen zu tragen, was sie sich am meisten wünschte, aber nie bekam.

Noch ein Foto. Ihre Hochzeit: Dad so jung, fast noch ein Kind, das Gesicht eckig, der Mund ein schiefes Lächeln. Voller Hoffnung. Die beiden zusammen vor dem Altar, Hand in Hand, entschlossen, ihr Bestes zu geben. Ich stecke das Foto ein.

Ein Foto von Mum und Joe Arm in Arm vor Giovanni's. Anders als Philippa und ich sehen die beiden einander so ähnlich – die gleiche Haarfarbe, das gleiche Lächeln. Ich schlage die letzte Seite auf: Dad und Joe blicken glücklich in die Kamera, im Hintergrund der Schatten des majestätischen Snowdon.

Auf dem Foto hat Dad die Hand ausgestreckt, um das Foto zu schießen. Onkel Joe hat den Arm um Dads Schultern gelegt. In diesem Moment ist Dad genau da, wo er sein will. Sie sind ein perfektes Paar, die beiden in ihrer Kletterkluft, als gehörten sie zusammen. Der rechte Handschuh, der den linken gefunden hat.

Jetzt begreife ich, dass Dad, weil er seine andere Hälfte nicht haben konnte, sich für deren Zwilling entschied, das gleiche Lächeln, die gleichen blauen Augen, die gleiche magische Stimme. Doch sie wurden kein ganz so perfektes Paar.

Tränen trüben mir die Sicht, aber ich zwinge mich hinzusehen. Ich weiß nicht, ob die Liebe gegenseitig war, aber seit dem Abend hinter dem Vorhang dachte ich immer, dass sie es gewesen sein muss. Da war etwas in Dads Berührung, der Art, wie sie von Joe angenommen wurde, wie Joes Körper sich ihr entgegenzuneigen schien. Wie er die Augen schloss, den Kopf ein wenig senkte. Und der Blick zwischen ihnen.

Als wäre es nicht das erste Mal.

Als wäre es ein Tanz, den sie schon lange tanzten, ein Tanz, der immer so begann; Stille, die Bewegung eines Arms, eine Pause, eine Verschiebung, als er seinen Platz findet. Das Gefühl einer atemberaubenden Sondierung und der langersehnten Heimkunft.

Ich stelle mir vor, wie sie früh am Morgen in die Berge aufbrachen, um noch vor Tagesanbruch mit dem Aufstieg zu beginnen. Musik im Autoradio. Onkel Joe fuhr, eine Hand am Steuer, und sang mit; Dad jungenhaft, lachend. Sie wanderten den ganzen Tag, atmeten den Duft von Gras und Erde ein, die unendliche Fülle des Sommers, draußen in der Schönheit, ganz ohne Zwänge. Das weiche Abrollen dicker Socken, die Frische, wenn nackte Füße beim Picknick aufs kühle Gras trafen. Knuspriges Brot, saure Gurken, Bier, der weite Ausblick.

Sie stiegen höher. Bis ganz nach oben, wo die Luft dünn wird, die Lungen sich dehnen, um mehr Sauerstoff aufzunehmen. Schwindelig strecken sie die Hand aus, stützen sich gegenseitig. Eine Ausrede, um einander festzuhalten, noch fester, noch näher.

Später der Abstieg. Mit jedem Schritt zurück in eine andere Realität.

Trotz allem wünsche ich ihnen, dass sie diesen einen vollkommenen Tag zusammen hatten, einen Tag, an dem das Leben ihnen gehörte, ohne Angst, ohne das Gefühl, beobachtet oder belauscht zu werden. Keine Verstellung, keine Tarnung, nur zwei schöne Träumer, die unter einem nachsichtigen Himmel durch die warme Stille wandern.

Ich lege das Fotoalbum aufs Bett. Wenn ich Mum das nächste Mal besuche, nehme ich es mit; vielleicht hilft es ihr, sich zu erinnern. Die Musik habe ich aber immer noch nicht gefunden. Also steige ich wieder aufs Bett, taste auf Zehenspitzen noch weiter hinten im Schrank herum. Ich stoße auf eine harte Kante – etwas Großes, Festes. Stupse es mit den Fingerspitzen, um es zu fassen zu bekommen. Ich weiß, was es ist, bevor ich es sehe. Die Form ist mir so vertraut, als wäre sie ein Teil von mir: Dads Plattenspieler.

Ich war mir so sicher, dass Mum ihn verschenkt hat, ihn fortgegeben hat zusammen mit Dads Kleidung, weil er am meisten Schmerz ausgelöst haben musste; der Plattenspieler war wie ein Teil von ihm, empfindlich, altmodisch, aus der Zeit gefallen.

Ich hebe ihn vorsichtig herunter, stelle ihn aufs Bett. In der Tasche im Deckel sind seine Platten. Ich nehme sie heraus, sehe sie durch, die Namen alter Freunde. Da ist eine, an die ich mich nicht erinnere. Maria Callas' *Mon cœur s'ouvre à ta voix*. Maria. Ist das die Maria, nach der Mum immer wieder gefragt hat? Keine Pflegerin, sondern die Callas? Ist das die Musik, um die sie mich gebeten hat? Als ich die Platte aus der Hülle ziehe, flattert wie zur Antwort ein quadratischer blauer Zettel aufs Bett.

Ich lasse ihn einen Moment dort liegen, weiß nicht, ob ich ihn lesen soll, ob ich wissen will, was darauf steht. Den Plattenspieler stelle ich auf die Kommode, stecke den Stecker ein. Ich nehme die Callas-Platte, schürze die Lippen zu einem Kuss und puste den Staub weg, dann lege ich die Platte sanft auf den Teller. Das Rauschen. Das Knistern. Die winzige Pause, wie ein Einatmen, und dann ...

Ich schließe die Augen, überlasse mich der hinreißenden Schönheit der Musik. Ich kenne sie ... aber woher? Seit wann? Dann fällt es mir ein. An dem Tag, als ich Mum in der Küche überraschte. Das war das Lied, das sie sang. Das einzige Mal, dass ich es gehört habe. Die Erinnerung an ihr entrücktes Gesicht, ihre unerträglich schöne Stimme. Beinahe als wüsste sie, welcher Kummer ihr bevorstand.

Ich nehme den Zettel vom Bett und falte ihn auseinander. Er ist so dünn wie eine Oblate und sieht aus, als könnte er fliegen. Er war so lange gefaltet, dass er fast in vier Quadrate zerfällt, vier Teile und ein Ganzes zugleich. Wie eine Familie.

Meine Nachtigall,
ich bin unten und lausche unserer Musik und denke an Dich. Du hast so lange durchgehalten, aber ich kann es nicht, nicht mehr. Es ist noch schlimmer geworden.

Ich schließe die Augen und höre Dich singen. Beim Klang Deiner Stimme geht mir das Herz auf, mein Liebling, so ist es immer gewesen.

Es tut mir leid, dass ich Dich nicht so lieben konnte, wie Du es verdienst. Aber ich habe Dich geliebt. So sehr.

Ich werde Dich immer lieben.
Dein David.

Ich falte den Brief zusammen und schiebe ihn wieder in die Plattenhülle. Lausche der Musik, die den Raum erfüllt, in der die fragile Schönheit der Liebe meiner Eltern fortlebt.

Joanies Portemonnaie, Dads Pfeife, Mums Schallplatte – gewöhnliche Gegenstände, außergewöhnliche Gegenstände, Gegenstände, die Erinnerungen bewahren, Momente, Spuren eines gelebten Lebens, eines geliebten Menschen. Portale, die wir in Händen halten können, die uns zurückbringen zu denen, die wir verloren haben, und sei es nur für einen Moment.

Ich habe so vieles übersehen, so viele Hinweise nicht erkannt, die direkt vor meiner Nase lagen. Wie unerschütterlich die Liebe meiner Mutter war, auch wenn ihr Mann sie nicht in gleichem Maß zurückgeben konnte; wie loyal sie mir gegenüber war, der Tochter, von der sie ignoriert wurde, obwohl sie immer für mich da war, mich still ermutigte, mich anschob. Und am Ende war sie es, die zurückkam und mich fand; sogar durch den Nebel ihrer Demenz hat sie die Hand nach mir ausgestreckt und meinen Namen gerufen.

So viel Verlust. Aber auch so viel Liebe – egal, wie unvollkommen, wie kompliziert, nichtsdestotrotz Liebe. Ich packe alles zusammen und bringe es nach unten. Ich freue mich über das Gewicht meiner Ladung – so vieles, das ihr beim Erinnern helfen kann, das helfen kann, sie mir zurückzubringen. Im Flur verstaue ich alles in Harriets cremefarbenem Koffer, um es zur Schattigen Pinie zu bringen.

Dann kehre ich ins Wohnzimmer zurück. Jenny und ihre Baisers wurden von einem Heimwerker-Programm abgelöst. Ein Mann namens Nick mit üppig wucherndem Bart gibt gutgelaunte Tipps, wie man seine eigene Tapete gestalten kann. Die King-Charles-Spaniels warten geduldig auf dem Kaminsims; auf dem Couchtisch gegenüber glitzern Alpengipfel.

Ich denke an die Zeit, die Mum und ich hier gemeinsam verbracht haben, unser Heim für kurze Zeit. Ich schließe die Augen und denke an ihre Stimme, so rein und wahr und unerschütterlich. Und tief im Innern spüre ich eine Regung, die vielleicht nicht Glück ist, aber zumindest Hoffnung. Und mit der Hoffnung kommt Stärke.

Ich hole mein Telefon heraus, rufe bei der Polizei an und erstatte Anzeige gegen Neil Burrows.

25

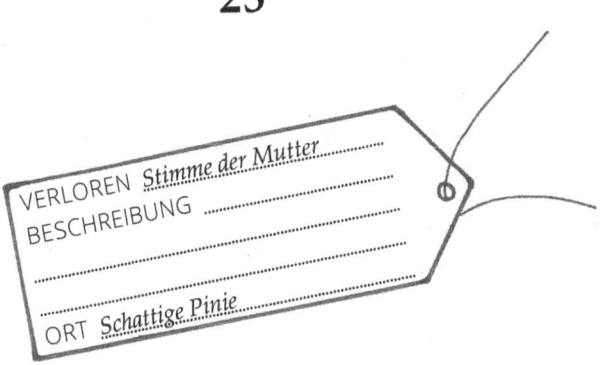

Mit einem Flattern der Aufregung in der Brust rolle ich Harriets Koffer die Einfahrt der Schattigen Pinie hoch. Ich freue mich auf Mums Gesicht, wenn ich ihr die Schätze zeige, die ich gefunden habe, und ihr die Callas vorspiele. Zum Glück muss ich nicht zur Arbeit. Ich kann Zeit mit ihr verbringen, bei ihr sitzen, ihr helfen, sich zu erinnern, wer sie ist.

Das Erste, was mir auffällt, ist die Stille im Zimmer. Mum liegt im Bett. Sie hört die Tür und wendet sich mir zu. Ich lächele.

»Hallo, Mum.«

Ihr Gesicht wirkt benommen, und ich weiß sofort, dass sie mich nicht erkennt, dass sie nicht mehr da ist.

Sie schüttelt den Kopf. »Tut mir leid.« Ihre Stimme ist ein Flüstern. Sie atmet in kleinen schnellen Seufzern. Wie jemand, der etwas Interessantes sagen möchte, aber nie die Chance bekommt, es auszusprechen.

»Ich habe dir lauter schöne Sachen mitgebracht.« Ich mache mich im Zimmer zu schaffen, gehe frisch ans Werk und verstehe plötzlich, warum Schwester Gloria immer so munter ist; je mehr die Menschen um einen herum verblassen und verschwinden, desto schwungvoller tritt man selbst auf, als könnte man sie mit der eigenen Kraft und Stärke wiederbeleben.

Dann merke ich, warum es so still wirkt. Normalerweise summt und singt Mum vor sich hin, wenn ich komme. Heute schweigt sie. Aber das macht nichts, denn ich weiß, wie ich sie zum Singen bringe. Ich öffne Harriets Koffer und packe meine Schätze aus.

»Ich habe dir deine Musik mitgebracht, Mum – weißt du noch, du hast mich gestern darum gebeten? Ich wusste gar nicht, dass du Dads Plattenspieler und seine Platten aufbewahrt hast.« Ich lege ihre Hand auf den Plattenstapel. Sie lächelt. Nickt. Ein kleiner Seufzer. »Hier ist sie, Mum, hier ist Maria.« Ich nehme die Callas aus der Hülle. »*Mon cœur s'ouvre à ta voix.* Weißt du noch, Mum? Deine Musik war genau da, wo du gesagt hast.« Noch ein Seufzer.

Ich lege die Platte auf, helfe der Nadel, die Rille zu finden. Dann sehe ich Mum an und warte auf die ersten Klänge. Ich will ihren Blick nicht verpassen, wenn sie die Musik erkennt, die Verbindung herstellt. Ich will, dass die Platte der Schlüssel zu den glücklichen Erinnerungen an die Zeit ist, als alles möglich war, als sie einen gutaussehenden Verehrer hatte und ganze Zuschauersäle aufstanden und um Zugabe bettelten.

»Tee?«, seufzt sie.

»Gleich, Mum.« Ich nehme ihre Hände, streichle sie sanft, versuche die Klänge in ihre Handflächen zu massieren. »Hörst du? Maria Callas, Mum, erinnerst du dich?« Weniger eine Frage als eine Bitte. Eine Forderung, ein Flehen. Bitte erinnere dich, Mum, bitte komm zurück! Lass mich dich finden, irgendwo, egal in welchem Moment – an dem Tag in der Küche beim Kuchenbacken, am Strand, als du lachend den Kopf zurückwarfst, bei deiner Hochzeit, oder als du Philippa und mich im Schubkarren herumschobst. Bitte, Mum, such dir eine Erinnerung aus, irgendeine. Erinnere dich an Maria. Erinnere dich an mich. Bitte, Mum, irgendeine Erinnerung, und wenn es eine traurige ist – am Bügelbrett, als du deinen Kummer in seine Hemden gebügelt hast, an dem Tag, als ich nach der Beerdigung nach Frankreich zurückging. Ich nehme alles. Nur einen Moment, in dem du mich siehst, Mum, deine Dot. Deine Dorothea.

Sie zupft an Rosie.

»Schau mal, Mum, weißt du noch, meine Klavierstunden bei Miss Hyde? Hier ist mein Zeugnis für Stufe zwei, siehst du? Du hast es aufbewahrt. Oder hier, Mum, diese niedlichen Babysöckchen. Waren die von Philippa oder von mir? Hast du sie selbst gehäkelt, Mum? Ich wette, das hast du, sie sind so schön.«

Sie hustet, schüttelt den Kopf.

Ich nehme das Fotoalbum, schlage es auf. »Schau, hier sind wir vier – du, ich, Philippa, Dad –, erinnerst du dich an den Tag, Mum?«

Ihr Atem rasselt; sie dreht sich weg.

»Schon gut, Mum. Schon gut. Ich hole dir deinen Tee«, sage ich, verzweifelt bemüht, etwas für sie zu tun, was sie wirklich möchte.

Als Adison vorbeikommt, schläft sie. Die Callas singt immer noch.

Er stellt sich an den Fuß ihres Betts. »Wie geht es ihr?«, flüstert er.

»Sie ist weit weg.«

»Sie weiß, dass Sie hier sind.«

»Sie weiß, dass jemand hier ist – Pflegerin, Nachbarin, Besuch. Aber nicht, dass ich es bin.« Ich bin froh, dass er nicht widerspricht.

»Die Musik ist fantastisch«, sagt er nach einer Weile.

»*Samson et Delila*. Maria Callas.«

»Was singt sie?«

»*Mon cœur s'ouvre à ta voix*. Mein Herz öffnet sich deiner Stimme.« Er sieht mich an, legt sich die Hand auf die Brust, atmet die Musik ein.

»Ich weiß«, sage ich. »Es ist hinreißend.«

Er nickt und zeigt auf den Plattenspieler. »Was singt sie jetzt?«

»*Comme s'ouvrent les fleurs aux baisers de l'aurore* ... Wie sich die Blumen öffnen beim ...«

Er lächelt. »Weiter.«

»So ungefähr: Wie sich die Blumen öffnen beim Kuss der Morgenröte.«

»Ungefähr?« Er nickt langsam. Sieht mich an.

Ich hole Luft. »*Redis à ma tendresse les serments d'autrefois, ces serments que j'aimais!* Hmmm ... Wiederhole meinem zärtlichen Herzen noch einmal die Schwüre von einst, die Schwüre, die ich liebte.« Ich tupfe mir ein paar ausgebüxte Tränen ab. »Entschuldigung.«

»Schon gut.« Er kommt näher. Setzt sich zu mir.

»Ich habe nur ... ich dachte, wenn sie dieses Lied hört, gerade dieses Lied, dann würde sie sich erinnern.«

»Erinnern an ...?«

»An irgendwas. An alles. An mich, an Dad, an ihr Leben.«

»Sie könnten den Plattenspieler hierlassen, wenn Sie möchten«, sagt er. »Dann komme ich ab und zu vorbei und lege die Platte auf. Vielleicht dauert es eine Weile – im Lauf des Tages oder morgen früh –, und sie erinnert sich doch.«

Ich nicke.

»Für Demenzpatienten ist Zeit etwas Flüchtiges«, erklärt er. »Aber es kann immer passieren, dass sich ein Fenster öffnet – oft ganz unerwartet.«

»Danke für die viele Zeit, die Sie sich für uns nehmen ... für meine Mutter, meine ich. Ihre Gegenwart tut ihr wirklich gut. Ich bin so froh, dass Sie neulich mit Mum gesprochen haben, als sie klar war – ich bin froh, dass Sie sie kennengelernt haben.«

»Ich auch. Ich wünschte, Sie hätten die ganze Zeit da sein können. Ich habe Sie gleich angerufen.«

Ich sehe ihn an. Sein Blick ist so freundlich.

»Danke.«

»Sie hat von Ihnen erzählt.« Er lächelt.

»Wirklich?«

»Ja, von Ihnen und Ihrer Schwester und Mr Toddles.«

»Mr Toddles?« Ich runzle verwirrt die Stirn. Wer ist denn Mr Toddles?

»Mr Toddles, ich bin mir ziemlich sicher.« Er nickt. Er wirkt so ernst in seinem frischen weißen Kittel. »Mr Toddles«, sagt er noch einmal.

»Mr Toddles«, wiederhole ich. Schnaube zweifelnd.

Er nickt. »Eindeutig. Mr Toddles.«

Ein erneutes Schnauben von mir, diesmal lauter, weil ich lachen muss.

»Oder ... eventuell Mr Tiddles?«, sagt er grinsend. Lieber Himmel, er hat Grübchen! Nicht zu fassen.

»Mr *Tiddles*! Das wirft natürlich ein ganz anderes Licht auf die Sache.« Ich pruste los. Trotz allem kann ich nicht anders. Das Lachen bricht einfach aus mir heraus. Er spielt mit. Setzt eine ernste Miene auf. Fasst sich ans Kinn, streicht sich mit dem Daumen nachdenklich über die Unterlippe.

»Hmmm, wenn ich genau darüber nachdenke, könnte es auch Mr Toodles gewesen sein.« Er versucht ein ernstes Gesicht zu machen, doch ich sehe seine Mundwinkel zucken. Er beißt sich auf die Lippe, aber er kann sich nicht beherrschen – ein Lacher rutscht heraus.

»TIBBLES!«, rufe ich. »Mr Tibbles, unser alter gescheckter Kater.« Jetzt wiehern wir beide los.

Irgendwann hole ich Luft, schüttele den Kopf.

»Mr Tibbles, natürlich. Der Name war mir im Moment entfallen. Aber Mum wusste ihn noch. Brava, Mum.« Ich sehe sie an, ihr schlafendes Gesicht. Sie atmet immer noch in kleinen Seufzern. Ich stelle mir vor, wie sie mit Adison geplaudert hat, ihm von ihren Töchtern erzählt hat. Eine ganz alltägliche Szene und doch so unvorstellbar. Ich würde ihn gern mehr fragen, aber plötzlich bin ich schüchtern.

»Sie hat erzählt, dass Sie gern tanzen«, sagt Adison.

»Früher.«

»Und jetzt?«

Ich zucke die Schultern, dann nicke ich.

»Und dass Sie in Frankreich gelebt haben.«

»Das wusste sie noch?«

Er nickt. »Sie ist stolz auf Sie.«

Ich wende mich ab.

Die Platte ist zu Ende. Die Stille wird nur von Mums Atem unterbrochen. Ich stehe auf, wische mir das Gesicht ab, setze die Nadel wieder auf, und die Arie beginnt von neuem.

»Einmal noch«, sage ich, »nur für den Fall.«

»Gute Idee.« Er lächelt mich bestärkend an. »Man weiß nie.«

Eine Weile lauschen wir der Musik.

»Ich wollte, dass sie sich erinnert«, sage ich schließlich leise. »Ich weiß, dass sie die Musik hört. Ich sehe, wie sie die Finger zu den Noten bewegt, aber sie erinnert sich nicht, sie singt nicht mit. Hat sie ihre Stimme verloren? Wenn ihre Stimme fort wäre, habe ich Angst, dass sie ... ganz verschwindet. Und ich bin nicht ... das Problem ist, also ... das Pro... Problem ist ... ich bin ... einfach ... nicht bereit ... dafür, dass sie ... geht.«

Erst schluchze ich still, dann laut. Adison nimmt meine Hand. Ohne zu massieren oder nach Druckpunkten zu suchen. Er hält sie einfach nur. Seine Hand ist warm. Sicher.

»*So bebt mein Herz*«, singt Maria, »*will getröstet werden von deiner Stimme, die mir so teuer ist!*«

Die Stimme meiner Mutter, die meinem Vater so teuer war. Die mir so teuer ist. Und jetzt bricht mir das Herz, weil sie fort ist, und ohne ihre Stimme verschwindet auch meine Mutter. Ich durchforste meine Erinnerung, will mich an alles erinnern – jeden Satz, jedes Lied –, wünschte, ich hätte sie viel mehr beachtet.

All die verlorenen Jahre, all die verlorenen Chancen auf Leben und Liebe. Arme liebe Mum. Wir haben sie allein gelassen, wir alle, immer wieder, haben sie in der Küche stehen lassen, an der Haustür, im Flur vergessen. Und als wir uns endlich nach ihr umdrehten, uns erinnerten, wer sie war, dass sie auch zu uns gehörte, war es zu spät. Sie fand den Weg nach Hause nicht mehr, verirrte sich zwischen Küche und Wohnzimmer, wusste nicht, was in den Kühlschrank kam und was ins Regal. Sie erkannte ihre Mädchen nicht mehr, auf die sie gewartet hatte, so lange, so geduldig. Arme Gail, plötzlich eine Fremde in einem fremden Land ohne Reiseführer. Vielleicht war das der Grund, warum sie an jenem Tag alle meine Reisebücher aus dem Regal geräumt hatte. Sie hat versucht, den Heimweg zu finden.

Ich fahre jeden Tag in die Schattige Pinie und sitze stundenlang bei ihr. Wir hören Platten, ich streichle ihre Hände und erzähle ihr Geschichten, spiele Reg den Fischhändler und Mrs Knight mit dem Bariton und dem Irish Terrier von nebenan.

Adison schaut oft herein. So nett von ihm. Am Anfang ist es mir peinlich, als er mich erwischt, wie ich unsichtbare Hosenträger schnalzen lasse, weil ich gerade beim Heilbutt-Liefern bin, aber er lächelt nur, setzt sich aufs Bett, redet mit Mum, nimmt ihre Hände. Sie wirkt immer froh, wenn er kommt. Sie hat Wasser in den Lungen, aber ich sehe den Schmerz aus ihrem Gesicht weichen, wenn er ihren armen Körper massiert. Manchmal könnte ich schwören, ich kann die Energie und das Licht sehen, die seine Hände ausstrahlen, aber vielleicht bilde ich es mir nur ein.

Heute Morgen trage ich den grauen Kaschmirpullover aus Harriets Koffer. Er ist unglaublich weich. Ich lese Mum vor und sehe zu, wie Adison ihr seine Hände auflegt, ihre Hüfte knetet, dann in kleinen Kreisen ihren Brustkorb massiert, ein schnelles Walken und Klopfen, sie in verschiedene Positionen bewegt. Aber immer so behutsam.

»Er ist sehr gut in seinem Beruf, nicht wahr, Mum?«

»Ja«, sagt Mum mit einem Seufzer.

Adison hat die Ärmel des weißen Kittels hochgekrempelt, und ich bewundere die eleganten Linien seiner Unterarme, seine kräftigen Hände, die so geschickt und sanft bei der Arbeit sind.

»Ich verbringe gern Zeit mit Menschen«, sagt Adison. »Im Krankenhaus hat man meistens zu wenig Zeit. So, für heute sind wir fertig, Gail. Vielen Dank, Sie haben das toll gemacht.« Er lässt die Schultern kreisen, streckt den Rücken. »Es ist schön für mich, meine Patienten ein bisschen kennenzulernen.« Er lächelt Mum an. Dann sieht er mich an. Eine glänzende dunkle Strähne fällt ihm ins Gesicht. Er streicht sie zurück. Sieht mir in die Augen. »Und ihre Familien ...«

»Halloo!« Philippa platzt mit einem großen Hyazinthentopf und einem Körbchen Trockenpflaumen herein. »Donnerwetter, trägst du Parfum?«, sagt sie, als sie die Wange an meine hält.

»Ach, nichts Besonderes.« Vielleicht habe ich heute Morgen einen Hauch von Harriets Duft aufgelegt.

»Hmm, riecht teuer«, sagt Philippa. »Dr. Chang, wie geht es der Patientin?« Sie gibt Mum einen Kuss.

»Also, heute haben wir uns auf die Entwässerung der Lunge

konzentriert und auf die Reduzierung der Entzündungswerte ...«

»Fein.« Philippa nickt. »Wie fühlst du dich, Mum?«

»Ich gehe dann mal und überlasse Sie Ihrem Besuch«, sagt Adison. »Ich komme später noch mal, Gail, wenn es Ihnen recht ist, und sehe, wie es Ihnen geht.«

Mum atmet schwer.

»Der bleibt nicht lange hier«, sagt Philippa wissend, Adison hat kaum den Raum verlassen. »Cleverer Kerl. Chinese, oder?«

»Amerikaner«, berichtige ich. »Wie meinst du das? Er ist zufrieden hier. Er hat mir gerade erzählt, wie sehr ihm die Arbeit hier gefällt, weil er so viel Zeit mit den Patienten verbringen kann«, erkläre ich stolz.

»Ein gutaussehender Mann wie er und langfristig in einem Pflegeheim arbeiten? Nimm's nicht persönlich, Mum, aber denk an meine Worte, der bleibt nicht lang.«

Grimmig beiße ich in eine Trockenpflaume.

26

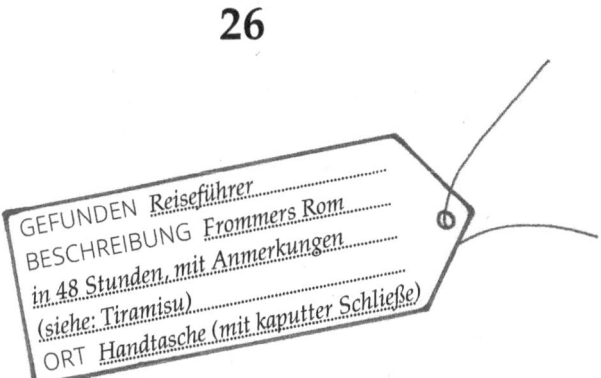

GEFUNDEN Reiseführer
BESCHREIBUNG Frommers Rom in 48 Stunden, mit Anmerkungen (siehe: Tiramisu)
ORT Handtasche (mit kaputter Schließe)

»Dot! Verdammt noch mal! Ich weiß nicht, ob ich dich drücken oder ohrfeigen soll«, sagt Anita, als ich sie im Fundbüro zum Mittagessen abhole. »Ich hab die ganze Zeit nur auf die Tür gestarrt und war so durcheinander, dass ich einem Mann, der seine Aktentasche abholen wollte, stattdessen eine Tüte mit Rohrzucker und Stützstrümpfen gegeben habe.«

Unter Anitas gerade angebrochener Amtszeit als Managerin hat sich das Fundbüro verwandelt. Die Teeküche ist wiederhergestellt, und als sie sie mir stolz zeigt, sehe ich einen halben Früchtekuchen, feucht und duftend, neben einer Kaffeemaschine, die fröhlich vor sich hin gluckert. Anita hat erst Burrows' sämtliche Regeln gekippt und dann ihrerseits eine Klausel angefügt, die es den Mitarbeitern ausdrücklich gestattet, nicht abgeholte Regenschirme nach eigenem Ermessen zu verteilen. Außerdem stelle ich fest, dass persönliche Gegenstände jetzt im ganzen Gebäude erlaubt sind. Na gut.

Anitas Büro beherbergt ein Sammelsurium von Akten, Papieren und Heftern, die großzügig mit Kosmetikpinseln, Lipgloss-Döschen und Mascara-Röhrchen durchmischt sind. Es ist ein bisschen so, als wäre sie in eine überlebensgroße Version ihrer treuen Handtasche eingezogen.

»Es tut mir leid …«, beginne ich.

»Dots, ich fühle mich ganz schrecklich …«, sagt Anita gleichzeitig.

Wir brechen beide ab. Beginnen noch mal.

Dann hebe ich die Hand. »Es tut mir leid, dass ich mich neulich so scheußlich benommen habe.«

»Neulich? Wann denn?«

»In der Toilette, als ich so außer mir war, weil Mr Applebys Tasche verschwunden war. Ich hab … dich geschubst. Ich war … ich bin so …«

»Nein! Es war alles meine Schuld. Ich war fix und fertig, als du am nächsten Tag nicht gekommen bist. Und als du nicht zurückgerufen hast …«

»Es tut mir leid, ich konnte einfach nicht …«

»Und dann kam dieser ekelhafte Typ mit einer Wunde am Kopf, die Hand verbunden …«

»Das tut mir kein bisschen leid.«

»Sehr gut! Abgesehen von allem anderen kam raus, dass er mit Snagsbey's krumme Geschäfte machte – sie haben ihm einen Anteil der Auktionseinnahmen gezahlt. Ich wusste doch, dass er was im Schilde führt, das kleine Arschloch. Die Verkehrsgesellschaft hat ihn rausgeworfen. Die warten nicht mal die Verhandlung ab – ich nehme doch an, dass er vor Gericht muss?« Ihr Blick wird weich, als sie mich ansieht. »Musst du aussagen? Ich stehe dir bei, Schätzchen.«

»Danke.« Die Verhandlung ist keine Aussicht, auf die ich mich freue. Aber ich werde es tun.

»Also gut, wir müssen jetzt nicht darüber reden. Aber ich bin für dich da, Dots«, sagt Anita. »Reden wir über was Schöneres! Wann du zurückkommst, zum Beispiel.«

»Zurück?«

»Zur Arbeit. Oh, und weißt du was! Wir ziehen um!«

»Das Fundbüro zieht um? Wohin?«

»Nach South Kensington! Ist das nicht toll? Zehn Minuten zu Harrods!«

»Aber was passiert mit dem alten Gebäude?« Ich sehe mich um, kann mir nichts anderes hier vorstellen, kann mir keinen anderen Ort für das Fundbüro vorstellen.

»Keine Ahnung. TfL hat bestimmt Pläne damit. Oder es kommt einfach ein Starbucks rein. Aber das ist noch ein Grund, warum du zurückkommen musst – du musst mich davor retten, mein ganzes Gehalt in der Clarins-Abteilung auszugeben!«

Es tut gut, zusammen zu lachen. Anita nimmt meine Hand.

»Komm bald wieder, Dot. Ohne dich sind wir verloren. Ich versuche, das Ding zu leiten und gleichzeitig am Schalter zu stehen, aber ganz ehrlich …«

»Es sieht aus, als gelingt dir das alles großartig.«

»Na ja, ich tue mein Bestes, aber ohne Dot Watson ist das Fundbüro nicht das Fundbüro.«

»Anita … Ich komme nicht zurück.« Ich bin selbst überrascht, und Anita starrt mich schockiert an.

»Was? Nein! Ehrlich?« Sie drückt meine Hand.

»Ehrlich.« Und als ich es ausspreche, weiß ich, dass es stimmt.

Das Telefon klingelt. Anita gibt mir ein Zeichen, dass wir uns in fünf Minuten draußen im Kundenbereich treffen. Beim Aufstehen entdecke ich meinen zweitbesten Sheaffer zwischen den Kosmetikutensilien und den Akten auf ihrem Tisch. Ich lächele. Er hat ein gutes Zuhause gefunden.

Ich mache schnell einen Abstecher ins Magazin, um Big Jim Hallo zu sagen. Auf dem Weg am Schirmschrein vorbei wende ich mich instinktiv ab, aber ein bunter Regenbogen lockt mich zurück – leuchtende Tupfer in Mandel, Zitrone, Pflaume, Veilchen, Chartreuse; Schirme in einer nach Farben geordneten Assemblage.

»Ich ... hab ein bisschen aufgeräumt.« Big Jim steht in der Tür.

Ich fahre mit dem Finger über den Bogen eines Ahorngriffs. »Wie schön.«

Er zieht den Kopf ein. »Das gehört dir.« Er reicht mir ein weiches Bündel. Meine Uniform. »Danke, dass du das Licht repariert hast.«

»Du hast es gemerkt?« Er streicht über den Stachel seines tätowierten Skorpions. Mir fällt auf, dass seine Fingernägel poliert sind, rosa und glänzend. »Und du hast nichts gesagt?«

»Deine Sache«, sagt er, dann zieht er sich in den Untergrund zurück.

Die Uniform ist ordentlich gefaltet. Ich wage nicht, genauer hinzusehen, für den Fall, dass er – in bester Boo-Radley-Tradition – die Brusttasche geflickt hat.

Wieder oben warte ich am Schalter auf Anita.

»Ob Sie mir wohl helfen könnten?« Eine Frau in einem gutgeschnittenen salbeigrünen Vintage-Kostüm lächelt mich über die Theke an. Sie trägt ein nussbraunes Hütchen auf dem Kopf, das aussieht wie die Kappe einer Eichel.

»Eigentlich bin ich gar nicht ...« Ich sehe mich um. SmartChoice, die mich mit Stielaugen angestarrt hat, seit ich das Gebäude betreten habe, ist mit einem Kunden »beschäftigt«. Ich befeuchte Daumen und Zeigefinger und greife nach einem Formular.

»Was haben Sie denn verloren?«

»Eigentlich habe ich etwas gefunden«, erklärt sie. Eine wohlbekannte Ausgabe von *Frommers Rom in 48 Stunden* wird langsam über den Tresen geschoben.

Beide betrachten wir aufmerksam das Buch, studieren das Foto des Kolosseums auf der Titelseite.

»Ah«, sage ich.

»Ja«, antwortet sie. Eine Pause entsteht. »Ich kam vor einer Weile her, um meine Handtasche abzuholen.« Hochwertiges Leder, kaputte Schließe, Taschentuch mit Liberty-Muster, unpassender Lippenstift. »Und als ich sie aufmachte, sah ich, dass jemand diesen Reiseführer hineingelegt hatte. Irgendwie hatte ich das Gefühl, es war ... Absicht.« Sie legt die behandschuhten Finger auf die Ecke des Buchs.

»Ich verstehe.« Ich spiele mit dem Formular. Sie neigt den Kopf, ohne dass die Ahornkappe auf ihrem kastanienbraunen Bob verrutscht.

»Ich war dort.« Ich sehe auf, als sie das sagt. »Ich war ein Wochenende in Rom. Habe das ganze Programm gemacht. Petersdom, Kolosseum, ich habe sogar ein Fahrrad gemietet und eine Tour durch den Park der Villa Borghese gemacht.«

»Oh.« Ich ziehe den Kopf ein, tue so, als würde ich etwas auf dem Formular notieren. Ich kann es nicht glauben.

Rom. Auf alle Fälle Rom. Sie ist hingefahren. Sie hat es wirklich getan. Wie aufregend. Mein Herz schlägt schneller.

»Ich war auch bei Pompi in der Via Albalonga«, sagt sie, immer noch einen Finger auf den Reiseführer gedrückt, irgendwie herausfordernd. »Da es dreimal unterstrichen war.«

»Haben Sie das Tiramisu probiert?« Meine Hand fliegt zum Mund, aber es ist zu spät.

»Das waren also wirklich Sie.« Sie klopft triumphierend auf das Buch. »Ich hab's doch gewusst! Stecken Sie mit dem italienischen Tourismusverband unter einer Decke?«

Lächelnd schüttele ich den Kopf. Die Intensität ihres Blicks ist sehr verwirrend.

»Exquisit, so als würde man über Samt lecken«, sagt sie dann. »Das Tiramisu.« Wieder dieser Blick! »Wussten Sie, dass Tiramisu wörtlich übersetzt ›zieh mich hoch‹ heißt? Offenbar ist es ein Aphrodisiakum. Sie sollten es mal versuchen.« Noch eine lange Pause entsteht, und aus irgendeinem Grund wirkt ihr Blick auf meine Wangen wie ein Toaster. »Oktober war die perfekte Zeit für Rom – nur wenige Touristen, aber warm genug, um an den meisten Tagen die Jacke zu Hause zu lassen. Es war genau das, was ich gebraucht habe.« Sie lächelt. Ich merke, dass ich das Formular zu einer kleinen Ziehharmonika gefaltet habe. Vergeblich versuche ich es wieder glattzustreichen. Sie beobachtet mich.

Ich hole Luft, dann: »Entschuldigen Sie, wenn ich das frage – der Lippenstift, das war nicht Ihrer, oder?«

»Welcher Lippenstift?«

»Red-Hot Poker. In Ihrer Handtasche ...«

Sie lächelt mich neugierig an. »Nein, das ist weder meine Farbe noch meine Marke. Er war von Cheryl. Meiner Ex. Sie hatte sich die Handtasche ausgeliehen – und verloren –, was zu dem längst überfälligen Streit und zu unserer Trennung führte.«

Aha!

Die Frau beugt sich vor. Ihre Stimme ist leise, vertraulich. »*Grazie.* Und falls Sie mal Lust auf Tiramisu haben, rufen Sie mich an. Ich habe meine Nummer in den Reiseführer geschrieben – Sie wissen, auf welcher Seite.«

Anita und ich gehen zum Italiener nebenan. Ich brauche all meine Energie, um meinen plötzlichen Appetit auf Tiramisu zu zügeln, das auf einmal überall zu sein scheint, in Kreide auf der Tafel mit dem Tagesmenü, in der ledergebundenen Speisekarte und üppig und süß unter der Glasglocke auf dem Tresen.

Nach dem Mittagessen begleite ich Anita zurück zum Fundbüro, und während sie ein sehr intensives Gespräch mit Big Jim in der Teeküche führt, schleiche ich mich in den Untergrund.

Ich gehe an den Kisten mit den nicht abgeholten Fundsachen vorbei. Mir will nicht in den Kopf, dass das Gebäude bald kein Fundbüro mehr sein wird. Was passiert dann damit? Fast ein Jahrhundert war es der Hort der verlorenen Dinge, und jetzt kommt es unter die Räder der Geschichte, ein weiteres Sediment dieser Stadt, die sich ständig verändert, die kaum mit sich selbst Schritt halten kann, die, noch knietief in der Vergangenheit, mit Volldampf in Richtung Zukunft rast.

Eines Tages werden Archäologen die Sedimentschichten des Fundbüros ausgraben und sich fragen, was für Menschen hier gelebt haben. Was werden sie folgern, wenn sie die Berge einzelner Handschuhe, die Gerippe der Kinderwägen und die Schalenpanzer der Mobiltelefone finden? Wenn sie mit ihren kleinen Pinseln sorgfältig das Knochengerüst der ausgetrockneten Schirme abstauben? *Was waren das für Menschen?*

Meine alte Wohnstätte sieht genauso aus, wie ich sie verlassen habe; der Kugelfisch thront auf der Standuhr, das Fünfzigerjahre-Sofa steht trotz seines fehlenden Beins erstaunlich stabil da.

Eine Zeit lang hat hier unten eine Frau gelebt und sich von geraubten Dosen ernährt, die einst auf der Northern Line verloren gingen.

Es gibt einen Unterschied zwischen Fallen und Springen.

Dad ist gesprungen. Er hat sich absichtlich aus dieser Welt katapultiert. Ich bin gefallen, abgestürzt, immer tiefer in die Eingeweide des Fundbüros, bis ich in dieser Untergrundgedenkstätte gestrandet bin. Dads Sprung dauerte einen Augenblick. Mein Fall dauerte Jahre. Nun ist beides vorbei. Wie ein verlorener Schirm habe ich einen Schrein gefunden, der mir Zuflucht bot. Aber Schirme können ihre Bestimmung nicht erfüllen, wenn sie schlafend in einem Kellerregal liegen. Genauso wenig wie Linguistinnen, Reisende.

»Leb wohl«, flüstere ich.

27

VERLOREN Gail Watson
BESCHREIBUNG
Geliebt
ORT Pflegeheim Zur Schattigen Pinie

Es ist dunkel, als ich in der Schattigen Pinie eintreffe, der Novemberhimmel ist mit Sternen übersät, und dazwischen leuchtet still ein niedrigstehender Mond. Das Taxi setzt mich am Tor ab, und ich betrachte die Sternbilder am Himmel, bis die bernsteingelben Fühler von Philippas Audi über die Einfahrt gleiten.

Gemeinsam gehen wir den Kiesweg hinauf, doch bevor wir den Eingang erreichen, legt sie mir die Hand auf den Arm.

»Können wir einen Moment warten?«, fragt sie. Ich blicke wieder zum Himmel, während sie nach einem Taschentuch sucht und sich räuspert.

»Siehst du da ... diesen Stern?« Ich zeige nach oben. Philippa sieht mit geschwollenen Augen auf. Nickt. »Capella. Er sieht aus wie ein einzelner Stern, ein sehr heller Stern, aber in Wirklichkeit ist es eine Gruppe von vier Sternen, ein Doppel-Doppelsternsystem.« Sie schnieft.

Ich habe eine Erinnerung an Philippa, an Weihnachten vor langer Zeit. Sie war fast zehn, ich war fünf, und wir waren beide schrecklich aufgeregt. Sie glaubte immer noch irgendwie an den Weihnachtsmann, weil sie eine jüngere Schwester hatte und sie sich deswegen diesen Luxus ein bisschen länger erlauben durfte. »Was ist, wenn er nicht kommt?«, fragte ich besorgt, als ich mit müden Augen zu ihr ins Zimmer kam. »Was ist, wenn er nicht weiß, dass wir umgezogen sind? Wenn er uns nicht findet, weil die Bäume im Garten so hoch sind?«

»Geh und schau aus dem Fenster«, sagte sie. Ich zog ihre glänzenden pfirsichfarbenen Vorhänge zurück (auf die ich schrecklich neidisch war). »Siehst du, wie groß der Mond ist?«, fragte sie. Ich nickte. Er war riesig, wie ein Topf Pudding, und erleuchtete die ganze Straße. »Damit findet der Weihnachtsmann uns, du musst dir also keine Sorgen machen«, erklärte Philippa. Ich lächelte hoffnungsvoll und zitterte in meinem Nachthemd. »Komm rein.« Philippa hob die Decke hoch. Überrascht und erfreut kuschelte ich mich zu ihr.

Ein anderer Nachthimmel jetzt. Ein anderer Mond. Seite an Seite schauen wir zu den Sternen hinauf; schauen, wie der Himmel aussieht in der Nacht, in der unsere Mutter gestorben ist.

Schwester Gloria begrüßt uns. Macht uns Tee.

»Bleiben Sie, so lange Sie möchten«, sagt sie.

Ich kenne die Schwestern und Pfleger von der Nachtschicht nicht, die gerade beginnt. Konnte sich Adison noch von ihr verabschieden? Ich werde ihn wohl nie wiedersehen.

Mum liegt im Bett, die Augen geschlossen, der Kopf ein wenig nach hinten gekippt, so dass ihre Kehle freiliegt. Ihr Hals sieht aus wie eine Skulptur, die kleine Grube darunter wie eine geheime Höhle, in der sie sich verstecken konnte. Ich berühre meine Kehle, fühle die gleiche Grube. Taste nach oben und finde das gleiche Kinn.

Jemand hat ihr Haar gebürstet und auf dem Kissen ausgebreitet. Sie ist mit einem dünnen Laken zugedeckt. Ich öffne die Kommodenschublade, nehme Rosie heraus. Baumwollflusen fallen herab wie rosa Blütenblätter.

Philippa will etwas sagen, aber dann lässt sie es. Ich decke Mum mit Rosie zu, beuge mich über sie, küsse ihre kühle Wange. Die Nachttischlampe wirft ein grelles Licht auf ihr Gesicht. Ich schalte das Licht aus, und wir sitzen im Halbdunkel rechts und links von ihr.

»Ich habe die ganze Zeit gehofft, dass sie sich wieder erholt.« Philippas Stimme. »Ich weiß, dass es unsinnig ist, aber ...«

»Ich auch.«

»Es hat so wehgetan, dass sie uns vergessen hat, aber ich habe immer gebetet, dass die Erinnerungen, die sie noch hatte – oder ihre Gedanken –, glückliche waren.«

»Sie dachte immer, Dad würde kommen und sie abholen.«

»Ich weiß.« Wir schweigen eine Weile. Ich strecke die Hand aus und berühre Mums Wange. Philippas Armreifen rasseln, und ich weiß, dass sie sie auch berührt.

»Sie hat ihn zu sehr geliebt.« Ihre Stimme erstickt.

»Er hat sie auch geliebt.«

»Nicht genug.«

»So gut er konnte.«

Der Mond malt unsere silbernen Silhouetten an die Wand.

»Ich wünschte, ich wäre bei ihr gewesen«, sagt Philippa. »Ich finde es schrecklich, dass sie allein war.«

»Schwester Gloria sagt, sie ist im Schlaf gestorben. Sie hat den Schlaganfall nicht gespürt, es ist wohl ganz schnell gegangen.«

Der Plattenspieler ist offen. Maria Callas schweigt. Ich stelle mir vor, wie Mum der sich sanft drehenden Scheibe gelauscht hat, wie die Worte sie getröstet haben, als sie davonglitt. *Will getröstet werden von deiner Stimme, die mir so teuer ist!* Ihr David, der Junge, den sie von früher kannte. Noch voller Hoffnung.

Philippa fährt mich zurück zur Maisonette.

»Willst du mit reinkommen?«, frage ich, als sie parkt.

»Nein. Aber bleibst du noch einen Moment?«

»Natürlich.«

Wir sitzen im Auto vor Mums altem Haus und wissen nicht, wohin mit uns, was wir tun sollen. Wir wollen keinen weiteren Abschied, kein weiteres Lebwohl.

»Wissen es die Kinder schon?«

»Nein. Ich sage es ihnen morgen. Oder heute, um genau zu sein. Sie müssen nicht in die Schule. Ich backe Pfannkuchen, und wir kuscheln uns damit ins Bett.«

»Das klingt schön.« Kurz wünschte ich, ich hätte Rosie mitgenommen.

»Bald ist Weihnachten«, sagt Philippa. »Es kommt mir unglaublich vor.«

»Und dann fängt ein ganz neues Jahr an«, sage ich.

Wir seufzen gleichzeitig, dann drücken wir die nassen Wangen aneinander. Ich öffne die Tür und steige aus.

Philippa lässt das Fenster herunter, und wir sehen uns noch einen Moment an, dann fährt sie los.

Ich sehe den rosa Morgen aufziehen am ersten Tag meines Lebens ohne meine Mutter.

28

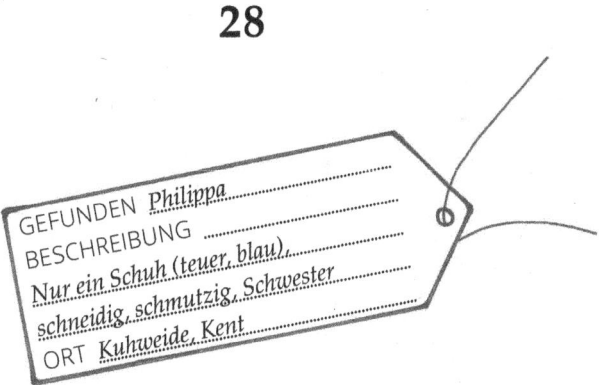

GEFUNDEN Philippa
BESCHREIBUNG
Nur ein Schuh (teuer, blau),
schneidig, schmutzig, Schwester
ORT Kuhweide, Kent

Mums Beerdigung ist gut besucht. Ich erkenne mehrere Leute vom Demenz-Verein Kent, einige Mitarbeiter und sogar ein paar Bewohner der Schattigen Pinie. Schwester Gloria grüßt mich mit einem freundlichen Winken von der Kirchenbank. Ich lächele zurück, aber ich halte mich fern, damit sie nicht eins ihrer lauten Gespräche quer über den Gang anfängt. Trotzdem rührt es mich, dass sie da ist. Ich halte nach Adison Ausschau, aber ich sehe ihn nicht. Dafür ist eine Handvoll von Mums Freundinnen gekommen, Nachbarn aus unserer alten Gegend und ein paar Bekannte aus ihrem neuen Leben in der Maisonette. Der örtliche Chor, bei dem sie Mitglied war, singt *Bleib bei mir, Herr,* und die Trauergäste nehmen ihre Plätze ein. In einer Bankreihe entdecke ich Anita *sans* Nilpferd, aber dafür *avec* Big Jim, wovon ich zugegebenermaßen nicht völlig überrascht bin. Bei Tageslicht sieht er ganz normal aus, sehr bodenständig. Ich suche noch einmal die Reihen ab; der Gottesdienst soll in fünf Minuten beginnen. Auf den Bänken sitzen Tanten, Onkel, Cousins und Cousinen ersten und zweiten Grades – oder Großcousins und Großcousinen? –, bei denen ich nie weiß, wer wer ist. Als der Pfarrer hereinkommt, erhebt sich die Gemeinde. Plötzlich entdecke ich Adison, der sich hinten in eine Reihe setzt. Als er meinen Blick auffängt, lächelt er mich an. Manche Leute können ewig plaudern und nichts sagen; andere schenken dir mit einem einzigen Blick eine ganze Welt.

Gerald sitzt mit den Kindern vorn. Ich gebe Melanie einen Kuss, umarme Sam, atme seinen salzigen Jungengeruch ein. Er hat ganz rote Augen, der arme Schatz. Ich setze mich zu meiner Familie – Gerald, Melanie, Sam, Philippa und dann ich, der Punkt am Ende. Dot. Dorothea.

Alles läuft glatt. Philippa, die Kinder und ich schluchzen. Gerald sitzt angespannt da und liest immer wieder das Gottesdienstprogramm. Nach der Hälfte wischen Philippa und ich uns die Tränen ab und stehen auf; sie liest W. H. Audens *Haltet alle Uhren an*, ich trage Emily Dickinsons *Weil ich beim Tod nicht halten konnt* vor – Letzteres ist weniger populär, aber es scheint recht gut anzukommen. Der einzige Moment, der für Stirnrunzeln sorgt, ist der Seewetterbericht. Die Gemeinde wechselt verwirrte Blicke.

»Was ist das denn?«, zischt Philippa mir tränennass ins Ohr.

Ich zische zurück: »Es war auf der Playlist, die du mir am Telefon durchgegeben hast.«

»Nein, war es nicht.«

»Doch, war es.«

»Ich habe gesagt, Mum wollte *Bleib bei mir, Herr*, *Wind Beneath My Wings* und *Sailing By*.«

Oh. *Sailing By* ist die Titelmelodie des Seewetterberichts. Wenigstens sind wir beim nautischen Thema geblieben. Und irgendwie ist es überraschend tröstlich, das Gebet des Pfarrers und danach die Ansage zu hören: »Cromarty, Dogger, Finisterre. Süd fünf bis sechs, westdrehend, abnehmend vier.«

»Sie hat bestimmt nichts dagegen«, flüstere ich zurück. Philippa schüttelt grollend den Kopf und setzt sich wieder gerade hin, während ich unbehaglich auf meinem Platz herumrutsche und an den Mix denke, den ich für das Ende des Gottesdiensts zusammengestellt habe – eine Art Best of Trauer. Dazu werden meiner Schwester bestimmt auch ein paar Bonmots einfallen. Sich beim Begräbnis der eigenen Mutter Ärger einzuhandeln, ist ein interessantes Gefühl.

Für vier Uhr haben wir bei Philippa ein kaltes Buffet mit Fingerfood organisiert – ein Begriff, den ich nie besonders appetitlich fand. Ich nehme an, dass sie nach dem Gottesdienst sofort nach Hause will, um die Spitzendeckchen aufzubügeln oder die Servietten in Origami-Kunstwerke zu falten, aber nachdem wir uns bei allen Trauergästen bedankt haben, nimmt sie zu meiner Überraschung meine Hand.

»Ich brauche frische Luft. Kommst du mit? Ich kann jetzt nicht nach Hause fahren und die perfekte Gastgeberin spielen. Ich kriege keine Luft. Ich muss mal weg von den ganzen …«

Den ganzen Umarmungen, der Anteilnahme, den Beileidswünschen. In solchen Dingen sind wir beide nicht gut, und wir mussten es schon einmal über uns ergehen lassen. Philippas Augen sind rot, ihr Gesicht schmal, und ich sehe bestimmt genauso aus. Ich nicke.

Sie schickt Gerald nach Hause, um das Buffet vorzubereiten – ich sehe einen Anflug von Schrecken in seinem Blick –, dann marschiert sie hinter die Kapelle, wo ein Feldweg beginnt.

Ich folge ihr.

Nach ein paar hundert Metern bleibt sie stehen und dreht sich zu mir um. Ich sehe Philippa sonst meistens vor dem Hintergrund ihres eigenen Lebens, energisch, das Heft in der Hand. Hier draußen in der Natur wirkt sie weniger solide, fast fragil, wie die mageren Erbsenpflanzen, die Dad an Bambusstöcken zog. Außerdem sieht sie älter aus. Ich sehe Mum im Blau ihrer Augen und kämpfe gegen den Wunsch an, ihre Hand zu nehmen.

»Wohin?« Ich blinzele im Wind, der über die Downs fegt. Die Schilder eines öffentlichen Reitwegs zeigen in zwei Richtungen; den Hang hinauf und über ein Feld oder hinunter zu einer Ansammlung von Häusern, die das nächste Dorf darstellen.

»Hoch«, sagt sie und geht voran.

Der Wind zerrt an uns, trägt unsere Worte fort, was uns beiden recht ist. Mit eingezogenen Köpfen kämpfen wir uns bergauf. Philippa hat sich das graue Seidentuch um den Kopf gebunden wie die Queen. Am Hinterkopf flattert der Zipfel wie ein gebrochener Flügel.

»Komm schon, D!«

»Es ist eiskalt hier draußen!«, keuche ich.

Oben am Rand des Weald ist der Wind noch stärker, aber wir bleiben stehen und sehen uns die Aussicht an. Felder und Wiesen erstrecken sich bis weit in die Ferne. Außer uns ist keine Menschenseele unterwegs.

»Nur wir beide«, rufe ich in den Wind.

»Was?«

Ich versuche es noch mal. »NUR WIR BEIDE.« Sie nickt, und eine zweite Bedeutung taucht auf. Früher waren wir vier. Im Monopoly: Zylinder, Schubkarren, Rennwagen und Terrier. Jetzt sind nur noch wir zwei übrig, Dot und Philippa, die gegenseitig in unseren Gesichtern nach Spuren unserer Eltern suchen. Mum in ihren Augen. Dad in meinen. Abdrücke unserer elterlichen Geister.

»Es war eine SCHÖNE BEERDIGUNG«, ruft sie.

Ich nicke, rufe zurück: »Mum hätten DIE LIEDER GEFALLEN.«

Philippa beugt sich zu mir, damit wir nicht so schreien müssen. »Ich weiß ja nicht, was sich der Pfarrer dachte, als beim Rausgehen die Ouvertüre aus *The King and I* kam.«

Shall we dance? On a bright cloud of music, shall we fly?
Es passte perfekt.

»Aber es war schön, dass so viele aus der Schattigen Pinie da waren«, sagt Philippa.

Ich nicke betont gleichgültig.

»Manchmal frage ich mich ...« Philippa hält inne.

»Was?«

»Ich frage mich, ob sie sie absichtlich heraufbeschworen hat. Mum. Die Demenz.«

»Das geht doch gar nicht.«

»Ja, ich weiß ... ich frage mich nur, ob es eine Erleichterung für sie war ... zu vergessen.«

»Was zu vergessen?« Natürlich weiß ich, was sie meint, ich habe mich das Gleiche auch schon gefragt. Aber ich will, dass sie es ausspricht.

Philippa sieht mich einen Moment an. Ich mache mich auf verschärftes Wischen und Feudeln gefasst, aber es kommt nicht.

»Dad zu vergessen. Wie er ihr das Herz gebrochen hat.«

Ich schaue weg, mustere eine Kuhherde, die über die nächste Weide trottet.

»Ich habe diese Gewaltsamkeit nie verstanden. Es sah ihm so gar nicht ähnlich«, sage ich.

»Er musste sichergehen ...« Sie hält inne. Sieht aus, als wollte sie noch etwas sagen, aber dann presst sie die Lippen aufeinander und starrt mit zusammengekniffenen Augen aufs Feld hinaus.

Er musste sichergehen. War das der Grund? So schlicht und einfach? Ich erinnere mich, wie Philippa als Kind mal beim Mittagessen eine Schnecke in ihrem Salat fand. Sie kreischte los und machte ein Riesentheater. Dad kam, setzte die Schnecke vorsichtig in eine Serviette, trug sie zur Spüle, um die Salatsoße abzuwaschen, und dann brachte er sie nach draußen ins Gebüsch. »Gute Reise.« Ich hatte häufig erlebt, wie sanft und zärtlich er war, deswegen konnte ich nicht begreifen, warum er einen so grausamen Tod gewählt hat. Jetzt verstehe ich.

»Wenn ich nicht nach Frankreich gegangen wäre, wenn ich geblieben wäre ...«, sage ich.

»Es war gut, dass du gegangen bist!«, entgegnet Philippa und sieht mich an. Ihre Augen sprühen. »Mum hat ihm ihr Leben geopfert. Wir wollten nicht, dass du das Gleiche tust. Dad hat zu sehr geklammert.«

»Und dann gehen Dinge verloren«, sage ich leise, und sie nickt. Ich habe eine Erinnerung, einen fast körperlichen Eindruck, wie ich an Dad gekuschelt einen seiner alten Schwarzweißfilme im Fernsehen sah, obwohl ich insgeheim viel lieber *Freaky Friday* gesehen hätte. Ich erinnere mich, dass ich, wenn wir seine melancholische Musik hörten, eigentlich lieber etwas Fröhlicheres gehört hätte. Vielleicht sogar Popmusik? Ich bekomme ein schlechtes Gewissen, wenn ich nur daran denke.

»Du warst eifersüchtig, weil ich sein Liebling war«, rutscht es mir heraus, bevor ich mich stoppen kann.

»Eifersüchtig? Du hast mir immer leidgetan.«

»Leidgetan? Warum? Ich war glücklich.«

»Du warst ... wie angekettet. Ich wollte, dass du rausgehst und was erlebst, mit Freunden in deinem Alter spielst, dass du ein Kind sein kannst.«

»Du wolltest ja nie mit mir spielen. Erinnerst du dich, als du mich mit ins Schwimmbad genommen hast? Du wolltest bloß Toby Jackson sehen.« Schreie ich gerade?

Philippa starrt mich an, ihr Gesicht ein Puzzle aus Bestürzung, Überraschung und totaler Verwirrung.

»*Toby Jackson*? Der Knilch aus der Schule? Meinst du den? *Den* Toby Jackson?«

Ich nicke heftig. Mein ganzer Körper bebt. »Ja, Philippa, *der* Toby Jackson. Du hast mit deinem Fisch-Badeanzug angegeben, dabei hast du dich gar nicht ins tiefe Wasser getraut, und du hast vor dem ganzen Schwimmbad rumposaunt, ich hätte mir in die Hose gemacht ...« Tränen laufen mir übers Gesicht.

»Bloß damit *du* dich nicht blamierst. Du hast mich benutzt, mich gedemütigt, mich verraten.« Jetzt schreie ich wirklich, die Hände zu Fäusten geballt, das Gesicht verzerrt.

Philippa legt mir die Hände auf die Schultern und dreht mich zu sich.

»Dich verraten? Was? Wegen Toby? Das ist doch Quatsch. Aber wenn es das ist, was du brauchst, Dot, dann bitte ich dich hiermit um Entschuldigung ...«

»Nein!«, schreie ich, und die Welle der Wut, die durch meinen Körper schwappt, verwandelt sich in das, was sie eigentlich ist, Schmerz und Schuldgefühle. So viel Schmerz. Ich spüre ihn wie einen Schlag in den Magen. »Es ist meine Schuld. Ich war es. Ich bin schuld. Ich habe ihn verraten.«

»Toby?«

»Was? Nein! Nicht den bescheuerten Toby. Dad. Ich habe Dad verraten. Und er wusste es, er hat mich gehört. Bei dir in der Küche. Deshalb hat er es getan. Es ist meine Schuld.«

Philippa schüttelt mich. »D, hör auf. Hör auf. Du bist durcheinander. Komm, wir gehen zurück ...« Ich reiße mich los. »Beruhige dich. Schsch.« Doch ich schubse sie weg. Der Wind peitscht mir die Tränen übers Gesicht.

»Er hat mich gehört«, schluchze ich. »An ihrem Hochzeitstag. Als ich zu dir gesagt habe, dass er schwul ist. Als ich dir von ihm ... von ihm und ...« Die Worte bleiben mir im Hals stecken. »Weißt du nicht mehr? Er hat gehört, was ich zu dir gesagt habe, und dann hat er ... sich umgebracht.« Ich würge, beuge mich vor, übergebe mich ins Gras.

Philippa hält mir den Kopf, streicht mir die Haare aus dem Gesicht. Dann kramt sie in ihrer Tasche. Reicht mir ein Taschentuch. Ich keuche. Wische mir den Mund ab. L'Air du Temps.

Als ich mich irgendwann aufrichte, sieht sie wieder hinaus

über das Feld, ihr Gesicht rosa vor der schlammgrünen Landschaft.

»Es war nicht deine Schuld, Dottie«, sagt sie leise, ohne mich anzusehen.

»Doch. Er war so unglücklich. Sie haben nachts geredet.« Ich schlucke. »Mum und Dad. Er war so ... verzweifelt. Und sie hat ihn angefleht.«

»Ich weiß«, sagt Philippa.

»Du weißt es?«

Jetzt dreht sie sich zu mir, die Zähne fest aufeinandergepresst. »Ich hab auch dort gewohnt! Warum, glaubst du, habe ich das Zimmer mit dir getauscht?«

»Weil du das größere wolltest?«

»Reizend. Na ja, vielleicht auch. Aber hauptsächlich wollte ich, dass du weiter weg von ihnen bist. Damit du sie nachts nicht hörst.« Sie schluckt, sieht weg. Ringt um Worte. »Damit du ihn nicht weinen hörst. Es war so furchtbar.«

Ich starre meine Schwester an. Wie gut ich sie zu kennen glaubte – glaube –, meine eigene Schwester. Ich teile ihre DNA. Ich kenne ihre Gewohnheiten, ihren Geruch, das Triptychon der Leberflecke hinter ihrem linken Ohr. Ich weiß, wie sie auf einen Witz reagieren wird, wie sie sich am Telefon meldet, welche Spielfigur sie sich beim Monopoly aussucht (immer den Rennwagen). Wie kann es sein, dass ich die intimsten Dinge von Philippa weiß – wann sie das erste Mal ihre Tage bekam, wie sie sich an den Knöcheln geschnitten hat, als sie anfing, sich die Beine zu rasieren –, und plötzlich drehe ich mich um und sehe einen ganz anderen Menschen?

»Ich wollte unbedingt weg, wollte ausziehen«, fährt Philippa fort, den Blick wieder auf die Landschaft gerichtet, nicht auf mich. »Raus aus diesem Haus. Es war alles so ... so wahnsinnig traurig. Und ich wollte, dass du auch da rauskommst. Dass du dein Leben lebst. Dass du glücklich wirst.«

»Aber ich war glücklich.«

Wie kann sich Philippas Sicht auf unsere Kindheit so von meiner unterscheiden? Als hätten wir auf verschiedenen Planeten gelebt, obwohl unsere Zimmer nur durch eine dünne Wand getrennt waren. Die ersten vierzehn Jahre meines Lebens trug ich ihre abgelegten Kleider. Wir saßen nebeneinander am Esstisch, wenn es freitags Fisch und sonntags Braten gab, jede Woche unserer Kindheit.

Schweigend stehen wir da und starren über das Feld. Blutunterlaufene Wolken jagen über den Himmel.

»Aber warum dann?«, sage ich irgendwann. »Warum hat er es dann getan?«

»Ich weiß es nicht, aber ich weiß, dass es nicht deine Schuld war.«

»Wie willst du das wissen? Du warst nicht ...« Meine Stimme bricht.

Ich sehe, wie sich ihr Brustkorb hebt und senkt. Der Wind peitscht ihr eine Strähne ins Gesicht, die sich dreisterweise aus der Einschnürung des Kopftuchs befreit hat, sie schiebt sie wieder zurück und sieht mich an. Und dann sagt sie langsam und deutlich: »Ich weiß es, weil es nicht das erste Mal war.«

»Was?«

Sie schüttelt den Kopf. »Hören wir auf damit.«

»Du musst es mir sagen.« Meine Worte sind kaum zu hören. Dann schreie ich. »DU MUSST ES MIR SAGEN!«

Sie schluckt. Holt Luft.

»Es war nicht das erste Mal. Er hatte es schon mal versucht. Mit Tabletten. Ich weiß es nicht genau. Ich habe sie nur eines Nachts reden hören. Mum hat ihn angefleht, es nicht wieder zu tun, ihn angefleht, sich Hilfe zu suchen, und er hat es ihr versprochen. Was genau passiert ist, habe ich nie erfahren. Mum wollte nicht darüber reden.«

»Mum wusste, dass du es weißt?« Ich kriege keine Luft.

»Nein, damals nicht. Aber später. Nach seiner Beerdigung bist du nach Frankreich zurückgegangen. Ich glaube, Mum hatte Schuldgefühle, weil sie ... ihn nicht zurückgehalten hat. Und da habe ich ihr gesagt, dass ich es wusste – von dem anderen Mal. Oder vielleicht waren es mehrere Male.«

Meine Beine geben nach, und ich gehe in die Knie.

Lande klatschend auf dem nassen Boden.

»Warum hast du mir das nie erzählt?«, schluchze ich. Als ich mir mit dem Handrücken die laufende Nase abwische, verschmiere ich Matsch über mein ganzes Gesicht. »Warum hat Mum mir nichts erzählt? Ich wäre doch geblieben.«

Philippa sieht zu mir herab und sagt leise: »Eben deswegen.«

»Was soll das heißen?«

»Mum wollte, dass du weggehst, damit du dein Leben lebst. Sie wusste, dass Dad verloren war, und sie wollte uns retten.«

Philippa mustert kurz die feuchte Erde, dann zieht sie seufzend den Regenmantel enger und lässt sich neben mir nieder.

»Warum hat er uns verlassen?«, frage ich.

Sie sieht mich an. Ihr Blick ist so traurig. »Ich weiß es nicht.« Sie zieht sich den Mantelärmel über die Hand und tupft damit vorsichtig meine Tränen ab.

Wir sitzen einfach da, unser Schweigen nur durch meine uneleganten Schluchzer unterbrochen. Von hier kann man die Kapelle sehen. Eine kurze schwarze Autoschlange nähert sich; die nächste Beerdigung.

Ich versuche zusammenzusetzen, was sie alles gesagt hat. Ein Puzzle der Fakten, aber kein Randstück darunter. Ich kann es nicht verarbeiten. Stattdessen sehe ich hinaus über den Weald zum Horizont, wo der Himmel dieses besondere Granitgrau des Winters hat. Die alten Eichen sind kahl. Ihre zarten Umrisse, wunderschön im versilberten Licht, enthüllen sowohl ihre Verletzlichkeit als auch ihre Stärke. Es steckt eine Wahrheit in diesen nackten Ästen, die Wahrheit einer Bleistiftzeichnung – klare Linien, keine Schatten, keine Farben. Das blanke Bewusstsein dessen, was war und was kommen wird, während der Baum wartet, ausharrt, bis der Frühling wieder sein Versprechen einlöst. Ich sehe die Silhouette meiner Schwester neben mir, ihren Umriss, und sehe – in ihren Ecken, ihren Kanten – ihre Wahrheit.

»Wir sollten langsam los«, sagt Philippa irgendwann und rappelt sich auf. »Ich habe Gerald gesagt, ich bin nur zehn Minuten weg. Es sind bestimmt längst alle da. Ich weiß genau, dass er vergessen hat, die Plastikfolie von den Sandwiches zu nehmen und die Miniquiches in den Ofen zu stellen. Verdammt, sieh dir meine Schuhe an!« Matsch und Gras kleben an ihren teuer aussehenden dunkelblauen Satin-Pumps. Meine alten Schnürer sehen nicht viel besser aus. »Komm, wir nehmen die Abkürzung«, sagt Philippa und zeigt auf das Nachbarfeld.

Ganz die folgsame Schwester, tue ich, was sie sagt, trete in ihre Fußstapfen, während ihre Worte in meinem Kopf kreisen. *Es war nicht das erste Mal.* Ach, Dad.

Wir klettern über ein kleines Tor. In der Mitte des Felds wird Philippa plötzlich langsamer.

»Was ist?«, frage ich.

»Ich habe das Gefühl, die Kuh da wirkt ein bisschen ... sauer.« Mein Blick folgt ihrem Finger, und tatsächlich, mitten auf dem Feld steht ein riesiges gedrungenes Tier, das uns anstarrt, schnaubt und mit geblähten Nüstern den Kopf zurückwirft. Den großen Kopf mit den *Hörnern.*

»Ich glaube, die Kuh ist ein Stier. Am besten machen wir einen großen Bogen um ihn, gehen langsam weiter, ohne ruckartige Bewegungen. Ich habe gehört, man soll Blickkontakt halten. Also gehen wir rückwärts.«

Philippa nickt, streckt den Arm aus und nimmt meine Hand. Synchron heben wir einen Fuß und machen einen Schritt nach hinten, dann den nächsten, dann den nächsten. Plötzlich ein rülpsendes, nasses Geräusch. Philippas rechter Fuß steckt in einem Kuhfladen fest.

»Das ist ja ein Alptraum!«, schreit sie und zieht den Fuß heraus, aber der Schuh ist weg. »Was jetzt?«

Der Bulle schnaubt, die schwarzen Nüstern weiten sich.

»Lass den Schuh, Philippa!«

»Weißt du, was die gekostet haben?« Sie streckt die Hand in den Kuhfladen, um den Schuh zu retten. »Ich lasse bestimmt nicht …« Was immer sie bestimmt nicht lässt, geht unter, als der Stier wieder schnaubt, lauter diesmal, und die Augen verdreht, dass die roten Adern sichtbar werden. Er senkt den Kopf und scharrt auf dem Boden.

»Vielleicht hast du recht«, sagt Philippa und zieht die Hand aus dem Kuhfladen. Der Stier senkt wieder den Kopf. »Dot!« Philippa greift nach meinem Arm.

»Schon gut, ganz ruhig, langsam, ein Schritt nach dem anderen.« In Zeitlupe gehen wir rückwärts über das Feld. Ich werfe einen schnellen Blick über die Schulter; das Tor sieht ewig weit weg aus. Ich gebe Philippa Deckung. »Geh weiter bis zum Tor.«

»Und du?«

»Ich komme nach. Geh du zuerst, ich komme hinterher.«

»Dot!«

»Los jetzt, Philippa!« Ich höre sie langsam auf einem Schuh rückwärtsstaken. »Gut so, fast geschafft … weiter so … schön langsam, genau so.« Ich riskiere noch einen Blick; nur noch ein paar Schritte trennen meine Schwester vom Tor. Jetzt setze ich mich auch in Bewegung, hole auf. Der Stier wirkt so wild, so übermächtig mit seinen schrecklichen, kraftvollen Muskeln Lieber Himmel, dreht er sich absichtlich so, um mir zu zeigen, wie groß er ist? Er ist *sehr, sehr* groß.

»Dot! Komm!«

Ich sehe Philippa aus dem Augenwinkel, sie ist schon halb über das Tor geklettert. Ich sehe ihren Mund, der meinen Namen ruft. Es ist, als wäre ich in Zeitlupe gefangen, stumm bis auf das Rauschen in meinen Adern. Adrenalin schießt mir durch den Körper, der Ruck des Kampf-oder-Flucht-Hormons. In meiner Lage ist Flucht eindeutig die bessere Option.

Der Stier funkelt mich an, zuckt mit der Zunge und brüllt: »Rrrrrrmfff ... rrrrrmmmfff.« Ich bewege mich nicht. Ich kann nicht.

Der Stier macht einen Schritt auf mich zu, wirft den Kopf nach oben und unten. Ich bin wie erstarrt. Schockstarre. Diese Reaktion hatte ich ganz vergessen. Kampf, Flucht oder *Starre*.

Es war nicht das erste Mal. Er musste sichergehen.

Der oblatendünne Brief, den ich in der Plattenhülle fand.

Es ist noch schlimmer geworden.

Armer Dad. Arme Mum.

Und arme Philippa. Die kleine Philippa, die durch die Schlafzimmerwand alles mitanhören musste. Die es für sich behalten hat, die ganze Zeit, ein kleines Mädchen, das ein noch kleineres Mädchen beschützen wollte. So viele Geheimnisse. Wie konnte ich das alles übersehen?

Der Stier stampft auf, starrt mich an. Ich kann mich nicht bewegen. Ich bin machtlos, festgewurzelt, die Nadel im Kratzer einer kaputten Platte.

»Lauf, Dot! Lauf! Verdammt noch mal – LAUF!«

Ich höre sie.

Ich entwurzele meine Stammbaumfüße und befehle ihnen zu laufen. Plötzlich sind es nicht mehr die Füße meines Vaters, die Fesseln meiner Mutter; es sind ganz allein meine Füße, meine Beine, und sie rennen um mein Leben. Schnell. Schneller. Ich stolpere. Falle. Spüre den Stier hinter mir, das nahende Donnern seiner Hufe. Zu nah.

Ein mörderischer Schrei zerreißt die Landschaft.

»LASS MEINE SCHWESTER IN RUHE, DU SCHEISSBIEST, ODER ICH REISS DIR DIE VERDAMMTEN EIER AB!«

Philippa, wie ich sie noch nie gesehen habe, rasend, wild, gewaltig.

Ich spüre einen rohen Griff am Ellbogen, dann kugelt sie mir fast die Schulter aus, als sie mich rückwärts auf die Füße zerrt.

»Lauf! Lauf!«, brüllt sie und packt mich noch fester. Wir laufen. Wir sehen uns nicht um. Wir rutschen und gleiten durch den aufspritzenden Schlamm, Herz im Brustkorb rasend, Keuchen in der Kehle sägend, Rauschen in den Ohren. Den Blick auf das Tor gerichtet, Sicherheit. Philippa zerrt mich hoch und schiebt mich rüber, dann springt sie hinterher.

Wir liegen im Gras, schnappen nach Luft.

Als ich mich umdrehe, sehe ich meine Schwester mit schwarz geflecktem Haar, Matsch läuft ihr ins Dekolleté, die Beine sind verschmiert wie bei einer Schlamm-Wrestlerin. Nur die Ohrringe glitzern fröhlich und makellos im Licht. Ich muss lachen.

»Was ist so witzig?«, keucht Philippa.

»Tut mir leid, es ist bloß ... du siehst ... so ... hübsch aus.«

Sie hebt die Arme, und einen Moment denke ich, sie würde sprühen und feudeln. Aber sie hält sich die Hände vors Gesicht. Der Schlamm auf ihren Wangen bekommt Streifen. Sie weint.

»Ich dachte ... du bleibst einfach da ... stehen. Lässt das ... das Vieh kommen und dich tottrampeln. Ich kann dich nicht auch noch verlieren.«

»Du hast mich nicht verloren. Alles ist gut ...«

»Du bist meine kleine Schwester. Es ist meine Aufgabe, dich zu b-b-beschützen.«

»Das hast du doch! Du hast mich gerettet!«

»Ich dachte, du wärst in Sicherheit, wenn du an die Uni gehst, nach Frankreich, aber dann, nach Dad ... ich dachte ... ich dachte, ich hätte dich verloren.«

Ich greife nach ihrer schlammigen Hand. »Du hast mich nicht verloren. Ich bin hier.«

Wir liegen Hand in Hand im Matsch.

Nach einer Weile sage ich: »Wenn wir so bei euch auftauchen, werden die Leute denken, wir hätten sie nicht mehr alle.«

»Ach, scheiß drauf.«

Ich grinse. Und dann bebt ein Kichern in meinem Bauch und fängt an, in meinem ganzen Körper zu kitzeln und zu prusten, bis ein volles, tiefes, atemloses, allumfassendes Gelächter aus mir herausbricht. Philippa schüttelt den Kopf.

»Schau mich mal an. In meinem ganzen Leben hab ich noch nie so ... beschissen ausgesehen, buchstäblich!« Sie zieht eine Grimasse, und ihr Gesicht nimmt eine ganz neue Form an; Grübchen in den Wangen, Fältchen um die Augen, und sie beginnt ebenfalls zu lachen. Wir liegen auf dem Rücken auf dem schlammigen Boden und lachen, bis wir keine Luft mehr bekommen und uns die Bauchmuskeln wehtun.

Spiel, Platz und Sieg, aber diesmal spielen wir in einer Mannschaft. *Two œufs:* die Überraschung und der Fehler. Zwei Geschenke, zwei Töchter. Rivalinnen, Verbündete, Schwestern.

»Weißt du noch, wie wir für Mum und Dad das Musical gespielt haben?«, frage ich später, als ich mit Philippa und ihrem einen Schuh tränen- und matschverschmiert nach Hause fahre.

»*The King and I*«, sagt sie und betätigt mit schlammiger Hand den Blinker.

»Du erinnerst dich!«

»Wie könnte ich das vergessen? Ich musste Yul Brynner sein!«

Ich weiß nicht, wie ich es damals geschafft habe, Philippa zu überreden, sich eine Bademütze aufzusetzen und Yul Brynner zu sein, während ich Deborah Kerr spielen durfte. Es muss an dem Tag gelegen haben; die Schule war vorbei, die Sommerferien lagen endlos vor uns. Dad hatte zwei Wochen Urlaub, und am Wochenende wollten wir nach Devon fahren. Das Wetter war traumhaft. Wir verbrachten den ganzen Tag im Garten, Philippa sonnte sich, Mum las einen Roman, ich half Dad, die Tomaten zu ernten, das Knarren der Hängematte, ein Anflug von Limettensirup in der Luft, die Zeit träge und süß wie Honig.

Später stolperten wir ins Haus, sonnentrunken und gelöst. Mum und Dad hantierten in der Küche, bereiteten das Abendessen vor, ihr Gespräch vom leichten Rhythmus ihres Lachens untermalt, während das erdige Parfum frisch geschnittener Tomaten durchs Haus wehte.

»Komm, wir führen ein Stück für sie auf!«, sagte ich zu Philippa. »*The King and I!*«

Ich konnte mein Glück kaum fassen, als sie einwilligte.

»Im Ernst? Mit Kostümen und allem?«

»Warum nicht?« Sie warf einen Blick zur Küche. Mum sang ein fröhliches Lied, und Dad stimmte beim Refrain mit ein. Sie lächelte. »Wenn du willst, helfe ich dir mit dem Kleid.«

Um Miss Kerrs ausladendes seidenes Ballkleid nachzustellen, steckten wir eine smaragdgrüne Tagesdecke mit Sicherheitsnadeln um meinen Plastik-Hula-Hoop-Reifen fest. Der glatte, glänzende Stoff fiel wasserfallartig über den Bogen des Reifens und sammelte sich zu einer Schleppe am Boden. Es war ein absoluter Traum.

»Wie sehe ich aus?«, fragte ich Philippa, die damit beschäftigt war, für Yul Brynners Glatze ihr Haar unter einer Badematze zu verstecken. Sie schob die letzte Locke unter das Gummi, drehte sich um und musterte mich von oben bis unten, während ich nervös von einem Bein aufs andere trat.

»Genau wie Deborah.«

Ein Augenblick vollkommenen Glücks.

Wir bastelten Eintrittskarten, ein Programm, stellten Polstersessel vor der »Bühne« auf. Alles war Stegreif, improvisiert, ausgedacht. Mitten in der aufregenden Walzerszene trat Philippa mir auf den Rock, riss den Stoff herunter, so dass der Hula-Hoop-Reifen und meine nackten Beine in den schmutzigen Socken zum Vorschein kamen. Aber das war egal. Wir lachten nur, und am Ende standen meine Eltern auf und klatschten und klatschten. »Zugabe!«, riefen sie. Wir legten die Platte noch einmal auf, spielten *Shall We Dance?*, immer wieder, und sie kamen zu uns auf die Bühne, Mum sang, und die beiden tanzten neben uns, ein elegantes Paar.

Ich sehe das Bild von uns vieren an jenem Sommerabend vor mir, tanzend, lachend. Einer der seltenen Momente tiefen Glücks. Und ich sehe die Liebe, die uns alle durchwirkt. Meine Liebe zu Dad, Mums Liebe zu ihren Mädchen, ihr Wunsch, dass wir frei waren, davonfliegen konnten. *Meine beiden wunderschönen Mädchen.* Und ich sehe Philippas Liebe zu mir. Mir fällt der Abend bei ihr ein, als sie sagte, dass sie Mums Wohnung verkaufen wollte. Wie sie sprühend und feudelnd in der Tür stand, als ich ging, und jetzt begreife ich, dass sie mich nicht rauswerfen, sondern mich retten wollte, mich an einem Ort wissen, wo ich glücklich war. In Frankreich zum Beispiel, um endlich mein Leben wieder aufzunehmen.

Shall we dance? On a bright cloud of music, shall we fly?

Mit Matsch und Schlimmerem bedeckt schleichen wir durch den Garten in die Waschküche, wo wir eine Sauerei auf dem Linoleumboden hinterlassen, wie sie das Haus meiner Schwester noch nie gesehen hat. Wir richten uns, so gut es geht, her, durchsuchen den Stapel frischer Wäsche auf der Maschine nach trockenen Sachen. Philippa findet einen kirschroten Zweiteiler und ein Paar von Melanies Ballerinas, ein ungewöhnlich lebhaftes Outfit für eine Trauerfeier, aber immer noch besser als das, was sie mir gibt: Sams Jogginghosen und ein ausgeleiertes T-Shirt mit der Aufschrift *Rettet die Elefanten*. Ich mustere die Herde der edlen Tiere bei der Überquerung der Savanne – auf

Brusthöhe – skeptisch und will protestieren, aber Philippa zieht mir das T-Shirt über den Kopf, bevor ich etwas sagen kann.

»In diesen Sachen können wir ja schlecht reingehen«, sagt sie und zeigt auf den Haufen unserer schlammigen Beerdigungskleider. »Außerdem achtet sowieso keiner darauf, was du anhast.«

Meine Schwester, wie sie leibt und lebt.

Im Wohnzimmer und in der Küche drängen sich die Gäste. Erst bin ich überrascht, dann schrecklich verlegen, als ich Adison entdecke, der allein in einer Ecke von Philippas Wohnzimmer steht und völlig aus dem Rahmen fällt. Er trägt ein elegantes dunkelgraues Jackett mit einem zum Dreieck gefalteten grauen Leineneinstecktuch – dem ernsten Anlass entsprechend, aber fesch. Ich bin mir meiner verdreckten Schnürschuhe unangenehm bewusst, ganz zu schweigen von der Dickhäuterherde, die mir über die Brust spaziert, als ich zu ihm gehe, um ihn zu begrüßen. Unterwegs ziehe ich die Schultern ein, um die Elefanten etwas weniger ... *elefantös* wirken zu lassen.

»Dot, was ist denn mit Ihrem Rücken?«, fragt Adison, als ich ihn erreiche. »Vielleicht kann ich etwas daran tun?«

So sehr mir die Vorstellung gefällt, dass Adison etwas an meinem Rücken tut, ich schüttele den Kopf und verschränke die Arme über der Brust, um den schlimmsten Teil meines Teenager-Outfits zu verbergen. Adison kommt einen Schritt näher, nimmt meine Hand. Dieser Hauch von Bergamotte.

»Es war ein Privileg, Gail kennengelernt zu haben«, sagt er.

»Danke. Ich weiß, dass Mum Ihre Arbeit sehr geschätzt hat. Vielen Dank für ...«

»Miss Watson, wie geht's Ihnen?«

Adison lässt meine Hand los, und Schwester Gloria hüllt mich in ihre gepolsterte Umarmung ein. »Ihre Mutter fehlt uns. Sie war ein so reizender Mensch. Haben Sie die Blumen gesehen? Wir haben alle zusammengelegt – die Leute aus der

Küche, Mr Petrie, unser Fußpfleger. Alle hatten nur Gutes über Ihre Mutter zu sagen.« Ich lächele, danke ihr. Wie seltsam die Vorstellung, dass all diese Menschen meine Mutter so intim kannten, wenn auch nur für kurze Zeit. Nach dem heutigen Tag werde ich wahrscheinlich keinen von ihnen wiedersehen. Schwester Gloria beugt sich vor, ich wappne mich für die nächste Umarmung, aber dann schnuppert sie an meinem Haar, macht eine neutrale Miene und weicht einen kleinen Schritt zurück. Ja, nachdem ich nur knapp dem Tod durch den Stier entronnen war, habe ich mich nicht sehr eingehend der Haarpflege gewidmet, aber ich bin überrascht, dass Schwester Gloria so kleinlich ist, was Frisuren angeht.

»Wir sind ein richtig gutes Team«, sagt Schwester Gloria. »Ich habe früher im Krankenhaus gearbeitet, wo alles schnell, schnell gehen musste, endloser Papierkram, für jedes Wattestäbchen musste Rechenschaft abgelegt werden. Aber was sage ich da? Sie werden das kennen – sind Sie nicht selbst in der Medizin tätig?«

Das ist Philippas Werk.

Adison hat sich höflich zurückgezogen und wird sofort von Anita und Big Jim adoptiert.

»Haben Sie Philippas Emmentaler-Windbeutel probiert?«, frage ich Schwester Gloria. »Sie sind köstlich – ich gehe Ihnen rasch welche holen.« Ich lasse sie stehen und arbeite mich wieder zu Adison vor.

Anita sieht ziemlich erhitzt aus (was entweder an Geralds großzügigem Ausschank oder/und an Big Jims Nähe liegt) und schwingt Reden.

»Wir haben sogar zwei Urnen im Fundbüro, im Regal unter ›Vermischtes‹. Wirklich, Sie können sich nichts ausdenken, was wir nicht haben ... Oh, Dots, entschuldige bitte, ich hab dich nicht gesehen. Das mit den Urnen hätte ich nicht sagen sollen, wegen deiner Mutter ...«

»Nein, nein, schon gut. Die Blumen, die das Fundbüro geschickt hat, sind prachtvoll.«

Anita strahlt. »Jim hat sie ausgesucht. Die Paradiesvogelblumen – einfach zauberhaft, oder?«

»Danke, Jim.«

Big Jim kitzelt den Kopf seiner tätowierten Schlange und nickt.

»Ich hab gerade gesagt, wie sehr wir dich im Fundbüro vermissen werden«, erzählt Anita.

»Das kann ich mir vorstellen.« Adi lächelt mich an.

Eine Pause entsteht, Anita sieht langsam von Adi zu mir und wieder zurück, und dann sagt sie nur für den Fall, dass noch auf irgendeiner Seite Zweifel bestehen: »Sieht so aus, als wären wir nicht die Einzigen hier, die eine Schwäche für unsere Dot haben, was, Jim?«

»Hast du nicht gesagt, ihr fahrt über Weihnachten weg?«, sprudle ich heraus, während ich spüre, wie ich knallrot werde. »Wie schön, wo wollt ihr noch mal hin?«

Mit leuchtendem Gesicht schiebt Anita die Hand in Big Jims Pranke. »Wir machen eine Inseltour in Griechenland. Ich freue mich schon so.«

Ich erinnere mich an den Reiseführer, den ich ihr in die Tasche geschmuggelt habe, und als ich Big Jims Blick auffange, könnte ich schwören, ein winziges Funkeln in seinen Augen zu sehen.

In der Zwischenzeit bearbeitet Anita Adi weiter. »Wie schon gesagt, so jemanden wie Dot gibt es so bald nicht wieder! Haben Sie sie schon mal tanzen sehen?«

Adi schüttelt den Kopf, schaut zu mir herüber und lächelt langsam. »Nein, aber das würde ich gern.«

Meine Wangen stehen kurz vor der spontanen Selbstentzündung.

Anita zwinkert Adi zu. Diese Frau hat wirklich keine Hemmungen.

»Das sollten Sie«, strahlt sie. »Dot ist eine Wucht auf dem Parkett! Und man weiß nie, was sie noch auf Lager hat – oder im Schrank. Ist das eine Elefantenherde?« Sie starrt auf meinen Busen.

»Also, eigentlich ist das gar nicht mein ...«, stottere ich.

»Tante Dot.« Melanie kommt herübergelaufen. »Mum sagt, ich soll dich holen. Onkel Robbie und Tante Linda gehen gerade.« Ich habe keine Ahnung, wer diese Leute sind, und will mir gerade eine Ausrede ausdenken, aber Melanie, ganz die Mama, packt mich am Arm und zieht mich zum anderen Ende des Zimmers, wo ein freundlich wirkendes Ehepaar mit Gerald redet. Bevor sie mich dort abstellt, mustert sie mich streng und verzieht das Gesicht.

»Warum hast du Sams T-Shirt an?«

Nach Robbie und Linda folgt eine Reihe ähnlich unbekannter oder Wahl-Verwandter und Beileidswünschender. Als ich endlich einen Moment zum Durchatmen habe, kommt Sam und drückt mich auf seine wunderbar unkomplizierte Kinderart.

»Ich bin so froh, dass du da bist, Tante Dot.«

»Ich auch.« Ich küsse das Strohnest seines Haars. Kurz denke ich an Mrs Trosleys Kimono draußen im Ärmelkanal, schlucke und drücke Sam noch fester an mich, bis er sich aus meinen Armen windet.

»Puh, du müffelst aber, Tante Dot.«

»O Gott. Wirklich?«

»Dafür steht dir mein T-Shirt super. Wenn du willst, schenke ich es dir.«

»Wirklich? Ich, also ... das ist aber lieb.«

»Ich habe ein Wahnsinns-Poster von Pompeji, das muss ich dir nachher zeigen!«, sagt er und ist weg.

Ich schnuppere an meinem linken Arm. Nach dem Abenteuer mit dem Stier haben Philippa und ich uns nur einer rudimentären Waschung unterzogen. Hmm, ja, ich wittere einen deutlichen Duft *à la campagne*, aber er kommt nicht von diesem Arm. Ich stecke die Nase unter die rechte Achsel und atme tief ein.

»Da sind Sie ja.« Adi steht blitzsauber vor mir.

»Oh, äh, ja«, sage ich. »Ich habe nur gerade ...« Was? An meiner Achsel geschnüffelt? »Vielen Dank, dass Sie gekommen sind. Haben Sie Philippas Käse-Windbeutel probiert? Die sind einfach köstlich«, plappere ich. Den ganzen Nachmittag habe ich mich nach seiner Gegenwart gesehnt, doch jetzt, da er vor mir steht, würde ich am liebsten im Boden versinken.

»Wie gesagt, ich bin froh, dass ich Ihre Mutter kennenlernen durfte.« Ich nicke. »Und Sie natürlich.« Er sieht mich durchdringend an. Ich schlinge die Arme enger um das T-Shirt. »Ich wollte fragen, ob ich Ihnen vielleicht meine Nummer geben darf?«

»Die habe ich doch.«

»Wirklich?«

»Ja, in der Schattigen Pinie ...«

»Nein, ich meinte *meine* Nummer. Meine Handynummer.«

»Ach so. Ja, natürlich.« Er schreibt sie auf einen Zettel und gibt sie mir. »Danke.«

»Für den Fall, dass ich ... irgendwie helfen kann.« Er streckt die Hand aus. Vielleicht will er wieder mein Gesicht berühren. »Sie haben da was im Haar.«

Ich reiße den Kopf weg vor lauter Angst, dass er ein Stück Kuhfladen entdeckt hat. *O Gott. Bitte nicht.*

»Entschuldigung.« Er zieht die Hand zurück.

»Nein, so war es nicht gemeint, es ist nur ...«

»Gerald, das ist der Physiotherapeut, von dem ich dir erzählt habe, der so wunderbar mit Mum war.« Philippa lädt Gerald bei uns ab und segelt davon ins Gewühl der anderen Gäste.

»Aus San Francisco, oder?«, fragt Gerald und schüttelt Adi die Hand. »Bin überrascht, dass die Tech-Welt Sie sich nicht gleich geschnappt hat. Wahrscheinlich zahlen die bei Google zehn Mille für eine Massage. Bleiben Sie länger in England?«

»Ich führe eine Forschungsreihe durch – es geht um die Wirkung von Physio- und Haptiktherapie bei Demenzpatienten.«

»Und was heißt das übersetzt?«, fragt Gerald mit einem Schnauben, das er für einen männlichen Lacher hält.

Adi lächelt und zeigt seine makellosen Zähne.

»Im Prinzip erforsche ich die Kraft der Berührung. Ich vergleiche eine Reihe schulmedizinischer Verfahren mit verschiedenen ganzheitlicheren Methoden: Reflexologie, Feldenkrais, Shiatsu, Reiki, EFT – das steht für Techniken der Emotionalen Freiheit, es geht um …«

»Klingt gut, klingt gut.« Gerald sieht sich schon nach einem Fluchtweg um; dieses ganze Gerede von Berührungen und Emotionen bringt ihn aus der Fassung.

»In der Schattigen Pinie habe ich eine großartige Gelegenheit, meine Forschung anzuwenden und Daten für diverse Fallstudien zu sammeln.«

Gerald nickt. »Tja, jedenfalls danke für alles, was Sie für Gail getan haben. Die Familie weiß es zu schätzen. Ich muss mal sehen, ob Philippa mich braucht.«

»Forschung?«, frage ich, als sich Gerald aus dem Staub macht.

»Was?«

»Fallstudien?«

»Ja …«

»Meine Mutter, sie ist – sie war eine Ihrer Fallstudien?«

»Nein. Also … doch, aber …«

Ich mache nur meinen Job. Was denn sonst? Wie albern von mir, dass ich irgendetwas anderes annehmen konnte.

»Also, es war wirklich nett von Ihnen, dass Sie zu Mums Beerdigung gekommen sind. Offenbar nehmen Sie Ihre Forschung sehr ernst.«

»Dot, ich ...«

»Ju-hu!« Der Trompetenklang von Schwester Glorias Stimme hallt durch den Raum. »Leider müssen wir los, wir haben noch eine Menge zu tun. Morgen ist unsere Mitarbeiterversammlung – Dr. Chang muss uns noch ein paar Tipps geben, was ›handfeste‹ Strategien angeht.« Sie kichert über ihren eigenen Witz, bis ihr wieder einfällt, wo sie ist. »Es war eine schöne Beerdigung, das haben Sie wundervoll gemacht. Lassen Sie sich mal wieder bei uns blicken! Kommen Sie jederzeit vorbei. Sie sind immer willkommen!«

Ein paar andere Gäste ergreifen die Gelegenheit und verabschieden sich auch, und im Gedränge von Mänteln und Tupperware verliere ich Adi.

Philippa lädt mich ein, bei ihr zu übernachten, was ich dankbar annehme. Sie besteht darauf, alles allein aufzuräumen, und wir kennen sie gut genug, um nicht zu widersprechen. Sie schickt mich nach oben ins Bad: »Leg dich in die Wanne, entspann dich und wasch dir gründlich die Kuhscheiße aus den Haaren.«

Nach mehreren intensiven Waschgängen schlüpfe ich in den Schlafanzug und den Bademantel, die sie mir aufs Gästebett gelegt hat. Als ich Sams Jogginghose zusammenfalte, segelt der Zettel mit Adis Nummer heraus. Warum hat er sie mir überhaupt gegeben? Braucht er noch eine »Fallstudie«? Ich halte den Zettel einen Moment in der Hand, dann zerknülle ich ihn.

Ich setze mich aufs Bett und lasse die Ereignisse des Tages Revue passieren. Mums Begräbnis, Philippas Enthüllungen über Dad, das Gespräch mit Adison. Am liebsten würde ich mich unter die Bettdecke verkriechen, aber ich reiße mich zusammen und gehe zum Rest der Familie ins Wohnzimmer. Melanie ist am Handy, und Sam spielt ein Spiel auf seinem iPad, aber als ich komme, legen sie die Geräte weg. Sam setzt sich neben mich auf das Stahlsofa, und Melanie lehnt sich an Philippas Sessel, um alte Fotos anzusehen.

»Schau mal hier«, sagt Melanie. »Granny war wunderschön! Ich glaube, ich komme nach ihrer Seite der Familie.«

»Es war immer super, wenn Granny übers Wochenende kam, bevor sie krank wurde«, sagt Sam. »Sie hat mir beim Textlernen geholfen. Und sie hat den besten Käsetoast der Welt gemacht.«

»Ja, für Käse hatte sie eine Schwäche«, sage ich, und Philippa wirft mir einen strengen Blick zu.

»Was ist deine schönste Erinnerung an Granny, Tante Dot?«, fragt Melanie.

»Ach je ... also ... lass mich überlegen ...« Der Schokoladenkuchen? Der Tag, als sie am Küchenfenster sang? Ihre »Zugabe«-Rufe, als Philippa und ich *The King and I* aufgeführt hatten? Dann kommt mir eine andere Episode in den Sinn, die ich über all die Jahre vergessen hatte, doch jetzt habe ich sie wieder lebhaft vor Augen.

Es war Sporttag an der Schule, und ich hatte beim Dreibeinrennen mit Penny Pavey völlig versagt, aber wieder Punkte gutgemacht, weil ich beim Eierlauf nach der Streberin Jane Stevens Zweite wurde. Mum war begeistert und machte einen Riesenwirbel um meine Medaille. Dann wurden Freiwillige für das letzte Rennen aufgerufen, den Elternlauf. Ich wäre nie im Leben auf die Idee gekommen, dass meine Mutter sich meldet, aber in der letzten Minute, als die anderen Eltern schon in Startposition an der Linie knieten, warf sie ihre Sandalen weg und reihte sich ein.

Der Startpfiff schrillte, und ich sah mit offenem Mund zu, wie Mum über den Sportplatz sprintete, mit flatterndem türkisem Rock, ihre Beine kraftvoll, muskulös. Und der Ausdruck in ihrem Gesicht, so voller Leben. Ich staunte, wie schnell sie war, wie lebendig, wie sie den anderen Eltern davonlief, mit aufgelöstem Pferdeschwanz, die Arme ausgestreckt, als sie das Zielband zerriss. Strahlend.

Ich erwache mitten in der Nacht. Auf dem Parkett meiner Schwester sammelt sich das Mondlicht. Ich habe von Dad geträumt, und diesmal ist er nicht gefallen. Wir kamen von einer Ausfahrt zurück, und bevor wir in unsere Straße einbogen, bremste Dad und stellte die Scheinwerfer ab. Die Nacht war vollkommen klar. Er winkte mir auszusteigen, und wir legten uns nebeneinander mit dem Rücken auf die Motorhaube. »Siehst du die drei hellen Sterne dort?«, sagte er und zeigte nach oben. »Der Gürtel des Orion. Der Himmel ist voller Geschichten, Dot – du muss dich nie verloren fühlen. Sieh einfach hinauf zu den Sternen.« Ich schmiegte mich in seinen Mantel, und als ich aufwache, spüre ich die Wärme seiner Umarmung immer noch, als wäre sie wirklich gewesen.

Ich wickele mich in die Bettdecke und gehe nach draußen. Es ist bitterkalt. Ich nehme die Plane von einem der Liegestühle, lege mich hin und sehe hinauf.

Hallo, Dad.

Ich erinnere mich an einen Tag, kurz bevor ich mein Studium in Frankreich antrat. Ich war glücklich, aber ich war auch nervös wegen der Uni. Ich wollte gut sein, wollte dich stolz machen. Ich stand im Flur und arrangierte Osterglocken in einer Vase. Ich wollte dir sagen, dass ich dich liebhabe. Auf keinen Fall wollte ich abreisen, ohne dass du es weißt. Ich wollte dir sagen: »Du bist immer mein Fels gewesen.«

Ich hatte mir die Worte zurechtgelegt, sie in die richtige Reihenfolge gebracht wie Schulkinder, die sich im Flur aufstellen. Alle anwesend und ordentlich angezogen! Mein »Du« und mein »bist«, das »immer« gefolgt von »mein«, »Fels« und »gewesen«. Aber im letzten Moment stolperte ich, und die Worte purzelten durcheinander. »Dustimmamfellwesn.«

»Alles in Ordnung, altes Haus?«, hast du im Vorbeigehen gesagt und mir durchs Haar gewuschelt. Ich habe genickt.

Dann hast du aus der Küche gerufen: »Wie wär's mit einem Happen? Ich könnte uns Domino-Sandwiches machen – weißt du noch?«

Alles, Dad. Ich weiß noch alles. Die Abenteuer-Picknicks, die Holmes-und-Watson-Eskapaden, die Form des Raums zwischen meinen Füßen und dem Innern deiner Gummistiefel, deine Finger, wenn du dir die Pfeife stopftest. Dein gespitzter Mund, wenn du »*Beau...tiful*« sangst.

In der Küche hörte ich dich pfeifen, ein langes trauriges Lied, das klang, als käme es von weither. Wie der Klang einer fernen Trompete, wie der zerdrückte Kopf einer Osterglocke. *Oooooooo*.

Hör mich jetzt an, Dad: Du bist immer mein Fels gewesen. Groß und wunderbar, selbst wenn ich weiß, dass das Leben zu brutal und grell und rau und unfreundlich für dich war. Während deine Kollegen einander an die Gurgel gingen, um Geld zu machen, hast du Schnecken gerettet, sie auf dem Fliegenden Teppich einer Serviette in Sicherheit gebracht.

Ich denke an dich, liebster Dad, da oben bei den Sternen, wo du deine eigenen Konstellationen zauberst.

Sie waren liebenswerte, gutherzige Menschen, meine Eltern, trotz ihrer Traurigkeit. Im Rückblick sehe ich sie als sanfte Seelen, wie Pflanzen irgendwie. Ein paar ihrer Blätter waren voller Chlorophyll, andere hoffnungslos verkümmert, verdrängt von stärkeren Gewächsen, die ihnen das Licht nahmen.

29

Philippa hatte recht: In der Immobilienbranche herrscht ein Verkäufermarkt. Im neuen Jahr werden die Bevans in der Maisonette einziehen. Wir beide teilen uns den Erlös. Gerald hat mir lange, unverständliche Vorträge über lohnende Portfolios gehalten, offenbar in großer Sorge, was meine Fähigkeiten im Umgang mit einer solchen Geldsumme betrifft. Ich höre ihn wie ein Rauschen im Hintergrund. Aber was mich sehr berührt, ist die Tatsache, dass meine Mutter mir genug Geld hinterlassen hat, dass ich mir etwas Eigenes kaufen kann, wenn ich bereit dafür bin, dass sie auch jetzt noch für mich sorgt. Sie hält immer noch ihre unsichtbare Hand über mich. An der Schubkarre hatte ich ihre Hände für die meines Vaters gehalten. Aber jetzt sehe ich sie im Zentrum. Ich sehe ihre Zuwendung, ihre Liebe. Ich bin dankbar für die kurze Zeit, die wir hier zusammen hatten. Wir waren keine zufälligen Mitbewohnerinnen. Im Gegenteil. Wir waren zwei Menschen, die einander wichtig waren, die füreinander sorgten. Mutter und Tochter. Gail und Dorothea.

Ich wünschte, ich könnte ihr danken für alles, was sie mir gegeben hat. Auf jeden Fall will ich das Beste daraus machen. Ich werde meinen Platz auf der Bühne einnehmen, so wie sie es für mich wollte, werde das tun, wovon ich immer geträumt habe. Wonach ich mich immer sehnte.

Reisen.

Meine Reiseführer pflastern das Wohnzimmer der Maisonette, verwandeln den taupefarbenen Boden in einen Regenbogen der Bernstein-, Blau- und Grünspantöne. Ihre Landkarten, Bilder und Fotos liegen wie ein Fliegender Teppich der Möglichkeiten vor mir.

Ich kann sie nicht mitnehmen – es sind zu viele, und ich will mit leichtem Gepäck reisen. Ich kenne sie ja ohnehin auswendig, meine alten Freunde; die Biegung ihrer Seiten, die Rücken, rissig vom jahrelangen Blättern. Sie waren meine treuen Abendbegleiter, meine Wochenendausflüge. Aber ich weiß, dass Reiseführer kein Ersatz für Reiseziele sind, genau wie Gegenstände einen Menschen nicht ersetzen können.

Doch ich werde nie vergessen, welche Quelle der Inspiration, der Bildung sie gewesen sind. Als Hommage an mein Idol Phyllis Pearsall stelle ich mit meinen Lieblingsseiten aus meinen Lieblingsbänden einen ganz besonderen *A–Z* zusammen: die Doppelseite über die Alpujarras aus *Alles Andalusien*, das Foto der Erdpyramiden von Euseigne, handgekritzelte Kometen neben der Beschreibung des Bistros in Lyon, das für seine Zwiebelsuppe berühmt ist. Das wird der Leitfaden meiner Reise.

Ich werde in Holland starten – regnerische Februartage im Bann der Rembrandts im Rijksmuseum –, fahre zum Frühlingsbeginn nach Frankreich weiter – Paris, dann die Dordogne, vielleicht ein Übersetzungskurs in Montpellier. Die Wildnis der Camargue, Marseille, womöglich ein Besuch bei Louise, das wäre schön. Dann noch Avignon, bevor es mit dem Zug weiter nach Italien geht. *Avanti!* Ich reise durch die Toskana, die Abruzzen, bis ich unten in Catanzaro bin, dem Ballen des

Stiefels, und Sizilien, wo das Wasser so klar ist wie Gin. Den Sommer verbringe ich auf den griechischen Inseln. All die Postkarten an Sam und Melanie, die ich schreiben werde! Zurück reise ich über Spanien – oder soll ich den anderen Weg nehmen? Kroatien, die Schweiz ... mit dem Floß auf dem Rhein in Basel? Na ja, ich muss schließlich nicht alles auf einer Reise machen. Es wird eine weitere geben, und noch eine ...

Schwester Gloria begrüßt mich am Taxi vor der Schattigen Pinie.

»Lieber Himmel, sieht aus, als hätten Sie die ganze Welt eingepackt!«

»Ja, das stimmt.«

»Schön, Sie zu sehen, und mit so einer guten Idee. Die Zimmer können wirklich ein bisschen Pep gebrauchen, vor allem der Musikraum. Alles, was gute Laune verbreitet, ist willkommen.«

»Danke, dass ich das tun darf.«

»Aber natürlich. Sie sehen toll aus, wenn ich das sagen darf. Neues Kleid?«

Ich nicke. Von Harriet inspiriert habe ich mir ein kobaltblaues Kaschmirkleid gekauft. Erstaunlich weich, dieser Kaschmir, und recht enganliegend. Ich könnte mich glatt in das Material verlieben.

Der Musikraum ist leer und herzzerreißend still. Ich wünschte, ich hätte Big Jims Toot-a-Loop dabei. Geräuschvoll sortiere ich mein Werkzeug: Lineal, Cutter, Pinsel, Wasserwaage, Kreide, Tapetenkleister, Sprühlack. Leider habe ich keinen Tapetenglätter – eigentlich laut Nick, dem TV-Heimwerkerexperten, ein unabdingliches Utensil. Nun muss es ohne gehen, was ein bisschen frustrierend ist, weil ich genau weiß, in welchem Regal im Fundbüro ich einen finden würde.

Zu Hause habe ich die schönsten Fotos und Texte aus den

Reiseführern ausgewählt und sorgsam ausgeschnitten. Im Fernsehen hatten sie gezeigt, wie man ein ganzes Wohnzimmer mit Tierbildern tapeziert. Ich plane, den Musikraum mit einer Collage zu verschönern, die als ein Meter breites Band auf Brusthöhe durchs Zimmer läuft, damit sie stehend und vom Rollstuhl aus gut betrachtet werden kann. TV-Nicks Anweisungen folgend zeichne ich zuerst mit Kreide eine Linie vor, dann suche ich Seiten in unterschiedlichen Größen heraus und wechsle Schwarzweiß- und Farbfotos ab, um einzelne Elemente »hervorzuholen« und »schöne Kontraste zu erzeugen«. Nach dem Aufkleben streiche ich die Ausschnitte sorgfältig mit dem Lineal glatt, damit keine Luftblasen entstehen.

Ich habe die Bilder weder geographisch noch alphabetisch noch nach Autor geordnet; vielmehr kuratiere ich meine Reiseausstellung nach thematischen und sensorischen Motiven. Ich beginne an der Tür mit Speiselokalen und Esskultur – Cafés an Amsterdamer Kanalufern, rustikale Bistros im Languedoc, aromatische Cachaça-Bars in Porto Alegre, der kleine Imbiss in einer Gasse in Bangkok mit dem Zitronengras-Huhn und dem Kokosnussreis, Betel-Stände in Bangalore, ein süßer Gruß von italienischen Gelaterias. Ich verziere Stadtpläne mit Fotos: dampfende Spaghetti, raffinierte Salate, pikante Aperitifs; dazu Rezepte lokaler Spezialitäten: gelbe Käselaibe aus den Alpes-Maritimes, Gewürzstände in Mysore, ein Knoblauchfestival im kalifornischen Gilroy, Gemüsestände in Valencia mit Tomaten, so prall und so rot, dass man sie fast riechen kann.

Nachdem ich die Geschmacksknospen gekitzelt habe, geht die sensorische Reise an der nächsten Wand weiter – nach so viel Cuisine ein kleiner Verdauungsspaziergang! Ich gestalte eine Collage aus Wäldern, Parks und Bergen – blühende Frühlingswiesen, der Blick vom Matterhorn, das marokkanische Atlasgebirge, der Schwarzwald im Winter, Lavendelfelder in der Provence, der Blumenmarkt am Dal-See in Kaschmir, goldene halbmondförmige Strände, Küstenwanderwege, elegante Parks; ein buntes Allerlei, das Fantasie und Gedächtnis anregt. Ich installiere auch eine Dose mit Pinnadeln, falls Besucher die Orte markieren möchten, die ihnen gefallen, an denen sie vielleicht schon waren – oder die sie noch besuchen wollen.

Dann beginne ich mit der dritten Wand, einer Zusammenstellung spiritueller und architektonischer Genüsse: Kirchen, Tempel, Türme, Statuen, Brunnen; die blau-weißen Keramikfliesen, die die Straßen von Puebla in Mexiko säumen, die Ruinen von Teotihuacán bei Sonnenuntergang. Als ich behutsam die Falten aus dem Himmelstempel in Peking streiche, taucht meine erste Besucherin auf, eine Dame in einem korallenroten Samtjogginganzug, frisch vom Yoga im Bewegungsraum nebenan, und will nachsehen, was hier los ist. Flink steckt sie eine Nadel in Santiago de Compostela.

»Zum ersten Mal bin ich den Camino de Santiago mit achtzehn gewandert«, sagt sie und berührt mit dem Finger ein Foto der Pilgerreise. »Dort habe ich meinen Mann kennengelernt. Danach sind wir ihn jedes Jahr eine Woche gewandert, an unserem Jahrestag – nach fünf Jahren hatten wir die ganze Strecke. Komisch, dass ich mit dem Finger darüberfahren kann, und es sind nur ein paar Zentimeter, aber Sie glauben nicht, was ich für Blasen an den Füßen hatte!« Sie lacht. »Es war wundervoll.« Sie bleibt noch eine Weile stehen, fährt ihre Schritte nach, erinnert sich.

Als der Kleister getrocknet ist, fixiere ich die Seiten mit Lack. Bei der dritten Wand ist mir ein bisschen schwindelig. Hatte TV-Nick irgendwas über das Einatmen von ungesunden Dämpfen gesagt? Ich erinnere mich nicht mehr. Vielleicht sollte ich eine kurze Pause einlegen?

»Dot.«

In der Tür steht Adison in einem olivgrünen Pullover und schwarzen Jeans.

»Oh, hallo. Ich ... dachte, Sie hätten heute keinen Dienst«, sage ich. Ich habe ihn nie zurückgerufen.

»Stimmt.« Er senkt den Kopf, und das seidige Haar fällt ihm ins Gesicht. Ich wünschte, er würde so etwas nicht tun. Wo mir sowieso schon schwindelig ist.

»Wow, das sieht ja ... toll aus, wirklich großartig. Kann ich helfen? Scheint eine Menge Arbeit zu sein.«

»Nein, nicht nötig. Sie haben sicher genug mit Ihren Fallstudien zu tun.«

»Dot ...«

»Und wenn ich Sie darauf hinweisen darf, das Wort *wow* wurde bereits Anfang des sechzehnten Jahrhunderts in Schottland gebraucht, als Ausdruck großer Ehrfurcht, gewöhnlich in Bezug auf ein zutiefst beeindruckendes oder inspirierendes Erlebnis. Oder sogar eine religiöse Erfahrung. Leider wird das Wort heute inflationär verwendet, vor allem von Amerikanern. Vielleicht, *vielleicht* wäre ›wow‹ ein angemessener Ausruf beim Hören von Maria Callas' Stimme, aber bei einer selbstgebastelten Wandcollage ist es doch übertrieben – auch wenn ich mir wirklich Mühe gegeben habe.« Mit dramatischer Geste hebe ich den Pinsel, drehe mich schwungvoll meinem Projekt zu und verliere das Gleichgewicht und damit das Oberwasser.

Starke Arme fangen mich auf.

»Schon gut. Ich hab nur ein bisschen viel Sprühlack eingeatmet.«

»Das erinnert mich an unsere erste Begegnung.«

»Als ich die Tradition begründet habe, mich jedes Mal lächerlich zu machen?« Ich mache mich los, aber irgendwie lässt er mich nicht gehen.

»Dot, was ich neulich über meine Arbeit gesagt habe ...«

»Ach ja, Ihre ›Fallstudien‹.«

»Ihre Mutter war meine Patientin, und ja, die Arbeit mit ihr ist in meine Forschung eingeflossen, aber ich mache diese Arbeit, weil ich Demenzpatienten helfen will.«

»Und dafür sind wir Ihnen wirklich zu Dank verpflichtet, Dr. Chang.« Ich trete einen Schritt zurück.

»Bitte hören Sie mir zu. Es war schön für mich, Zeit mit Ihrer Mutter zu verbringen, und ich bin sehr traurig, dass sie gestorben ist. Ich habe getan, was ich konnte, um ihr zu helfen und …«

»Ich weiß, dass Sie …«

»Und ich mache meine Forschung, damit ich noch mehr tun kann. Ich weiß, wie schwer dieses Stadium des Lebens sein kann, ich will einfach nur helfen …«

Er ist ganz nah. Der Schwung seines Mundes, diese Wangenknochen, die Leidenschaft in seinem Blick. Ich atme ihn ein, sehe die Kurve seines Schlüsselbeins unter dem weichen Material seines Pullovers.

»Ich weiß«, sage ich leise.

Er kommt noch näher.

»Dot.« Seine Stimme liebkost mich.

»Adi … ich …« Ein Geräusch. Wir zucken beide zusammen und sehen zur Tür.

»Ich dachte, ich komme mal vorbei und sehe nach, was der ganze Zirkus soll.« Geoffrey. Meine Nemesis. Camino de Santiago hat anscheinend keine Zeit verloren, die Botschaft weiterzutragen.

Ich weiche zurück und tunke den Pinsel energisch in den Tapetenkleister, während Adi interessiert eine Reihe von Mailänder Damenboutiquen betrachtet. Geoffrey schlendert langsam durch den ganzen Raum, bis er vor dem Abschnitt mit dem Grundwortschatz verschiedener Sprachen stehen bleibt, die ich hinten aus den Reiseführern gerissen habe.

»Es ist schon seltsam, was hängenbleibt«, sagt Geoffrey. »Die Adresse von hier kann ich mir ums Verrecken nicht merken, aber ich könnte jederzeit auf Türkisch und auf Kroatisch fragen: ›Haben Sie ein Zimmer frei?‹.«

Nach Geoffrey kommt die Frau mit der Zitronenjacke, die ihren Mann zu der Strecke mit den Cafés schiebt, auf die Fotos der Gerichte zeigt und Zeilen aus Rezepten vorliest. Ich stelle mir vor, wie sie vor einer Trattoria stehen und die Karte studieren, bevor sie reingehen und Penne all'Arrabbiata bestellen, an einem kleinen Tisch bei Kerzenlicht.

Dann kommt Camino de Santiago mit einer Gruppe Freundinnen zurück und führt sie mit wissender Überlegenheit herum wie eine Reiseleiterin.

Adi kommt zu mir, nimmt mir das Lineal aus der Hand.

»Ich kann mich doch auch nützlich machen. Wie wäre es, wenn Sie gestalten und ich glätte?«

Also beginnen wir gemeinsam mit dem Abschnitt, den ich mir bis zum Schluss aufgehoben habe. (Meine Lieblings-)Flüsse, Seen und Schifffahrten: die venezianischen Kanäle, eine Flusskreuzfahrt in Thailand nach Ayutthaya, der Chobe in Botswana, natürlich der Nil, der Malawisee, die Rhône, die Donau. Wir arbeiten Seite an Seite, manchmal gesellen sich hilfsbereite oder neugierige Bewohner hinzu, die Vorschläge machen, ihre Lieblingsorte nennen oder sich einfach die Collage ansehen, sich hier und da festlesen, Erinnerungen teilen. Irgendwann machen sich alle auf den Weg in den Speisesaal, wo das Abendessen serviert wird, und Adi und ich sind wieder allein.

»Hier ist noch Platz für genau ein Bild«, sagt Adi. »Ein letzter Lieblingsort?«

»Der hier, glaube ich.« Vorsichtig drücke ich die letzte Seite an ihren Platz.

Dann, zwischen Kathedralen, Tempeln, Moscheen und Yoga-Shalas, strecke ich die Hand aus und berühre sein Gesicht, so wie er mich berührt hat, als meine Mutter hier in diesem Raum stand, ihn mit Musik erfüllte. Meine Finger folgen den Bögen seiner Augenbrauen, seinem Nasenrücken, seinen Schläfen.

Adi schließt die Augen, lächelt, sein Mund eine köstliche Kurve. So köstlich, dass ich mich noch etwas mehr nähere, seinem Gesicht, seinem Mund, diesen Lippen. Meinen Mund darauf drücke. Die Süße seiner Lippen ... so ... oh, so ... was ist das richtige Wort dafür? Ich küsse ihn noch einmal, fester ... der präzise Ausdruck? Sein Mund auf meinem, die Wärme seiner Zunge, seine Arme, die sich um mich schließen, kräftig und sanft und sicher.

Ah! Jetzt weiß ich es, das Wort für diesen Kuss, der mich um die ganze Welt wirbelt.

Wow.

Epilog

Der lustige, leichtfüßige Regen, der den ganzen Morgen mit Dächern und Fenstern geflirtet hat, macht einen Moment Pause, um einen kadettblauen Himmel freizugeben. Ein perfektes Intermezzo auf der einstündigen Fahrt mit dem Bateau Mouche. Zu beiden Seiten zieht in unerschrockener Pracht die Stadt vorbei; die neugotische Extravaganz des Musée d'Orsay, die verführerische Kurve der Île de la Cité, die hoffnungslose Romantik des Pont Marie, auf dem Fremde mit glänzenden Augen verträumt auf die Boote heruntersehen. Es gibt eine Tradition, deren Ursprung allerdings nicht belegt und offen gesagt höchst zweifelhaft ist, dass man unter dieser Brücke die Person, die neben einem sitzt, küssen und sich etwas wünschen muss. Der Pont Marie, auch »Brücke der Liebenden« genannt, war das letzte Bild, das ich an die Wand des Musikraums in der Schattigen Pinie geklebt habe. Ich weiß, ich weiß, aber ich konnte nicht anders, denn, ganz ehrlich, gibt es einen bezaubernderen Ort als Paris im Frühling?

Die Person, die neben mir sitzt, ist dem Charme der Stadt ebenso erlegen und macht Tausende von Fotos, entzückt von jedem Haus, jeder Brücke, jedem vorbeifahrenden Boot.

»Ich fasse es nicht, dass ich noch nie hier war. Diese Stadt ist unglaublich!«

Wir sitzen so dicht beieinander, dass uns, wenn wir den Kopf drehen, sowieso nichts anderes übrigbleibt, als uns zu küssen.

Also tun wir es.

Erst als die Kapitänin sich nachdrücklich räuspert, merken wir, dass das Boot längst angelegt hat und alle anderen Passagiere schon von Bord gegangen sind. Kichernd wie Kinder springen wir von Bord und rennen über den Steg.

Die Stimme der Kapitänin ruft hinter uns her: »Madame?« Ich drehe mich um. »*Votre parapluie?*« Sie winkt mir mit dem schwarzen Faltschirm hinterher. »*Avez-vous perdu votre parapluie?*«

Ich werfe den Kopf in den Nacken und lache laut heraus.

»Was sagt sie?«, fragt Adi.

»Anscheinend habe ich meinen Schirm verloren.« Dann nehme ich seine Hand, und wir laufen in die Stadt.

Dank

Die Reise der Entstehung dieses Buchs begann in San Francisco und endete in London. Einen Roman zu schreiben ist wie ein transatlantischer Umzug – Nervenkitzel und Herausforderung, und am Ende hat man einen Jetlag. Möglich gemacht hat die Reise die Hilfe und Unterstützung von vielen Menschen. An dieser Stelle möchte ich ihnen allen danken.

Zuerst der großartigen, unfehlbaren Judith Murray, die ich meine Agentin nennen darf. Danke, dass du Dot Watson gefunden hast. Ein Riesendank auch an alle anderen bei Greene & Heaton, besonders Kate Rizzo und Alisa Ahmed.

Ich danke meiner fantastischen Lektorin Sally Williamson für ihr konstruktives Feedback und ihre fachkundige Führung. Danke an Darcy Nicholson, die das Buch akquiriert hat, für den Glauben an *Das Fundbüro der verlorenen Träume* und die bedingungslose Unterstützung. Danke, Claire Gatzen, für das aufmerksame Korrektorat. Großer Dank an das unglaubliche Team bei Transworld, das dieses Buch hat Wirklichkeit werden lassen.

Danke, Victoria Blunden, für deine exzellenten Hinweise und all die Hilfe.

Den ErstleserInnen: Christine Paris-Johnstone, der besten Schwester, die man nur haben kann, und Alex Hyde und Jane Sillars für das großzügige Verständnis und die Freundschaft.

Danke, Sara Houghteling, für den inspirierenden Schreibkurs an der Stanford University.

Dank an Sabrina Broadbent und die hochtalentierten KollegInnen der Faber Academy Class of 2018–19: Claire Anderson, Jacob

Bushnell, Lucy Crane, Jo Franklin, Farah Halime, Kate Anthony, Eric Harberson, Greg Jarvis, Weiwei Lu, Timothy Murphy, Francesca Quinn, Grania Read und Philippa Wood.

Besonderen Dank an Ericka Waller für ihr großartiges Feedback zu einem frühen Entwurf – und für ihr wunderbares Buch *Dog Days*.

An Lauren Rusk für ihren scharfen Blick.

An Domnita Petri, meine kalifornische Schreibkollegin.

An Adi Chang.

Von Herzen danke ich meiner Familie – Tony und Juelette Paris für eure unendliche Liebe, den Glauben und die Unterstützung, die mehr möglich machen, als ihr euch vorstellen könnt.

Mike, Jem und Lucy Paris-Johnstone für all unsere kreativen Abenteuer!

Virginia und Paul Resta, Jerry und Barbara Hill für eure Liebe und Großzügigkeit.

Lou Kuenzler für den scharfsinnigen Rat und die Freundschaft über all die Jahre.

Claudia Baron, Caroline Bevan, Jen Harvie, Debbie Kilbride, Ali McArdle, Eliz McArdle, Emmy Minton, Gretchen Schiller, Margaret Stevenson für eure Unterstützung und Ermutigung.

Dank an die MitarbeiterInnen des Fundbüros des TfL (früher Baker Street), die so gut auf alles aufpassen.

Den SchriftstellerInnen, die, die ich schon lange kenne, und die, die ich erst kennengelernt habe, deren Worte und Welten mir im Lockdown von 2020 so viel Beistand gespendet und mir durch meinen persönlichen Kampf mit dem COVID-19-Virus geholfen haben: Lucy Atkins, Kate Atkinson, Clare Chambers, Sara Collins, Bernadine Evaristo, Joanna Glen, Kate Gross, Rachel Joyce, Toni Morrison, Ingrid Persaud, Kiley Reid, Anne Tyler, Sarah Waters und Evie Wyld.

Und vor allem danke ich dir, Leslie Hill, für dein unermüdliches Lesen, Redigieren, Wieder-Lesen jeder einzelnen verflixten Version. Ich danke dir für deine brillanten Erkenntnisse, deine Klugheit und deinen unerschütterlichen Glauben an dieses Buch und an mich. Ohne dich hätte ich es nicht geschafft.